Déclaration des droits de l'homme et du citoyen

Postérité et actualité

Droit privé et sciences criminelles

Collection dirigée par Yves Strickler

Créée fin 2011 par Yves Strickler et le Centre d'études et de recherches en droit privé (devenu le Centre d'études et de recherches en droit des procédures en 2013) de la Faculté de droit et science politique de Nice, la présente collection a pour vocation principale de publier des ouvrages en liaison avec le thème retenu pour dénomination de la collection. Cette dernière rassemble des recherches originales, tirées notamment de travaux de recherche, de manifestations scientifiques ainsi que d'ouvrages collectifs sur les interrogations actuelles que rencontre la science juridique, spécialement dans le domaine du droit privé et des sciences criminelles.

Parutions antérieures

La procédure (dir. Joanna Genovese et Giovanna Debernardi), octobre 2018, 138 pages

Techniques de critique d'une décision « définitive ». Imprécision sémantique et pérennité des décisions de justice en procédure civile, Tennessee Caen, juin 2018, 160 pages

Réforme de la prescription pénale (dir Christine Courtin et Jean-Raphaël Demarchi), juin 2018, 154 pages

Droit des sociétés et procédures collectives (dir. Laurence-Caroline Henry), janvier 2018, 207 pages

Le concept d'arbitrage (dir. Camille Leroy et Loïc Yboud), décembre 2017, 221 pages

Procédure civile et nouvelles technologies, Delphine de Lorgeril, septembre 2017, 164 pages

Mélanges en l'honneur du Doyen Roger Bernardini, « Parcours pénal » (dir. Christine Courtin, Marc Dalloz, Fabienne Ghelfi, Jean-François Renucci), mars 2017, 313 pages

Victor Hugo et les magistrats, Marcel Foulon, octobre 2016, 198 pages

Variations juridiques et sociologiques - Regards experts sur les grandes mutations du droit (dir. Marc Dalloz), septembre 2016, 141 pages

De la mobilisation du fait à la réalisation du droit (dir. Maxime Lei et Loïc Yboud), septembre 2016, 225 pages

Les enjeux patrimoniaux de la séparation - Questions récurrentes (dir. Laetitia Antonini-Cochin), juillet 2016, 112 pages

Les aspects procéduraux du dessaisissement, Benjamin Ferrari, février 2016, 192 pages

Le droit et les sentiments (dir. Laurie Bolleri-Schenique et Delphine Lanzara), décembre 2015, 219 pages
L'erreur judiciaire : Apprendre à douter pour lutter contre les erreurs judiciaires (dir. Xavier Pin), novembre 2015, 119 pages
Fonctionnaires et droit pénal. Des justiciables comme les autres ? (dir. Marc Dalloz et Christine Courtin), septembre 2015, 226 pages
L'expertise non judiciaire à l'aune des droits fondamentaux, Thibault Goujon-Bethan, janvier 2015, 196 pages
Un art, un droit, une question – Triptyque juridico-artistique (dir. Diane Boustani, Dalida Chabri, Marion Combe, Sarah Farhi, Marie-Cécile Lasserre), octobre 2014, 210 pages
Le paiement (dir. Marc Mignot et Jérôme Lasserre Capdeville), juillet 2014, 298 pages
Le vice de procédure. Réflexions désordonnées d'un artisan du droit sur l'article 2241, alinéa 2 du Code civil, Denys Mas, juin 2014, 137 pages
Le droit de l'exécution des peines. Espoirs ou désillusion ? (dir. Fabienne Ghelfi), juin 2014, 153 pages
Variations juridiques et politiques. Clés pour la compréhension du monde contemporain (dir. Yves Strickler), novembre 2013, 354 pages
Les infractions de harcèlement, Sylvana Paradiso, octobre 2013, 94 pages
Volonté et biens (dir. Yves Strickler et Fabrice Siiriainen), juillet 2013, 352 pages
La réforme de la garde à vue (dir. Christine Courtin), janvier 2013, 124 pages
L'arbitrage, questions contemporaines (dir. Yves Strickler et Jean-Baptiste Racine), juillet 2012, 224 pages
Le prix de la rupture. Au cœur des contentieux familiaux (dir. Laetitia Antonini-Cochin et Christine Courtin), mars 2012, 112 pages

Le droit et les sentiments (dir. Laurie Bolleri-Schenique et Delphine Lanzara), décembre 2015, 219 pages
L'erreur judiciaire : Apprendre à douter pour lutter contre les erreurs judiciaires (dir. Xavier Pin), novembre 2015, 119 pages
Fonctionnaires et droit pénal. Des justiciables comme les autres ? (dir. Marc Dalloz et Christine Courtin), septembre 2015, 226 pages
L'expertise non judiciaire à l'aune des droits fondamentaux, Thibault Goujon-Bethan, janvier 2015, 196 pages
Un art, un droit, une question – Triptyque juridico-artistique (dir. Diane Boustani, Dalida Chabri, Marion Combe, Sarah Farhi, Marie-Cécile Lasserre), octobre 2014, 210 pages
Le paiement (dir. Marc Mignot et Jérôme Lasserre Capdeville), juillet 2014, 298 pages
Le vice de procédure. Réflexions désordonnées d'un artisan du droit sur l'article 2241, alinéa 2 du Code civil, Denys Mas, juin 2014, 137 pages
Le droit de l'exécution des peines. Espoirs ou désillusion ? (dir. Fabienne Ghelfi), juin 2014, 153 pages
Variations juridiques et politiques. Clés pour la compréhension du monde contemporain (dir. Yves Strickler), novembre 2013, 354 pages
Les infractions de harcèlement, Sylvana Paradiso, octobre 2013, 94 pages
Volonté et biens (dir. Yves Strickler et Fabrice Siiriainen), juillet 2013, 352 pages
La réforme de la garde à vue (dir. Christine Courtin), janvier 2013, 124 pages
L'arbitrage, questions contemporaines (dir. Yves Strickler et Jean-Baptiste Racine), juillet 2012, 224 pages
Le prix de la rupture. Au cœur des contentieux familiaux (dir. Laetitia Antonini-Cochin et Christine Courtin), mars 2012, 112 pages

Responsables scientifiques
Jimmy Meersman & Rémi Puigventos

Déclaration des droits de l'homme et du citoyen

Postérité et actualité

L'Harmattan

5-7, rue de l'École-Polytechnique, 75005 Paris
http://www.editions-harmattan.fr
ISBN : 978-2-343-16359-8
EAN : 9782343163598

Responsables scientifiques

Jimmy MEERSMAN & Rémi PUIGVENTOS

Auteurs (ordre alphabétique) :

Anne-Laurice ANDRE, Doctorante au GREDEG, Université Côte d'Azur

Elodie AUDA, membre du CERDACFF, Docteur en droit public, Université Côte d'Azur

Madison DUBOIS, Doctorante à l'ERMES, Université Nice Côte d'Azur

Guillaume GONIN, Doctorant à l'ERMES, Université Côte d'Azur

Jocelyn LAFAYE, Doctorant au CERDACFF, Université Côte d'Azur

Jimmy MEERSMAN, Doctorant au CERDACFF, Université Côte d'Azur

Ugo MONMARTY, Doctorant au CERDP, Université Côte d'Azur

Lucrezia MOTHERE, Doctorante au GREDEG, Université Côte d'Azur

Eléazar Michel NKOUE, Doctorant au LADIE, Université Côte d'Azur

Cloé PONZO, Doctorante à l'ERMES, Université Côte d'Azur

Rémi PUIGVENTOS, Doctorant au CERDACFF, Université Côte d'Azur

Randianina RADILOFE, Doctorante au GREDEG, Université Côte d'Azur

Yves STRICKLER, Professeur à l'Université Côte d'Azur

Sommaire

Avant-propos, par Yves STRICKLER 11

PREMIÈRE PARTIE – L'ESPRIT ET LA LETTRE DE LA DÉCLARATION 13

L'apport de la Science politique dans l'analyse de la Déclaration des droits de l'homme et du citoyen de 1789,
par Cloé PONZO 15

Les libertés de la Déclaration de 1789 à l'épreuve de la « politique pénale des mœurs » de la IIIe République (1879-1914),
par Guillaume GONIN 25

La révolution d'un genre : le combat des femmes sous la Révolution française,
par Madison DUBOIS 49

La pertinence du concept de souveraineté nationale face à la révolution numérique,
par Jocelyn LAFAYE 59

DEUXIÈME PARTIE – PROMOTION ET EFFECTIVITÉ DE LA DÉCLARATION 79

L'évolution récente des droits fondamentaux dans le droit international des investissements,
par Randianina RADILOFE 81

La Déclaration des droits de l'homme et du citoyen de 1789 sous la Vème République : Incantation ou réalité juridique ?,
par Jimmy MEERSMAN 95

La Déclaration des droits de l'Homme et du Citoyen : instrument technique du droit privé ?,
par Ugo MONMARTY 121

La promotion des droits des populations autochtones vivant dans les forêts d'Afrique centrale à l'épreuve de la Déclaration des droits de l'homme et du citoyen de 1789,
par Eléazar Michel NKOUE 147

TROISIÈME PARTIE – APPLICATIONS SECTORIELLES DES DISPOSITIONS DE LA DÉCLARATION 159

Les droits d'inspiration individuelle consacrés de la Déclaration de 1789 à l'épreuve des droits d'inspiration collective portés par la Charte de l'environnement,
par Lucrezia MOTHERE 161

Les droits fondamentaux de la société, personne morale, et les limites de leur application,
par Anne-Laurice ANDRE 173

L'article 15, de l'énoncé d'un droit de demander compte à un agent public de son administration à la reddition des comptes de l'Administration,
par Rémi PUIGVENTOS 191

L'actualité de la protection du droit de propriété immobilier par le droit public français,
par Elodie AUDA 213

Avant-propos

Yves STRICKLER

À l'occasion du soixantième anniversaire de notre Constitution, du 4 octobre 1958, est apparue la première *Nuit du droit*, née de la volonté du président du Conseil Constitutionnel et relayée dans toute la France par les Universités, Barreaux et Juridictions. L'Institut Fédératif de Recherche *Interactions* de l'Université Côte d'Azur – que j'ai le plaisir de présider avec mon collègue et ami le professeur Xavier LATOUR – a, en partenariat avec le Tribunal de Grande Instance de Grasse, le quotidien *Nice-Matin*, *Les Petites Affiches des Alpes Maritimes* et le *Géant des Beaux-Arts* de Nice, répondu à l'appel. Parmi les nombreuses manifestations localement organisées à cette occasion, il en était une qui nous importait plus que les autres, en qualité de présidents de l'IFR récemment créée, parce qu'elle participe du lien que tisse l'Université entre les citoyens mais aussi la transmission qu'elle opère dans la formation de nos jeunes chercheurs par la recherche et par la confrontation des idées à l'occasion de manifestations publiques. Ces jeunes chercheurs, issus de toutes les unités de recherche rattachées à l'Institut, ont manifesté le dynanisme propre à la jeunesse et la virtuosité que nous savions être la leur, pour nous proposer une étude prenant appui sur ce texte fondamental de la Révolution française, qui fait rayonner la pensée humaniste de nos prédécesseurs, la *Déclaration des Droits de l'Homme et du Citoyen* de 1789. Qu'ils en soient sincèrement remerciés, et spécialement messieurs Jimmy MEERSMAN et Rémi PUIGVENTOS, qui ont tenu les rênes de ce premier colloque inter-labos des doctorants de l'Institut, de bout en bout, avec une implication constante et sans faille.

Si les articles de ce texte fondateur sont fréquemment cités et connus du plus grand nombre pour beaucoup d'entre eux, son exergue l'est un peu moins et mérite, pour en rappeler le sens profond, d'être reproduite ici : « Les Représentants du Peuple Français, constitués en Assemblée Nationale, considérant que l'ignorance, l'oubli ou le mépris des droits de l'Homme sont les seules causes des malheurs publics et de la corruption des Gouvernements, ont résolu d'exposer, dans une Déclaration solennelle, les droits naturels, inaliénables et sacrés de l'Homme, afin que cette Déclaration, constamment présente à tous les Membres du corps social, leur rappelle sans cesse leurs droits et leurs devoirs ; afin que les actes du pouvoir législatif, et ceux du pouvoir exécutif, pouvant être à chaque instant comparés avec le but de toute institution politique, en soient plus respectés ; afin que les réclamations des citoyens, fondées désormais sur des principes simples et incontestables, tournent toujours au maintien de la Constitution et au bonheur de tous. »

Les préceptes qu'entend porter la Déclaration de 89 sont ainsi eux-mêmes naturels, inaliénables et sacrés. La Révolution française, « en promulguant l'égalité, ne diminue pas l'homme mais l'augmente. Le peuple, grandi dans l'individu et dignifié dans le citoyen, voilà le but de 1789. (...) L'élévation des multitudes à la dignité des nations, l'élévation des nations à la dignité d'humanité ; tel est le but immédiat de la civilisation »[1].

L'objectif est noble ; il est vaste. Autant que la diversité des contributions ici présentées et leurs impressionnante variété d'angle d'approche, qui révèle outre la finesse d'analyse de nos doctorants, leur courage à se saisir de telles thématiques, tout en matérialisant la variété des disciplines présentes dans une université intensive en recherche dans laquelle les sciences juridique et politique sont brillamment représentées.

Mais ainsi que nous l'écrivions d'entrée, c'est cette jeune doctrine qui doit, en cet instant, être mise en lumière. Laissons alors encore la parole à l'Homme-Océan : « Voulez-vous vous rendre compte de ce que c'est que la révolution, appelez-la *Progrès* ; et voulez-vous vous rendre compte de ce que c'est que le Progrès, appelez-le *Demain*. Demain fait irrésistiblement son œuvre, et il la fait dès aujourd'hui. »[2]

---

[1] V. Hugo, *Fragments philosophiques des années 1860-1865,* Les fleurs, VII.
[2] V. Hugo, *Les misérables,* tome 2 « Cosette », Livre Premier « Waterloo », Chap. XVIII : *Faut-il trouver bon Waterloo ?*

Première partie

L'esprit et la lettre de la Déclaration

L'apport de la Science politique dans l'analyse de la Déclaration des droits de l'homme et du citoyen de 1789

Cloé PONZO

La Déclaration des droits de l'homme et du citoyen de 1789 fait partie du bloc de constitutionnalité sous la cinquième République[1]. Rédigée il y a plus de deux cents ans, ce texte fait aujourd'hui parti du droit positif français et la reconnaissance de sa valeur constitutionnelle – par le Conseil constitutionnel – le place au sommet de la hiérarchie des normes de Hans Kelsen. Le succès de ce texte est également conforté par les nombreux travaux disponibles sur cet objet. Cependant, il est possible de constater que la majorité des travaux portant sur la Déclaration des droits de l'homme et du citoyen privilégient une approche historique ou philosophique, et paradoxalement, on retrouve très peu de travaux en droit malgré le caractère largement juridique de ce texte. Enfin on peut noter que peu – voire pas – de travaux en science politique ont pour objet la Déclaration des droits de l'homme et du citoyen, malgré son caractère politique.

Cette contribution se propose de mettre en lumière les méthodes de la science politique, qui permettent d'analyser au présent, un « objet » du passé, à travers l'exemple de la Déclaration des droits de l'homme et du citoyen de 1789. Cette contribution privilégie une approche méthodologique et épistémologique[2]. Ainsi l'objet de cette contribution n'a pas tant pour ambition de proposer une analyse de la Déclaration des droits de l'homme et du citoyen, que de présenter les enjeux et expliquer la démarche des

---

[1] La valeur constitutionnelle de la Déclaration des droits de l'homme et du citoyen est consacrée par le Conseil constitutionnel dans sa décision « Liberté d'association » du 16 juillet 1971. Dans cette décision, le Conseil constitutionnel consacre la valeur constitutionnelle du préambule de la Constitution de 1958, lequel comprend notamment la Déclaration des droits de l'homme et du citoyen de 1789. La première référence explicite à la Déclaration des droits de l'homme et du citoyen est faite dans la décision du Conseil constitutionnel « Taxation d'office » du 27 décembre 1973.

[2] Pour Robert Nadeau, l'épistémologie « étudie de manière critique la méthode scientifique, les formes logiques et mode d'inférence utilisés en science, de même que les principes, concepts fondamentaux, théories et résultats des diverses sciences, afin de déterminer leur origine logique, leur valeur et leur portée objective » - Robert Nadeau, *Vocabulaire technique et analytique de l'épistémologie*, Paris, PUF, 1999, p. 209.

politistes pour analyser un « objet »[3] du passé. En ce sens, on ne prétend pas à une analyse de la Déclaration des droits de l'homme et du citoyen à proprement dite, mais à une ébauche d'analyse. A travers l'exemple d'une décision politique : l'affichage de la Déclaration des droits de l'homme et du citoyen de 1789 dans les établissements scolaires à partir de 2011, nous nous efforcerons de proposer des pistes de réflexion pour analyser la Déclaration des droits de l'homme et du citoyen en science politique.

L'INTERET D'UNE APPROCHE PAR LA SCIENCE POLITIQUE

La science politique – en tant que discipline scientifique - est récente puisqu'elle émerge au XIXème siècle[4]. A cette période, la science politique s'autonomise des autres disciplines avec lesquelles on considérait jusque-là qu'elle formait un tout : l'économie et le droit. Progressivement la science politique s'émancipe des cadres théoriques de ces disciplines et l'intérêt pour la « chose publique » ou la « chose politique » devient un objet et un champ d'étude spécifique. Cependant comme le soulignent Christophe Roux et Éric Savarese dans un récent manuel de Science politique qu'ils co-dirigent, la discipline « science politique » si elle est désormais autonome, puise néanmoins des outils intellectuels dans les sciences sociales voisines principalement dans la sociologie, l'histoire et l'anthropologie[5]. La science politique est alors une discipline dite « éclectique »[6]. Cette proximité avec d'autres disciplines explique notamment le fait qu'il existe plusieurs pôles d'intérêt[7] au sein même de la science politique, qui se constituent en sous-disciplines : les relations internationales, l'analyse des politiques publiques, l'histoire des idées politiques et la philosophie politique, ainsi que la sociologie politique. Cette dernière est considérée comme étant l'approche

---

[3] L'utilisation du terme « objet » dans cette contribution renvoie à ce sur quoi la science politique porte son étude.

[4] Dans son manuel d'Introduction à la Science politique, Pascal Delwit souligne que l'idée que la science politique est une discipline scientifique qui émerge au XIXème siècle seulement fait débat. En effet, certains auteurs, comme Gabriel Almond par exemple, considèrent que les travaux des penseurs et philosophes grecs – notamment Platon et Aristote - marquent les débuts de la science politique (Gabriel Almond, « Les tables séparées. Ecoles et sectes dans la science politique américaine », *Politix,* 1997, vol.10, n° 40, p.50.) – Pascal Delwit, *Introduction à la Science politique*, Bruxelles, Editions de l'Université de Bruxelles, 2018, p. 9.

[5] Christophe Roux, Eric Savarese, *Science politique,* Bruxelles, Bruylant, collection Paradigme, 1re éd., 2007, p. 9.

[6] *Ibidem.*

[7] Pour Philippe Braud, le champ de la science politique se compose de quatre sous-champs : la théorie politique, la sociologie politique, la science administrative et les relations internationales – Philippe Braud, *La science politique,* Paris, PUF, 1993, p. 17.

nettement dominante en science politique. La sociologie politique est une analyse centrée sur les institutions, les processus décisionnels et les acteurs qui prennent part à ces décisions[8]. L'ensemble de ces sous-disciplines – qui se distinguent par les objets sur lesquelles elles portent – peuvent être mobilisées dans la production de savoirs en science politique.

Quel(s) serai(en)t l(es)' apport(s) de la science politique dans l'étude de la Déclaration des droits de l'homme et du citoyen de 1789 ? Comme l'affirme Antonin Cohen, « comprendre une interaction en apparence aussi simple et limitée que la rédaction d'un discours politique implique, paradoxalement, de procéder à toute une série d'opérations d'ordre méthodologique, plus ou moins explicites, qui emportent avec elles autant de pratiques d'ordre empirique [...] ».[9] En d'autres termes, cela signifie que derrière un « objet » qui va de soi, se retrouvent des interactions qui ont influencé la production même de cet objet. D'une manière générale, les sciences sociales s'accordent pour affirmer que la genèse, les usages et les pratiques d'une institution ou d'un objet doivent être mises en lumière pour comprendre leur fonctionnement. Pour François Buton, une analyse sous la forme objectivée n'est pas suffisante du point de vue savant[10]. Ainsi, si les études et réflexions disponibles sur la Déclaration des droits de l'homme et du citoyen portent précisément sur la lettre – au sens de contenu –, sur les modalités de son élaboration ou bien encore sur sa portée, on peut regretter le manque de travaux sur les usages[11] de cette Déclaration, en particulier celui qu'en font les acteurs publics à l'heure actuelle.

---

[8] Le champ d'investigation de la sociologie politique n'est pas appréhendé de la même façon selon les chercheurs. En effet à une vision restrictive des objets de la sociologie politique – par exemple Maurice Duvergé considère que la sociologie politique est la « science du pouvoir » - une autre vision considère que tout objet peut devenir politique et faire l'objet de recherche en sociologie politique.

[9] Antonin Cohen, « Le « jour où l'Europe est née ». Socio-histoire d'une décision politique », *in* François Buton, Nicolas Mariot (dir.), *Pratiques et méthodes de la socio-histoire,* Paris, PUF, 2009, p. 125.

[10] François Buton, « Histoires d'institutions. Réflexions sur l'historicité des faits institutionnels », *Raisons politiques,* vol. 40, n° 4, 2010, pp. 21-41.

[11] Dans cette contribution, on entend par usage, la façon dont les pouvoirs publics présentent, font référence, et utilisent la Déclaration des droits de l'homme et du citoyen de 1789.

LA DECLARATION DES DROITS DE L'HOMME ET DU CITOYEN : UN OBJET DE LA SCIENCE POLITIQUE ?

Malgré le caractère largement politique de la Déclaration des droits de l'homme et du citoyen, et les multiples références qui lui sont faites dans le discours politique, on peut s'étonner du peu de travaux sur cet objet en science politique. Comme chaque science, la science politique dispose de domaines de recherche qui lui sont propres – ses *objets* – et ses façons de les traiter – la *méthode*. Comme le souligne Yves Schemeil dans son manuel d'introduction à la science politique, « la science politique est la science de tout ce qui peut être considéré comme politique [...] Néanmoins on ne le répétera jamais assez qu'aucun objet n'est naturellement porté à l'attention des politistes »[12]. En ce sens, la science politique travaille à la fois sur des objets donnés et matériels, comme par exemple un discours politique ou une institution, à la fois sur des objets construits comme par exemple, les processus de politisation, l'acte de vote.

Concernant la Déclaration des droits de l'homme est du citoyen, elle a un caractère politique. Elle est rédigée puis adoptée le 26 août 1789, mais force est de constater que ce texte est encore d'actualité. En effet, alors même que la citoyenneté est un concept en perpétuelle évolution et redéfinition[13], la référence à cette Déclaration est encore d'usage. Une illustration de la place accordée à la Déclaration des droits de l'homme et du citoyen de 1789 – outre sa valeur constitutionnelle consacrée à partir de 1971 par le Conseil constitutionnel – est son affichage obligatoire dans toutes les écoles élémentaires et collèges de France. Cette mesure est mise en place par François Fillon dans le cadre de sa politique de définition de l'identité nationale, et est portée en 2011 par Luc Chatel, qui est à l'époque, ministre de l'Education nationale, de la jeunesse et de la vie associative[14]. Cette mesure prévoit l'affichage de la Déclaration des droits de l'homme et du citoyen dans les établissements scolaires et s'accompagne d'un livret

---

[12] Yves Schemeil, *Introduction à la science politique : objets, méthodes, résultats*, Paris, Presses de Science Po/Dalloz, 2012, p. 63.

[13] La citoyenneté est un concept qui se redéfinie. En effet, la littérature en sciences sociales s'interroge sur les évolutions du concept. La citoyenneté traditionnelle est fragilisée par deux constats : d'une part, se développe l'idée d'une citoyenneté post-nationale, et d'autre part le lien entre citoyenneté et nationalité se détend au profit de la citoyenneté de résidence. Pour Dominique Schnapper, « il faut repenser la citoyenneté nationale à la lumière des évolutions modernes » et prendre en compte des « nouvelles formes de citoyenneté » - Dominique Schnapper, « Faut-il instaurer la citoyenneté-résidence ? », *Pardès*, vol. 52, no. 2, 2012, pp. 83-90.

[14] On peut noter toutefois que l'idée n'est pas nouvelle : l'idée avait déjà été proposé par Lionel Jospin, puis reprise par Jack Lang sans être suivie d'effets.

pédagogique – à destination des enseignants – qui résume l'histoire, l'ambition et la portée de la Déclaration. Cette mesure s'inscrit dans la formation civique des élèves, dans le cadre de l'apprentissage à la citoyenneté.

LES METHODES D'ANALYSE DE LA DECLARATION DES DROITS DE L'HOMME ET DU CITOYEN DE 1789

Comment la science politique pourrait analyser la décision de l'affichage de la Déclaration des droits de l'homme et du citoyen de 1789 dans les établissements scolaires ? Cette analyse peut se faire par plusieurs approches. Dans cette contribution, il conviendra de proposer des pistes d'analyse par l'approche sociohistorique, ainsi que de montrer comment l'analyse des politiques publiques ou la sociologie politique pourrait contribuer à l'analyse de cette décision politique.

LES METHODES ET PRATIQUES DE LA SOCIOHISTOIRE

Le caractère historique de la Déclaration des droits de l'homme et du citoyen, nous invite dans un premier temps à revenir sur les usages de l'histoire en science politique. La sociohistoire est un label[15] qui se développe dans les années 1990. Pendant très longtemps, la sociohistoire est présentée comme un label qui englobe les travaux qui se situent entre l'histoire et la sociologie[16]. La sociohistoire est également présentée comme une véritable « boîte à outils » qui permet de comprendre comment les choses du présent fonctionnent, à la lumière de leur passé historique[17]. Une approche par la sociohistoire présente plusieurs avantages.

Tout d'abord, un des principaux avantages d'une approche par la sociohistoire est qu'elle permet d'étudier un objet du passé sans pour autant délaisser les usages présents de l'objet dans l'analyse. Pour François Buton,

---

[15] Dans cette contribution, on préfère volontairement le terme de label à celui de sous-discipline. En effet, les débats dans la doctrine ne sont pas tranchés sur la place qu'occupe la sociohistoire au sein de la science politique. En ce sens, l'usage du terme « label » permet d'englober les positions des différents courants de la littérature sur la question de la place de la sociohistoire dans la science politique.

[16] François Buton, Nicolas Mariot, « Socio-histoire », *in Dictionnaire des idées*, 2e volume de la collection des « Notionnaires », *Encyclopaedia Universalis*, 2006, pp. 731-733.

[17] Brigitte Gaïti, « Entre les faits et les choses. La double face de la sociologie politique des institutions », in Antonin Cohen, Bernard Lacroix, Philippe Riutort (dir.), *Les formes de l'activité politique. Éléments d'analyse sociologique*, 18e-20e siècle, Paris, PUF, 2006, pp. 39-64.

« l'historicisation des objets contemporains est conjointement pensée comme une triple opération conduisant à analyser la genèse de ces objets (le passé du présent), à examiner pour lui-même le processus génétique (le présent du passé) et à rendre visibles tous les processus concurrents qui n'ont pas abouti (le passé du passé) »[18]. Si à l'heure actuelle, des références explicites sont faites à la Déclaration des droits de l'homme et du citoyen, il n'en demeure pas moins que cette Déclaration est un objet du passé, et que la genèse de cette Déclaration ne peut être exclue de l'analyse si l'on souhaite comprendre les usages de cette Déclaration au présent.

L'étude de l'affichage de la Déclaration des droits de l'homme et du citoyen du 26 août 1789 dans les écoles élémentaires et collèges de France, pourrait se faire en réalisant une sociohistoire de l'instruction civique à l'école. La sociohistoire ne dispose pas de méthodes propres : elle emprunte les méthodes de travail des historiens (statistiques, archives) et des sociologues (reconstitution et recoupement des récits par exemple, analyse de documents, réalisation d'entretiens). Une telle approche pourrait permettre d'analyser les évolutions successives qui ont conduit à faire de la Déclaration des droits de l'homme et du citoyen, le cœur de l'instruction – désormais « éducation » – civique dans les programmes scolaires de l'ensemble des établissements publics en France. Autrement dit, une telle approche pourrait permettre d'éclairer la façon dont on a érigé les principes énoncés dans la Déclaration comme étant les valeurs qui constituent les fondements de l'instruction civique des citoyens en devenir. Une analyse par la sociohistoire pourrait ainsi contribuer à expliquer le succès de cette Déclaration et retracer la valeur qui lui a été accordée au cours des deux derniers siècles. L'avantage d'une approche par la sociohistoire est qu'elle pourrait éventuellement éclairer différentes périodes dans lesquelles la valeur accordée à la Déclaration n'a pas toujours été la même : par exemple expliquer pourquoi en 2011 se développe un intérêt particulier pour la Déclaration des droits de l'homme et du citoyen de 1789, qui va être mobilisée dans les discours politiques des acteurs de droite principalement.

L'ANALYSE DES POLITIQUES PUBLIQUES ET LA SOCIOLOGIE DE L'ACTION PUBLIQUE

Dans un second temps, l'affichage de la Déclaration des droits de l'homme et du citoyen de 1789 dans les établissements scolaires peut également être étudié sous l'angle de l'analyse des politiques publiques et la

---

[18] François Buton, « Portrait du politiste en socio-historien : la « socio-histoire » dans les sciences politiques », *in* François Buton, Nicolas Mariot (dir.), *Pratiques et méthodes de la socio-histoire,* Paris, PUF, 2009, p. 35.

sociologie de l'action publique. En effet l'affichage de la Déclaration des droits de l'homme et du citoyen dans les établissements scolaires résulte d'une décision prise par les pouvoirs publics dans le cadre de l'instruction civique des élèves.

L'analyse des politiques publiques est un champ spécifique de la science politique qui se développe dans les années 1960 aux Etats-Unis. L'analyse des politiques publiques est « la science de l'Etat en action »[19]; l'action de l'Etat devient un construit social et politique. Cette approche permet notamment d'analyser les pratiques et les représentations des acteurs impliqués.

Dans le cas de la Déclaration des droits de l'homme et du citoyen, cette approche va s'intéresser dans un premier temps aux acteurs qui font référence à cette Déclaration. Cette approche va également s'intéresser aux représentations et aux discours mobilisés lorsque ces acteurs font référence à la Déclaration des droits de l'homme et du citoyen. En reprenant la question de l'affichage de cette déclaration dans les établissements scolaires, cette approche peut également analyser une décision publique de façon processuelle : *Comment en arrive-t-on à une telle décision ? Qui sont les acteurs à l'origine de cette décision ? Est-ce que d'autres acteurs sont contre cette décision ? Quels sont les arguments pour justifier une telle décision ? Quels sont les effets de cette décision ? Est-ce qu'en pratique cet affichage est mis en place dans l'ensemble des établissements scolaires ?*

Dans un premier temps il convient de s'intéresser aux acteurs qui mobilisent la Déclaration des droits de l'homme et du citoyen. Qui sont les acteurs qui font référence à la Déclaration des droits de l'homme et du citoyen de 1789 ? Parmi les acteurs qui font référence à cette déclaration, il y a les institutions. En effet, on peut constater une référence à la Déclaration sur l'ensemble des sites internet des institutions : Sénat, Assemblée national, Conseil d'Etat, Conseil constitutionnel mais aussi sur le site de l'Elysée. La Déclaration des droits de l'homme et du citoyen figure également dans les programmes officiels d'histoire et d'éducation civique fixés par l'Education nationale au niveau élémentaire et au collège. Une approche par la science politique vise à éclairer cette référence à la Déclaration par les institutions principalement.

On peut également s'intéresser aux discours de ces acteurs. *Quel est le discours tenu par les différents acteurs sur la Déclaration des droits de*

---

[19] Pierre Müller, *Les politiques publiques*, Paris, Presses universitaires de France, « Que sais-je ? », 2011, 125 p.

l'homme et du citoyen de 1789 ? On peut dans notre exemple de recherche citer le discours de Luc Chatel. Dans sa lettre envoyée à tous les établissements scolaires, Luc Chatel affirme que « La Déclaration des droits de l'homme et du citoyen du 26 août 1789 est devenue, à côté de la Marseillaise et du drapeau tricolore l'un des symboles de notre République »[20]. Cependant, en regardant l'article 2 de la Constitution du 4 octobre 1958[21], on s'aperçoit que la Déclaration des droits de l'homme et du citoyen ne figure pas dans la liste des symboles de la Cinquième République. La référence à la Déclaration des droits de l'homme et du citoyen de 1789, dans les républiques précédentes est encore moins évidente. Ainsi du point de vue de la science politique, l'analyse de ce décalage entre le discours et la lettre constitutionnelle peut faire l'objet d'une analyse afin de mettre en évidence les raisons, les effets et les justifications d'un tel décalage.

Au terme de cette contribution, nous avons souhaité montrer comment la science politique pourrait faire de la Déclaration des droits de l'homme et du citoyen, un objet d'étude. Sans mener en pratique cette analyse, nous avons plutôt souhaité soulever des pistes de réflexion possibles pour analyser autrement et sous un nouvel angle, la Déclaration des droits de l'homme et du citoyen de 1789. L'objectif de cette contribution est de soulever des questions qui pourraient permettre – à condition de mener à terme une recherche sur cet objet – de renouveler l'analyse de la Déclaration des droits de l'homme et du citoyen de 1789. En effet, si la lettre, c'est-à-dire le contenu de la Déclaration des droits de l'homme et du citoyen fait couramment l'objet de travaux et réflexions, on peut cependant regretter le manque de travaux sur les usages de cette Déclaration en politique. Ainsi, en reprenant les pistes d'analyses proposées dans cette contribution, la science politique pourrait contribuer à enrichir les réflexions

---

[20] Cette lettre du ministre de l'Education nationale, de la Jeunesse et de la Vie associative date du 3 mars 2011. Un second document de Jean-Michel Blanquer sera adressé aux inspecteurs d'académie, aux directeurs des services départementaux de l'Education nationale, aux inspecteurs de l'Education nationale et aux recteurs d'académie, afin qu'ils organisent la diffusion des documents relatifs à la Déclaration des droits de l'homme et du citoyen de 1789.

[21] L'article 2 de la Constitution du 4 octobre 1958 dispose « La langue de la République est le français.
L'emblème national est le drapeau tricolore, bleu, blanc, rouge.
L'hymne national est la "Marseillaise".
La devise de la République est "Liberté, Egalité, Fraternité".
Son principe est : gouvernement du peuple, par le peuple et pour le peuple. » - Légifrance.

qui portent sur le succès de la Déclaration des droits de l'homme et du citoyen, encore d'actualité, plus de deux siècles après son adoption.

Bibliographie

Ouvrages et manuels

Philippe BRAUD, *La science politique,* Paris, PUF, 1993.

Pascal DELWIT, *Introduction à la Science politique*, Bruxelles, Editions de l'Université de Bruxelles, 2018.

Pierre MÜLLER, *Les politiques publiques*, Paris, Presses universitaires de France, « Que sais-je ? », 2011.

Robert NADEAU, *Vocabulaire technique et analytique de l'épistémologie*, Paris, PUF, 1999.

Christophe ROUX, Eric SAVARESE, *Science politique,* Bruxelles, Bruylant, collection Paradigme, 1re éd., 2007.

Chapitres d'ouvrage et articles

François BUTON, Nicolas MARIOT, « Socio-histoire », *in Dictionnaire des idées*, 2e volume de la collection des « Notionnaires », *Encyclopaedia Universalis*, 2006, pp. 731-733.

François BUTON, « Portrait du politiste en socio-historien : la « socio-histoire » dans les sciences politiques », *in* François BUTON, Nicolas MARIOT (dir.), *Pratiques et méthodes de la socio-histoire,* Paris, PUF, 2009, pp. 23-38.

François BUTON, « Histoires d'institutions. Réflexions sur l'historicité des faits institutionnels », *Raisons politiques,* vol. 40, n° 4, 2010, pp. 21-41.

Antonin COHEN, « Le « jour où l'Europe est née ». Socio-histoire d'une décision politique », *in* François BUTON, Nicolas MARIOT (dir.), *Pratiques et méthodes de la socio-histoire,* Paris, PUF, 2009, pp. 125-167.

Brigitte GAÏTI, « Entre les faits et les choses. La double face de la sociologie politique des institutions », in Antonin COHEN, Bernard LACROIX, Philippe RIUTORT (dir.), *Les formes de l'activité politique. Éléments d'analyse sociologique*, 18e-20e siècle, Paris, PUF, 2006, pp. 39-64.

Dominique SCHANAPPER, « Faut-il instaurer la citoyenneté-résidence ? », *Pardès*, vol. 52, n° 2, 2012, pp. 83-90.

Les libertés de la Déclaration de 1789 à l'épreuve de la « politique pénale des mœurs » de la IIIe République (1879-1914)

Guillaume GONIN

Dans le cadre de l'analyse des modes socio-politiques d'élaboration du droit, la question pénale apparait indéniablement d'une très grande richesse. Parmi les périodes les plus marquantes de l'histoire de la politique pénale, la Révolution se distingue des autres en ce qu'elle marque le point de départ d'une refondation du système pénal français sur la base de valeurs nouvelles proclamées par la Déclaration des droits de l'homme et du citoyen du 26 août 1789. Ainsi, les éminents principes de légalité des délits et des peines, le principe de proportionnalité, ou encore le jury populaire sont inscrites au panthéon des institutions juridiques fondamentales du droit français.

Tout au long du XIXe siècle, les principes de la Déclaration vont tantôt souffrir, tantôt bénéficier des innovations institutionnelles issues des nombreux changements de régime politique de l'État. Mais ce n'est qu'à la « Belle Époque », lors de la proclamation de la IIIe République, que les principes de la Déclaration trouvent leur meilleure traduction normative. En effet, les débuts de la IIIe République offrent un formidable terrain d'expérimentation pour la mise à l'épreuve des fondations politiques du droit républicain. Pour cause, cette période marque un véritable tournant civilisationnel : les techniques industrielles se perfectionnent, les centres urbains ne cessent de croître et la société connaît un essor sans précédent engendrant aussi un essor de la délinquance et une évolution de ses formes. Dans un tel contexte, la politique pénale de la République devait nécessairement s'adapter. Dès lors, les républicains entendent bâtir un ordre public à leur image, ce qui implique d'assurer la pérennité d'un État de droit inspiré par les principes révolutionnaires, parmi lesquels la Déclaration des droits de l'homme et du citoyen tient une place d'honneur.

Néanmoins, le droit constitutionnel du début de la IIIe République n'est pas encore assez mûr pour assurer la garantie efficiente des droits issus de la Déclaration de 1789. En effet, celui-ci n'étant ni érigé en système, ni incarné par une institution capable de contraindre le législateur, il ne peut produire que la doctrine. Or, au lendemain du changement de régime, l'objet éminemment politique de ce droit supra législatif entraine le développement d'une doctrine qui se montre « largement enchâssées dans la sphère politique, de sorte que les théories constitutionnelles qu'elle fabrique sont tout à la fois politiques et juridiques »[1]. Dans ce contexte d'ambivalence, c'est le Pouvoir judiciaire qui se voit officieusement conférer le rôle de gardien de la Constitution. En effet, les constitutionnalistes[2] s'accordent à reconnaître le droit pour chaque tribunal de refuser d'appliquer une loi qui dérogerait aux « principes supérieurs du droit »[3]. Dès lors, il est difficile de parler de garanties effectives des droits fondamentaux, d'autant plus que la République est encore profondément animée par la philosophie rousseauiste selon laquelle une loi qui émane de la souveraineté nationale est incapable de nuire à la nation puisqu'elle n'a pas la volonté de se nuire à elle-même.

Par ailleurs, la Constitution de la IIIe République porte ostensiblement la marque du légicentrisme, puisque celle-ci se compose de trois lois dites « constitutionnelles », des 24, 25 février et 16 juillet 1875. En outre, on remarque une grande absence au sein de ce corpus : nulle mention ou référence à la Déclaration des droits de l'homme n'est faite et aucune disposition que ce soit ne semble suppléer à ce vide. Ce silence délibéré est à mettre en relation avec la majorité monarchiste de l'Assemblée nationale, et donc, de la Commission des Trente chargée d'élaborer la nouvelle Constitution. Pour autant, la République est proclamée, et, suite aux élections sénatoriales de 1879, le régime amorce pleinement son tournant républicain, gage éminant de l'élévation des principes de la Déclaration au sommet de la hiérarchie des normes[4].

Dorénavant, la République doit faire face à un chantier législatif d'une ampleur considérable puisqu'elle a pour ambition de refonder et d'harmoniser le corps social sous l'égide du progrès. Ainsi, l'heure est à la régulation de la société en accord avec la « culture politique républicaine »[5]. En effet, la nation française, éprouvée par un siècle lourd de guerres, de

---

[1] Sacriste (Guillaume), « La doctrine constitutionnelle et la loi au tournant du XXe siècle », *Parlement[s]*, Revue d'histoire politique 2009/1 (n° 11), p. 40-52.

[2] Tels que les doyens Félix Moreau, Léon Duguit ou encore Maurice Hauriou.

[3] Duguit (Léon), *Traité de droit constitutionnel, tome III : Théorie Générale de l'État (suite et fin)*, 2e édition, Paris, Ancienne librairie Fontemoing & Cie, 1923, p. 660. Ce principe découlerait du droit de résistance à l'oppression prévu par l'article 2 de la Déclaration de 1789. En ce sens, Moreau (Félix), *Précis élémentaire de droit constitutionnel (organisation des Pouvoirs publics et Libertés publiques)*, 9e édition, Paris, Recueil Sirey, 1921 p. 128.

[4] Tel que le Doyen Hauriou dans son *Précis élémentaire de droit constitutionnel* (2e éd.), Paris, Recueil Sirey, 1930, p. 243.

[5] Pour pleinement saisir la portée de cette notion : Chevallier (Jacques), « Bonnes mœurs et morale républicaine. Former et réformer les mœurs » in *Les bonnes mœurs* [actes du colloque tenu à Amiens le 14 mai 1993], avec le concours du Centre universitaire de recherches administratives et politiques de Picardie (C.U.R.A.P.P.), Paris, Presse Universitaire de France, 1994, pp. 185-191.

révoltes et de censures, voit en la consolidation de cette République nouvelle l'espoir d'un apaisement général porté par un élan libéral riche de promesse. L'espoir est d'autant plus grand que l'esprit réformateur et libéral du législateur est en train de se traduire par l'élaboration de grandes lois qui fondent encore aujourd'hui les valeurs de la République[6]. C'est alors que débute la « belle époque » des libertés publiques[7].

Mais ce retour au régime républicain implique une approche renouvelée de la conciliation des droits de l'individu avec les impératifs de l'ordre public. Pour cette raison et pour d'autres[8], la question pénale figure parmi les préoccupations centrales de la République. De plus, le contexte dramatique dans lequel émerge la IIIe République ne sera pas sans incidence sur sa politique pénale. En effet, les épisodes consécutifs de la défaite de 1870 et de l'insurrection de la Commune de Paris auront une influence non négligeable sur l'action du législateur. En effet, ce dernier entendra remédier à la « démoralisation » du corps social puisque depuis 1870, un profond sentiment d'amertume et d'humiliation anime le peuple français. Le moral est au plus bas et la population semble interpréter ces évènements comme le signe de la déchéance du prestige français. Le témoignage de Victor Hugo dans son recueil de poèmes intitulé *L'Année terrible* illustre l'ampleur de ce traumatisme national[9]. Il est alors question de rechercher les causes de cette défaite et trouver des remèdes à la démoralisation ambiante. Parmi toutes les raisons soulevées, certaines sont en lien avec le processus de dégradation des mœurs, dont l'origine remonterait aux pratiques du libertinage et à la libération progressive des mœurs issues des XVIIe et XVIIIe siècles[10]. En outre, et de façon plus générale, la République entend faire appliquer sa propre morale, qui tout en étant laïque, n'en demeure pas moins rigoureuse.

---

[6] Telles que la loi du 24 juillet 1881 sur la liberté de la presse, les lois Ferry du 16 juin 1881 et 28 mars 1882 sur la gratuité et l'obligation de scolarisation, ou encore la loi du 9 décembre 1905 de séparation de l'Église et de l'État.

[7] Machelon (Jean-Pierre), *La République contre les libertés ? Restrictions aux libertés publiques de 1879 à 1914*, Paris, Presses de la fondation nationale des sciences politiques, 1976.

[8] Notamment la lutte contre la récidive, régulièrement mise sur agenda politique. Schnapper (Bernard), « La récidive, une obsession créatrice au XIXe siècle », *Voies nouvelles en histoire du droit. La justice, la famille, la répression pénale (XVIe-XXe siècles)*, Paris, Presses Universitaires de France, 1991, pp. 313-353.

[9] Hugo (Victor), *L'Année terrible (1871)* [Site de l'Association des Bibliophiles Universels], Texte produit par Eric Vautier, consulté le 23/05/2017, disponible sur : http://abu.cnam.fr/cgi-bin/go?annee1,261,280

[10] Adam (Antoine), Abirached (Robert), « Libertins ». Universalis éducation [en ligne]. *Encyclopædia Universalis*, consulté le 23 mai 2017, disponible sur : http://www.universalis-edu.com/encyclopedie/libertins/

Le législateur de la IIIe République fait donc de la question des mœurs, une préoccupation majeure. Dès lors, pour assurer la cohésion sociale, la République entend forger un citoyen nouveau. Pour ce faire, il faut changer l'homme de l'intérieur en cherchant « en son cœur » la garantie de sa conduite et ainsi, « former un citoyen vertueux en modifiant la conscience et les mœurs »[11]. C'est ici qu'intervient ce que nous appelons la « politique pénale des mœurs » définie comme « l'ensemble des actions et stratégies ayant pour finalité de moraliser le corps social par la voie pénale »[12]. Son analyse permettra d'enrichir l'étude des restrictions apportées aux libertés publiques durant cette période qui est aussi, paradoxalement, celle de l'exaltation des libertés. Il va de soi que « l'âge d'or des libertés publiques » trouve sa limite dans des impératifs d'ordre public. Mais au regard de l'interdépendance de ce nouvel ordre naissant avec la morale publique et les bonnes mœurs, il nous a semblé intéressant de confronter les aspects les plus emblématiques de la « politique pénale des mœurs » aux principes et à la lettre de la Déclaration de 1789.

Dès lors, dans quelle mesure l'entreprise républicaine de régulation des mœurs respecte-t-elle les libertés et les dispositions de la Déclaration des droits de l'homme et du citoyen de 1789 ?

L'étude complète des enjeux sociaux, juridiques et politiques que soulève une telle problématique nécessiterait un trop long développement. Néanmoins, il est possible d'en avoir un aperçu suffisamment démonstratif en bornant notre étude à l'analyse du traitement républicain de deux phénomènes sociaux emblématiques et qui se situent au cœur des préoccupations morales de la République : la prostitution et la pornographie.

---

[11] Chevallier (Jacques) « Bonnes mœurs et morale républicaine » », *op. cit.*, pp. 185-186.

[12] Nous empruntons ici quelques éléments à la définition sociologique de la politique pénale délivrée par Jean-Pierre Allinne dans son ouvrage : *Gouverner le crime : les politiques criminelles françaises de la Révolution au XXIe siècle. 1. L'ordre des notables, 1789-1920*, l'Harmattan, Paris, 2003, p. 10. Celle-ci présente la politique pénale en ses grandes lignes comme « l'ensemble des stratégies et des actions qui ont pour but le traitement du problème de la délinquance ». Dès lors, nous proposons de centrer sa définition sur certains des aspects de la politique pénale ayant trait à la protection de la morale publique et des bonnes mœurs. Cette démarche comprend plus spécifiquement le fait de restreindre le phénomène prostitutionnel dans des espaces clos, le relèvement de l'enfance moralement abandonnée, la lutte contre les publications obscènes, la lutte contre l'alcoolisme et la toxicomanie, la protection de l'institution matrimoniale et la répression des discours antinatalistes et anticonceptionnels.

Ainsi, nous présenterons tout d'abord les raisons de la réticence du législateur à remédier aux violations manifestes et récurrentes des droits fondamentaux des prostituées par la police des mœurs (I.). Dans le domaine de la pornographie, en revanche, la République n'a pas hésité à légiférer abondamment, mais les mécaniques répressives ne se sont pas toujours en accord avec les principes de la Déclaration des droits de l'homme et du citoyen (II.).

I. Le traitement de la prostitution en contradiction avec libertés de la Déclaration

Bien que, dans le domaine de la prostitution, la République se soit accommodée de l'héritage d'une réglementation arbitraire (A), il convient de lui reconnaître le mérite d'avoir brisé le silence législatif d'une tradition qui remonte à l'Ancien Régime (B).

A. La persistance d'une réglementation attentatoire aux libertés fondamentales

En matière de prostitution, la IIIe République n'a fait que proroger les normes locales traditionnelles que le législateur révolutionnaire s'était refusé d'interrompre (a.). Près d'un siècle plus tard, la prédominance des préoccupations de santé publique fait que le législateur républicain se trouve dans l'incapacité de réformer sa politique prostitutionnelle (b.).

a) Le développement du réglementarisme par défaut de bases légales

« La prostitution est considérée en France comme un mal inextricable [...] dont les divers gouvernements qui se sont succédé n'ont rien trouvé de mieux, pour en atténuer les effets et la généralisation, que de la réglementer »[13]. Ce modèle d'action publique qui remonte à l'Ancien Régime n'a pas échappé à l'esprit de réforme du législateur lors de la période révolutionnaire. En 1796, sous le Directoire, les députés sont appelés à légiférer sur la question prostitutionnelle[14]. En effet, la diversité ainsi que l'incohérence des ordonnances royales et des règlements de police auxquels étaient soumises les filles publiques nécessitait une « régénération de la

---

[13] Cézar-Bru (Charles), Godefroy (Eugène), Plassard (Jean), *Répertoire général alphabétique du droit français, supplément, tome onzième*, recueil fondé par Edouard Fuzier-Herman, Paris, Sirey, 1933, p. 248.

[14] À l'initiative de Jean-François Reubell, président du Directoire en 1795.

législation sur la prostitution »[15]. Cependant, contrairement aux attentes, les débats à l'assemblée n'aboutissent qu'à une dépénalisation des pratiques prostitutionnelles en contrepartie d'une surveillance policière et médicale. Il en résulte un silence dans les codes pénaux qu'aucune loi n'a modifié, et c'est sur cette absence de base légale que le règlementarisme du XIXe siècle s'est épanoui.

Dès lors, quels sont les moyens juridiques sur lesquels se fondent la politique prostitutionnelle de la IIIe République ? Le vide juridique légué par la Révolution conjugué à l'inaction délibérée des législateurs successifs a entrainé l'existence d'un régime exorbitant du droit commun reposant sur un ensemble composite de normes. En province, les maires s'appuient sur l'article 97 de la loi d'avril 1884 qui elle-même reprenait l'article 3 du titre XI de la loi des 16-24 août 1790. Ces dispositions confèrent aux maires, chefs de la police municipale, le devoir « d'assurer le bon ordre, la sureté et la salubrité publiques »[16]. Cette même loi, en son article 94, reprend les dispositions de l'article 11 de la loi de 1837 pour justifier le pouvoir des maires d'édicter des règlements municipaux. Si leur pouvoir repose sur une base légale effective, les moyens juridiques employés par le préfet de police à Paris étaient d'une toute autre nature. En effet, ceux-ci reposaient sur des ordonnances royales de l'Ancien Régime, du 20 avril 1684 et du 26 juillet 1713 qui conféraient aux prévôts de Paris leurs prérogatives en matière d'ordre public. Mais le cœur de l'argumentaire juridique du préfet servant à justifier ses prérogatives repose sur une combinaison de l'ordonnance de 1778 du lieutenant général Lenoir réglementant spécifiquement le rôle de la police des mœurs, avec l'article 484 du code pénal qui prévoit « d'observer les lois et les règlements spéciaux qui n'ont pas été réglés par le présent code ». Tel est le socle normatif sur lequel le réglementarisme s'est prorogé en République.

---

[15] Plumauzille (Clyde), « Du "scandale de la prostitution" à l' "atteinte contre les bonnes mœurs". Contrôle policier et administration des filles publiques sous la Révolution française », *Politix*, 2014/3 (N° 107), p. 9-31.
[16] Berlière (Jean-Marc), *La police des mœurs sous la IIIe République,* Paris, Éditions du seuil, 1992, p. 44.

b) La prorogation d'un réglementarisme arbitraire au nom de la santé publique[17]

Si on se réfère à la lettre de la Déclaration de 1789, le règlementarisme implique par nature la violation de l'article 7 qui consacre la force obligatoire du droit sur la seule et unique base de la loi. Néanmoins, on ne saurait reprocher au législateur républicain son manque de célérité mais plutôt le désintérêt dont il fait preuve dans le domaine de la prostitution face à une réglementation arbitraire. En effet, d'après le rapport de Félicien Hennequin de 1904 sur le réglementarisme commandé par le ministère de l'intérieur, il existe plus de 570 règlements relatifs à la prostitution[18]. Certes, tous ont leurs spécificités, mais ils se fondent sur le même raisonnement : bien que la prostitution ne soit pas un délit, elle est « un métier dangereux, un péril permanent pour la sécurité, l'ordre et la santé publique ; d'où la nécessité de l'intervention de la préfecture de police à Paris, de l'autorité municipale en province »[19]. C'est essentiellement pour des raisons liées à la prophylaxie vénérienne[20] que la République a admis un règlementarisme attentatoire à la liberté individuelle des prostituées et plus largement, des femmes. Cette prééminence des intérêts de la santé publique est à mettre en lien avec la montée du mouvement hygiéniste que connait la République en cette fin de siècle[21]. En effet, à l'heure ou la République entend assurer la cohésion sociale de la nation sous l'égide du progrès, une partie du corps médical atteint les hautes sphères du pouvoir, à l'instar du sénateur Théophile Roussel[22] ou du président de la République George Clémenceau.

---

[17] Au regard du nombre et de la diversité des dispositions que l'on trouve au sein des règlements, nous nous garderons de faire l'étayage de toutes les dispositions règlementaires contrevenant aux principes et à la lettre de la Déclaration de 1789, d'autant plus que les travaux d'Alain Corbin et de Jean-Marc Berlière constituent d'ores et déjà des études de référence sur le sujet. Ainsi, nous pouvons concentrer notre analyse sur l'arbitraire administratif issu du réglementarisme.

[18] Hennequin (Félicien), France. Ministère de l'intérieur (1879-1912), *Rapport sur la réglementation de la prostitution en France (Seine, Algérie et colonies exceptées)*, Melun, impressions administratives, 1904, p. 20.

[19] Duguit (Léon), *Traité de droit constitutionnel, tome V : Les libertés publiques*, 2e édition, Paris, Ancienne librairie Fontemoing & Cie, 1925, p. 103.

[20] Les maladies vénériennes et plus spécialement la syphilis relèvent à cette époque d'une véritable « phobie collective » : Allinne (Jean-Pierre), *Gouverner le Crime... op. cit.*, p. 155.

[21] Cavé (Isabelle), *Les médecins-législateurs et le mouvement hygiéniste, 1870-1914,* Thèse de doctorat, Histoire, Paris, École des hautes études en sciences sociales, 2013.

[22] Sénateur de la Lozère (1879 – 1903), connu pour ses travaux sur la question pénale des aliénés et de l'enfance, membre de l'Académie des sciences morales et

En outre, près de la moitié des députés et des sénateurs sont hygiénistes[23], ce qui n'est certainement pas sans incidence sur la réticence dont a fait preuve le législateur sur la question prostitutionnelle. Dès lors, au Parlement, hygiénistes et moralistes s'accordent à reconnaitre le réglementarisme comme la seule politique prostitutionnelle sérieusement envisageable.

Or, cela implique pour la République libérale de s'accommoder d'une politique qualifiée par certains auteurs de « quintessence de l'arbitraire »[24]. En effet, à la Belle Époque, le pays des droits de l'homme exclut du champ de la loi toute une catégorie de personnes (les prostituées)[25], dérogeant ainsi au principe de légalité des délits et des peines inspirés des thèses de César Beccaria et consacré par les articles 1, 5, 7 et 8 de la Déclaration. Plus précisément, « l'arrestation sans mandat, l'incarcération préventive sans délit, l'emprisonnement sans jugement ni appel : telle est la trilogie forgée pour les prostituées »[26]. Parmi toutes les mesures antilibérales, voire « inconstitutionnelles »[27], qu'on relève au sein du règlementarisme, deux procédures témoignent clairement de leur caractère arbitraire : la procédure de recensement des prostituées et l'incarcération par mesure disciplinaire.

Concernant la procédure de dénombrement, elle passe par « l'inscription » de la femme sur les registres de la police des mœurs. Loin d'être anodin, cet acte a pour conséquence l'entrée officielle en prostitution et entraine la soumission obligatoire au règlement. À Paris, selon le règlement du préfet Gigot de 1878, c'est le chef du 2e bureau de la première division de la préfecture de police qui a en charge cette inscription. Si la femme est mineure ou si celle-ci se montre récalcitrante, c'est une commission[28] qui procède à son audition et celle de l'agent qui l'a arrêtée[29].

---

politiques (1896-1903), et rapporteur de la loi du 24 juillet 1889 sur la protection des enfants maltraités ou moralement abandonnés.

[23] À hauteur de 46 % entre 1870 et 1914. Les hygiénistes se distinguent du corps médical en ce qu'ils sont membres des conseils local ou départemental d'hygiène publique dont le premier fut créé sous l'Empire napoléonien. Cavé (Isabelle), *Les médecins-législateurs et le mouvement hygiéniste... op. cit.*

[24] Duguit (Léon), *Traité de droit constitutionnel, tome V... op. cit.*, p. 105.

[25] Il en est de même pour les aliénés et les vagabonds : Machelon (Jean-Pierre), *La République contre les libertés ?... op. cit.*

[26] Hamon (Louis), *Police et criminalité, impressions d'un vieux policier,* 1900, p. 295. Cité par Berlière (Jean-Marc), *La police des mœurs... op. cit.*, p. 17.

[27] Si on prête à la Déclaration une valeur constitutionnelle comme le doyen Hauriou.

[28] La composition de celle-ci a évolué au fil du temps. La plus récente rassemblait le chef du 2e bureau ainsi que deux commissaires de Police en guise d'assesseurs.

En province, dans la plupart des communes, ce sont les maires qui doivent procéder à l'inscription bien que cela incombe le plus souvent à un commissaire, voire un simple brigadier[30]. Là encore, le rapport d'Hennequin ne dénombre que 63 règlements, Paris excepté, qui font preuve d'un minimum de garanties avant de procéder à l'inscription. Parmi ces derniers, seuls deux règlements, à Marseille et à Narbonne, prévoient une procédure d'appel auprès des tribunaux de police[31]. Cela étant, l'arbitraire du régime de police s'avère d'autant plus déplorable que de nombreux règlements rendent possible l'inscription d'office[32], reconnue légale par le Conseil d'État[33]. Pourtant, d'après la Cour de cassation, l'inscription ne fait que présumer la pratique prostitutionnelle. Ce faisant, elle reconnait la possibilité pour la « justiciable »[34] de prouver devant les tribunaux judiciaires qu'elle ne s'adonne pas à la prostitution[35]. Toutefois, même en cas de recours, l'inscription étant un acte administratif, le tribunal judiciaire ne peut prononcer la radiation d'une inscrite en vertu du principe de séparation des pouvoirs prévu par l'article 16 de la Déclaration des droits de l'homme et du citoyen qui est ici paradoxalement mobilisé [36]. Selon le rapport d'Hennequin, la majorité des règlements prévoient tout de même plusieurs causes officielles de radiation parmi lesquelles la plus simple[37] semble être la

---

Corbin (Alain), *Les Filles de noce, misère sexuelle et prostitution aux XIXe et XXe siècles*, Paris, Aubier, 1978, pp. 56-57.

[29] *Revue pénitentiaire,* séance du 23 décembre 1903.

[30] Berlière (Jean-Marc), *La police des mœurs... op. cit.*, p. 22.

[31] Commission extra-parlementaire du régime des mœurs, *Annexes au rapport général présenté par M. F. Hennequin,* pp. 41-133. Cité par Corbin (Alain), *Les filles de noce... op. cit.*, pp. 58-59.

[32] Selon le rapport d'Hennequin de 1904, 403 communes prévoyaient l'inscription d'office. Corbin (Alain), *Les filles de noce... op. cit.*, p. 58.

[33] CE, Demoiselle Comte 29 nov. 1907, 23,649. Panhard (A.) [et al.], *Jurisprudence du conseil d'état, statuant au contentieux du tribunal des conflits et de la Cour des comptes, Recueil des arrêts,* Tome 77, 2e série, Paris, Recueil Sirey, 1907, p. 874. En l'espèce, une coiffeuse exerce un recours pour excès de pouvoir contre le règlement du maire qui entraine son inscription d'office sur les registres de la police des mœurs. Or, la Cour a considéré que le recours était sans fondement aux motifs que le maire a fait « exact application de son règlement dont la légalité n'est pas contestée ».

[34] En effet, au regard de la nature tout à fait arbitraire et extraordinaire du régime de police auquel sont soumises les prostituées, la notion de justiciable s'avère dénuée de sa substance.

[35] 11 juill. 1879, D.P. 80, 1 n. 95; 6 dec. 1888, Bull. Crim. N° 353; 26 nov. 1892, D.P. 93, 1, 462: 14 nov. 1896, D.P. 97, 1, 238. In *Revue pénitentiaire*, séance de 1903... *op. cit.*, p. 48.

[36] *Revue pénitentiaire,* séance de 1903... *op. cit.*, p. 46.

[37] Outre le décès et l'infirmité.

présentation d'un contrat de mariage. Dans les autres cas, la radiation semble difficile à obtenir puisqu'elle s'acquiert souvent à la suite d'une enquête minutieuse sur la famille de l'inscrite et est parfois conditionnée par un stage probatoire de trois à neuf mois.[38] Il en résulte que le moyen le plus simple pour une inscrite d'échapper à l'arbitraire de la police des mœurs reste de « disparaitre »[39].

Concernant les punitions disciplinaires qu'encourent les prostituées en cas de manquement à la règlementation, une incarcération dont la durée varie en fonction du règlement attend les contrevenantes. Les sanctions sont laissées à la libre appréciation de l'autorité administrative ce qui entraine des incarcérations pouvant aller de 3 à 57 jours[40]. De même, il convient d'évoquer l'éventualité dans laquelle la prostituée peut être incarcérée alors même qu'elle n'a pas dérogé au règlement. En effet, lors des visites médicales obligatoires, si la prostituée est reconnue porteuse d'une maladie sexuellement transmissible, elle se retrouve véritablement séquestrée[41] dans un « hôpital-prison », tel que l'hôpital parisien Saint-Lazare, jusqu'à ce que le médecin traitant et l'administration autorisent son départ[42].

Malgré cela, la jurisprudence du Conseil d'État, à qui on ne saurait prêter les prérogatives d'un Conseil constitutionnel avant l'heure, a maintes fois réaffirmé que la légalité de la réglementation n'était pas contestée, et donc non contestable[43].
Cependant, nous assistons au tournant du siècle à quelques avancées sur la question des prostituées, mais dont le sort demeurera inchangé.

---

[38] Corbin (Alain), *Les filles de noce... op. cit.*, pp. 60-61.
[39] *Ibid.* p. 60.
[40] Berlière (Jean-Marc), *La police des mœurs... op. cit.*, p. 27.
[41] Aucune sortie ou visite ne lui est possible, le cas échéant.
[42] *Revue pénitentiaire*, séance de 1903... *op. cit.*, p. 51.
[43] CE, Demoiselle Compte, 29 novembre 1907 ; CE, Demoiselle Fatou, 14 juillet 1918 ; CE, Dame Lapauw, 11 juillet 1913 ; CE Dame Solle, 25 janvier 1918 ; CE, Docteur Pommier, 16 décembre 1921 ; CE, Dame Rachel Cohen, 14 janvier 1916, in Panhard (A.), *Jurisprudence du conseil d'état... op. cit.*, p. 544.

B. L'esquisse d'un progrès : la loi concomitante au règlementarisme

Selon les travaux d'Amélie Maugère, on constate, au tournant du siècle, l'entrée progressive de la thématique prostitutionnelle dans l'enceinte parlementaire[44].

Tout d'abord, le silence législatif caractéristique de la politique prostitutionnelle française est finalement rompu par le sénateur inamovible René Bérenger[45] au mois de mai 1895. C'est dans l'hémicycle du Sénat qu'il saisit ses pairs d'une proposition de loi ayant pour finalité de faire entrer les prostituées dans le droit commun par le biais de la création d'un délit de racolage[46]. La portée de cette proposition n'est pas des moindres puisqu'elle mettrait un terme à l'arbitraire policier qui déroge indubitablement aux articles 5 et 7 de la Déclaration des droits de l'homme et du citoyen. La venue d'une telle proposition de la part de ce moraliste notoire peut surprendre[47]. Or, sa longue carrière de magistrat, ses inspirations libérales et son intérêt certain pour les bonnes mœurs font de lui le promoteur idéal d'une alternative au régime policier. En effet, il ne manque pas de rappeler dans ses propos que le projet qu'il porte est inspiré « par des considérations de haute moralité mais aussi par des préoccupations de légalité »[48]. En effet, le sénateur défend son projet en dénonçant non seulement l'illégalité mais aussi l'inefficacité de l'arbitraire administratif. Entre autres, la répression n'étant pas légalement organisée, elle ne peut s'exercer de façon uniforme et

---

44 Maugère (Amélie), « Droit et prostitution sous la IIIe République : la lente progression de l'argumentation morale dans l'arène parlementaire », in Halpérin (J.-L.), Stora-Lamarre (A.) et Audren (F.) [et al.], *La République et son droit (1870-1930)*, [Actes du colloque international, Besançon, 19-20 novembre 2008], Besançon, Presses Universitaires de Franc-comtoise, 2011, pp. 409-428.

45 Issu d'une famille d'éminents magistrats dauphinois, le sénateur inamovible René Bérenger figure parmi les pères fondateurs de la République. Il se distingue de ses pairs par l'ampleur de son œuvre réformatrice dans les domaines pénal et pénitentiaire qu'il a pu mener à bien lors de son mandat. À la fois républicain convaincu et profondément catholique, il fait preuve d'une indépendance d'esprit qui irrigue toute sa démarche réformatrice, si bien que nos institutions pénales portent encore aujourd'hui la marque du républicanisme qu'il incarne. Il est notamment l'auteur et le promoteur des loi du 14 août 1885 et du 26 mars 1891 qui inscrivent la libération conditionnelle et le sursis à exécution des peines dans le droit français.

46 *Journal officiel de la République française*, 28 mai 1895, Sénat, session ordinaire de 1895, Compte rendu in extenso – 46e séance, séance du lundi 27 mai – « 1ère délibération sur la proposition de loi de M. Bérenger sur la prostitution et les outrages aux bonnes mœurs », pp. 551-555.

47 René Bérenger a fini sa vie affublé du sobriquet « Père-la-pudeur ».

48 *Journal officiel de la République française*, 28 mai 1895, Sénat… *op. cit.*, p. 553.

donc, de façon égale. Or, cette inégalité dans la répression peut s'entendre comme une violation du principe d'égalité devant la loi prévue par l'article 1er de la Déclaration. L'esprit libéral du sénateur s'insurge contre cette inégalité qu'il estime scandaleuse : « elle [la police] distingue entre les quartiers où ces choses [la prostitution] lui paraissent devoir être pour la population qui les habite plus particulièrement révoltantes et ceux qu'une longue habitude a rendus plus résignés. Dans les uns elle sévit, dans les autres, elle laisse faire »[49]. Il poursuit : « Je ne puis, pour moi, admettre cette inégalité ; une tolérance générale et compète me révolterait peut-être moins »[50]. Ainsi, la finalité de son projet n'est pas de bouleverser le système existant mais bien de limiter les pratiques arbitraires de l'administration. Ce faisant, il compte doter les prostituées des garanties juridictionnelles les plus fondamentales. Dès lors, l'obligation pour les forces de police de rédiger un procès-verbal à chaque interpellation, la fixation de la peine et la garantie de recourir à un juge seraient prévues par la loi.

Or, la proposition du sénateur n'a pas su convaincre l'assemblée qui se montre sceptique quant à la création d'un délit de racolage. Ne trouvant pas d'accord sur les modalités du délit, la peur de voir la police désarmée de son droit d'arrestation a dissuadé le législateur de voter la proposition de René Bérenger. C'est ainsi que la IIIe République a définitivement fait le choix de sacrifier les droits fondamentaux des prostituées sur l'autel de la santé et de l'ordre publics. Les propos tenus par le garde des sceaux Ludovic Trarieux lors de cette séance illustrent à merveille la fin du débat républicain sur la légalité de la prostitution : « S'il ne s'agissait que d'une question de bonnes mœurs, peut être pourrions-nous faire l'expérience de la légalité. Mais il s'agit de bien d'autre chose [...] c'est [...] la préoccupation de la santé publique. Le droit est ici avant tout dans la défense de l'intérêt social, et si les formes de la justice ne peuvent s'y prêter, il faut chercher en dehors de ces formes »[51].

Pour autant, René Bérenger ne s'avoue pas vaincu et il sera en 1903 l'auteur et le rapporteur de la première loi sur la prostitution en périphérie du réglementarisme. Le fléau de ce que l'on appelle alors la « traite des

---

[49] *Ibid.*

[50] *Ibid.*

[51] *Ibid.* p. 560. Les propos du garde des sceaux mettent en évidence le caractère indiscutable de l'argument prophylactique puisqu'on ne saurait lui attribuer une négligence ou un désintérêt pour les droits de l'homme, dans la mesure où celui-ci a fondé la Ligue des droits de l'homme en 1898.

blanches »[52] relève d'une prise de conscience européenne de l'existence d'un proxénétisme international. Venue d'Angleterre dès 1895, la dénonciation de ce marché de la chair à l'échelle continentale va entrainer en France le vote de la première loi contre le proxénétisme, le 3 avril 1903. Cette loi s'inscrit dans une démarche républicaine de plus en plus assurée de moralisation du corps social. En effet, la loi vient modifier les articles 334 et 335 du code pénal ainsi que l'article 4 de la loi du 27 mai 1885 sur la relégation des récidivistes tout en modifiant les articles 5 et 7 du code d'instruction criminelle. Désormais, le souteneur est défini aux termes de l'article 2 de la loi comme étant celui qui « aide, assiste ou protège la prostitution d'autrui sur la voie publique et en partage sciemment les profits ». L'article 3 complète cette disposition en prévoyant la possibilité d'une relégation dans les bagnes d'outre-mer en cas de récidive. En ce qui concerne les autres dispositions, elles étayent les différentes formes d'embauchage des femmes donnant lieu à condamnation. D'autre part, la modification des articles 334 et 335 du code pénal augmente les risques encourus en cas d'embauchage d'une prostituée mineure et prévoient la déchéance de tous les droits du père sur son enfant si celui-ci en a favorisé la prostitution. Ainsi, ces dernières dispositions semblent présager la loi du 11 avril 1908 sur la prostitution des mineurs dont la paternité est à attribuer une fois de plus au sénateur Bérenger[53]. Cependant, cette loi ne sera pas satisfaisante à cause du manque d'établissement d'accueil qu'elle prévoyait[54]. En outre, les articles 4 et 5 de la loi de 1903 font échos à la coopération internationale que nécessite la répression du proxénétisme transnational[55]. En effet, le législateur a pris le soin de modifier les articles 5 et 7 du code d'instruction criminelle pour éviter qu'un justiciable déjà condamné à l'étranger fasse l'objet d'une seconde condamnation en France pour les mêmes faits. Ce faisant, le législateur répond aux aménagements juridictionnels qu'implique la répression transnationale dans le respect de l'adage *non bis in idem* que l'on peut rattacher à l'article 8 de la Déclaration.

---

[52] L'expression est apparue en 1846 pour désigner le commerce de femme en vue de la prostitution. Maugère (Amélie), *Les politiques de la prostitution du moyen-âge au XXIe siècle,* Paris, Dalloz, 2009, p. 98.

[53] Bérenger (René), « Rapport fait au nom de la Commission chargée d'examiner : 1° le projet de loi cernant la prostitution des mineurs ; 2° la proposition de loi de M. Bérenger, sur la prostitution des mineurs », *Journal officiel de la République française,* n° 120, Sénat, année 1907, session ordinaire, annexe au procès-verbal de la séance du 23 mai 1907, Archives nationales. Côte n° BB/30/1698/14.

[54] Alline (Jean-Pierre), *Gouverner le crime.... op. cit.*, p. 159.

[55] Conf° Ministère des affaires étrangères, Documents diplomatiques, *Conférence internationale pour la répression de la traite des blanches*, Paris, imprimerie nationale, 1902, 212 p. Archives nationales. Côte n° BB/30/1698/14.

Ainsi, la loi du 3 avril 1903 relève d'un progrès certain sur la question prostitutionnelle, constituant un premier pas vers la reconnaissance de la prostituée victime, qu'elle soit majeure ou non. De plus, le législateur s'attache cette fois-ci à légiférer sur la question prostitutionnelle dans le respect des principes de la Déclaration. Pour autant, les prostituées font toujours l'objet d'un « arbitraire scandaleux » au nom de la santé publique. Bien que, par la suite, on observe un glissement progressif du contrôle policier vers le contrôle médical durant l'entre-deux guerre[56], l'arbitraire policier ne prendra réellement fin qu'à la ratification par la France, en 1960, de la Convention de l'ONU sur « la répression et l'abolition de la traite des êtres humains et de l'exploitation de la prostitution d'autrui »[57].

Ainsi, la politique républicaine de régulation des mœurs a n'a cessé de marginaliser la prostitution afin de préserver le reste du corps social dans l'espace public ; mais cela s'est accompli au détriment des droits et des libertés de cette catégorie marginale de la population. Bien que l'on constate quelques avancées sur la question prostitutionnelle que les parlementaires s'efforcent d'accomplir dans le respect de la Déclaration, l'esprit de réforme du législateur libéral s'avère limité par les préoccupations prophylactiques et d'ordre public auxquelles seul l'arbitraire semble donner satisfaction. Pouvons-nous dire la même chose de la législation républicaine de répression du délit d'outrage aux bonnes mœurs qui n'est autre que le fer de lance de la politique pénale des mœurs ?

II. Un traitement de la pornographie en adéquation imparfaite avec les libertés de la Déclaration de 1789

Si, dans ce domaine, le législateur s'est efforcé d'œuvrer dans le respect des « principes supérieurs du droit » (A.), il n'en demeure pas moins que le délit d'outrage aux bonnes mœurs a souffert d'un défaut de rationalité juridique dont les effets ont été liberticides (B.).

A. Le législateur libéral au secours de la morale publique

Par certains aspects, le traitement des outrages aux bonnes mœurs apparaît en France aux antipodes de la politique prostitutionnelle. Ici, la République s'est attachée à développer progressivement tout un arsenal répressif comme le montrent les lois du 29 juillet 1881 sur la liberté de la

---

[56] Au sens où le policier devient l'auxiliaire du médecin : Duffuler-Vialle (Hélène), *L'évolution de la réglementation de la prostitution durant l'entre-deux guerres : l'exemple du Nord de la France*, Lille, Thèse de doctorat d'histoire du droit et des institutions, Université du droit et de la santé de Lille, 2015.

[57] Berlière (Jean-Marc), *La police des mœurs... op. cit.*, p. 168.

presse, et les lois du 2 août 1882, 16 mars 1898 et 8 avril 1908 qui répriment spécifiquement les « outrages aux bonnes mœurs ». Les impératifs de santé publique étant absents, le législateur a pu pleinement se consacrer à son projet de régulation des mœurs. L'enjeu relève donc de la constitution d'un équilibre entre liberté de la presse et protection de la pudeur dans l'espace public (a.). Cependant, aucune loi ne développe explicitement le contenu des bonnes mœurs, ce qui peut soulever des complications au regard du principe « d'utilité de la loi » prévue par l'article 5 de la Déclaration (b.). Pourtant, face à la recrudescence permanente de la pornographie, le législateur s'est efforcé de renouveler son arsenal répressif dans le respect des « principes supérieurs du droit » (c.).

a. La morale publique en danger

L'intervention du législateur se justifie par le contexte d'apogée de l'industrialisation à l'origine de nombreux bouleversements économiques, politiques et sociaux du pays. Une forte activité économique entraîne une croissance démographique, la généralisation de l'alphabétisation, mais surtout l'accroissement de la population urbaine. De manière synthétique, on peut dire que la société se « libéralise », au sens où elle se libère aussi des contraintes liées à la morale traditionnelle. Dans ce contexte, le développement exponentiel de la presse libérale va pousser le législateur à intervenir pénalement dans le domaine de la presse. En effet, entre 1899 et 1904, près de 95 % de la population est alphabétisée[58]. Il en résulte que les lecteurs comptent désormais dans leurs rangs des publics nouveaux, ceux qu'on nomme les « faibles » qui sont les femmes et les enfants de toutes classes sociales[59]. L'apparition de ce nouveau public considéré comme « fragile », alimente d'autant plus la crainte de dépravation de la société et de corruption de la jeunesse par le développement du commerce obscène. Plus précisément, il convient d'insister sur le danger auquel peuvent s'exposer les jeunes lecteurs à l'heure où se multiplient les imprimés licencieux : l'érotisme et la sensualité font vendre, quel que soit le produit proposé, quel que soit l'acheteur. De plus, cet argument est renforcé par l'absence de documents permettant de certifier l'âge des clients puisque la

[58] Barbier (Frédéric), *Le livre et l'espace industriel de la production en France du XIXe siècle,* Feuillet dactylographié, 1979, pp. 7-8. Cité par Stora-Lamarre (Annie), *L'Enfer de la IIIe République. Censeurs et Pornographes (1881-1914),* Paris, Éditions Imago, 1990, p. 51.

[59] Caron (Jean-Claude), « Annie Stora-Lamarre, La République des faibles. Les origines intellectuelles du droit républicain, 1870-1914, Paris, Éditions Armand Colin, 2005, 219 p. », *Revue d'histoire du XIXe siècle*, 32 | 2006, pp. 153-209.

carte d'identité ne fera son apparition qu'à partir des années 1930[60]. Ainsi, le législateur a fort à faire puisqu'on assiste dans les années 1890 à un véritable essor de ce qu'on considère à l'époque comme de la pornographie : livres, journaux, objets, chansons, affiches, et autres manifestations diverses de la nudité et du plaisir de la chair choquent la pudeur des députés et des sénateurs, qui vont œuvrer à protéger la morale publique dans l'espace public. Pour ce faire, on va s'employer à l'élaboration d'une législation spécifique pour réprimer ce qu'on nomme les « outrages aux bonnes mœurs ».

b. Le développement d'un cadre doctrinal en l'absence de contenu des bonnes mœurs

Si aucune loi ne précise le contenu des bonnes mœurs, quels sont les éléments constitutifs de l'infraction ? Deux éléments seront retenus : l'élément intentionnel et l'élément immoral de la publication. Si le premier élément n'entraine pas de difficultés au regard des « principes supérieurs du droit », le second peut présenter des risques vis-à-vis de la liberté artistique et de création que l'on peut rattacher aux articles 4, 10 et 11 de la Déclaration de 1789. Toutefois la jurisprudence et la doctrine sont venues apporter une réponse à cette question. En effet, le législateur peut-il permettre aux juges et jurés de juger l'art ? Le nu, si présent dans l'art antique, outragerait-il de fait les bonnes mœurs ? Pour Fabreguettes, conseiller à la Cour de cassation, « la justice ne s'arroge jamais le droit de juger une œuvre d'art pour elle-même »[61]. En ce sens, un arrêt du tribunal de la Seine du 11 juin 1884, consacre la règle selon laquelle l'obscénité se qualifie indépendamment de l'école ou du courant artistique et s'observe là « ou il n'y a aucune place aux préoccupations artistiques ; où l'appel aux instincts, aux appétits grossiers n'est contrarié ni vaincu par aucun sentiment plus puissant »[62].

Quelle est la définition à laquelle s'attachent les juges et juristes à l'aube de la IIIe République ? Bien qu'ayant été formulée à partir d'études relatives à une loi ancienne, celle du 17 mai 1819 sur la répression des outrages à la morale publique et aux bonnes mœurs, la définition de Pierre

---

[60] Pour approfondir : Gutton (Jean-Pierre), *Établir l'identité : l'identification des Français du Moyen Âge à nos jours*, Presses universitaires de Lyon, 2010, 212 p.

[61] Fabreguettes (M.P), *Des atteintes et attentats aux bonnes mœurs en droit civil et pénal et des outrages aux bonnes mœurs. Prévus et punis par les lois du 29 juillet 1881 et 2 août 1882,* Paris, Chevalier Marescq et Cie, 1894, p. 42.

[62] 11 juin 1884, journal *La Loi,* 1883, n° 142 cité par Fabreguettes (M.P), *Des atteintes et attentats aux bonnes* mœurs… *op. cit.,* p. 52.

Joseph Chassan[63], nous semble être pour l'heure, la plus satisfaisante[64] : « L'outrage aux bonnes mœurs, comprend [...] les outrages qui blessent la pudeur et s'adressent à l'esprit de licence et de débauche, outrages contre lesquels le préteur romain annonçait qu'il prononcerait sa sentence, *qui adversus bonos mores convicitum fecisse, in eum judicium dabo*[65] ». La définition semble s'inspirer directement du Digeste et reprend l'idée selon laquelle les choses contraires aux mœurs blessent la piété, l'honneur et la pudeur[66]. L'auteur termine sa définition par un adage latin, à l'appui de son argumentaire juridique : *« Mores civitatis cujusque boni proesumuntur »*[67], c'est-à-dire que les mœurs de la cité sont présumées être de bonnes mœurs.

Même si la définition du délit demeure imprécise, elle peut être complétée par son interprétation téléologique[68] ; celle-ci se rapporte aux motivations ayant animé les législateurs, qui demeurent sensiblement les mêmes tout au long de l'évolution des textes répressifs de l'outrage aux bonnes mœurs : œuvrer à la protection des sentiments pudiques de chacun. Or, la définition la plus probante qui révèle explicitement l'interdépendance des deux critères constitutifs du délit nous semble être celle proposée à l'occasion de la Conférence internationale de Paris de 1910 sur la répression de la circulation des manifestations pornographiques : « est obscène le licencieux qui s'étale brutalement par la recherche voulue de sujets, de dessins, de situations visant directement à éveiller dans l'imagination des idées malsaines, et dénotant chez l'auteur l'intention perverse de s'adresser principalement à l'esprit de luxure et de débauche »[69].

---

[63] Chassan (Joseph Pierre), *Traité des délits et contraventions de la parole, de l'écriture et de la presse*, Paris, Videcoq, 1837-1839, pp. 292-293.

[64] La définition fut notamment reprise dans : Cézar-Bru (Ch.), Godfroy (Eugène), Plassard (Jean) [et al.], *Recueil général des lois et des arrêts et journal du palais*, Répertoire général alphabétique du droit français, Supplément, Tome X, Recueil Sirey, « Outrage aux mœurs », Recueil fondé par Edouard Fuzier-Herman, Paris 1935, pp. 448-460 ; Fabreguettes (M.P), *Des atteintes et attentats aux bonnes mœurs... op. cit.*, p. 36.

[65] Notre interprétation de cette formule latine : « quiconque porte atteinte aux bonnes mœurs sera jugé ».

[66] *Loi 15, Dig., tit. De Cond. et dem.* Cité par M.P Fabreguettes, *Des atteintes et attentats aux bonnes mœurs en droit civil et pénal et des outrages aux bonnes mœurs. op. cit.*, p. 35.

[67] Chassan (Joseph Pierre), *Traité des délits et contraventions de la parole, de l'écriture et de la presse... op. cit.*

[68] Il s'agit d'interpréter la définition du délit à la lumière des finalités sociales auxquelles aspirent les législateurs républicains.

[69] France, Ministère des affaires étrangères, *Conférence internationale relative à la répression de la circulation des publications obscènes : 18 avril - 4 mai 1910,* Paris, 1910, p. 79.

Dès lors, malgré le caractère évasif de la notion de bonnes mœurs, nous observons tout de même l'existence d'un cadre doctrinal relatif à leur contenu qui parvient, dans une certaine mesure, à pallier l'absence de définition légale.

En revanche, si théoriquement l'acception du délit ne semble pas faire l'objet de controverse, nous verrons plus loin que la rationalité juridique du discours sur les bonnes mœurs s'érode lors du passage au tribunal, ce qui peut mettre à mal les libertés portées par la Déclaration.

c. Le législateur libéral et les bonnes mœurs

À la lecture des débats parlementaires relatifs à la loi du 7 avril 1908 sur les outrages aux bonnes mœurs, la volonté du législateur de respecter les « principes supérieurs du droit » est incontestable. En effet, en 1904, celui-ci étant toujours insatisfait de l'efficacité de son dispositif répressif, toujours impuissant face au commerce clandestin, envisage de punir la fabrication d'œuvres obscènes avant même qu'elles ne soient diffusées dans l'espace public[70]. Ainsi, le projet entendait punir du délit d'outrage aux bonnes mœurs la « fabrication [d'œuvres immorales] en vue d'en faire commerce »[71]. Le but de la manœuvre est clair : réprimer les fabricants d'œuvres immorales avant même qu'elles n'aient été mises à la disposition du public. Or, les poursuites prévues par ce projet auraient entrainé deux dérogations majeures aux principes de la Déclaration. Premièrement, une telle répression supposait d'outrepasser le principe d'inviolabilité du domicile, qu'on évoque dans les débats sous le terme d' « *Habeas domum* », puisque cela supposait pour le procureur et les juges d'instruction d'agir en amont du fait délictueux. Ainsi, saisies et perquisitions auraient pu se faire sans la constatation d'un fait délictueux, et auraient été essentiellement opérées à la suite de plaintes ou de dénonciations. Deuxièmement, une telle procédure implique nécessairement une atteinte considérable à la liberté d'opinion et de création, qui, aux termes de l'article 11, constitue l' « un des droits les plus précieux de l'homme ». Ici, c'est la Chambre des députés qui craignait que « l'arbitraire administratif le plus scandaleux » ne vienne ternir les sentiments nobles qui inspirent la démarche républicaine de répression des atteintes aux bonnes mœurs : « ce sera le rétablissement de la censure, et

---

[70] *Journal officiel de la République française* du samedi 26 mars 1904 - Sénat session ordinaire de 1904 - compte rendu in extenso, 29e séance, séance du vendredi 25 mars - « 2e délibération sur le projet de loi ayant pour objet la répression des outrages aux bonnes mœurs - Adoption du projet de loi. », p. 377.
[71] *Ibid.*

d'une censure qui persécutera brutalement toutes les œuvres de l'esprit »[72]. On pense ainsi que ce sera « le régime de l'arbitraire policier le plus odieux, puisqu'il s'appliquera à tout ce qu'il y a, tout à la fois, de plus élevé, de plus noble, de plus beau et de plus respectable, à la liberté de la presse, à la liberté de l'art et à la liberté de la pensée humaine »[73].

Ainsi, le législateur, dans sa lutte contre le marché clandestin, a abandonné l'idée de réprimer la « fabrication [d'œuvres immorales] en vue d'en faire commerce ». En lieu et place, il s'est contenté de réprimer « la vente, la mise en vente ou l'offre, même non publiques », et de ce fait, il a pu frapper le commerce clandestin de la pornographie sans déroger aux droits fondamentaux. Telle est la démonstration la plus probante de l'engagement du législateur à œuvrer dans le respect des libertés portées par la Déclaration des droits de l'homme et du citoyen. Pour autant, en ce qui concerne l'application du délit, l'outrage aux mœurs ne s'est pas systématiquement accordé avec les principes de la Déclaration.

B. L'inévitable arbitraire du juge sur la détermination de ce qui est immoral

L'outrage public aux bonnes mœurs est par essence un lieu d'interférence du droit et de la morale qui n'a pas échappé à l'œil critique des juristes de l'époque. Déjà en 1896, Paul Chenevier souligne dans sa thèse le caractère évolutif de l'obscénité et soulève un élément intrinsèque à cette notion : « l'obscénité n'est appréciable que selon sa classe, son appartenance sociale, son degré d'instruction en toute subjectivité »[74]. En effet, il ne semble pas exister d'étalon rationnel de l'obscène et du prude, et aucune des dispositions que comporte la législation n'apporte suffisamment d'indications sur ce critère. En effet, bien que la législation ne manque pas d'énumérer tous les supports et toutes les manières de diffuser une œuvre condamnable, elle n'explicite jamais ce qu'est l'immoralité. Elle se borne à réprimer les œuvres « obscènes » ou celles qui « outragent les bonnes mœurs »[75]. La conséquence est que le magistrat devient le gardien exclusif

---

[72] *Journal officiel de la République française* du 21 mars 1908 Chambre des députés 9e législature – Session ordinaire de 1908. *op. cit.*, p. 684.

[73] *Ibid.*

[74] Chenevière (Paul), *Droit français de la répression des outrages aux bonnes mœurs commis par la voie de la presse. Loi du 2 août 1881 et 2 août 1882*, Thèse de droit publié en 1896. Cité par Stora-Lamarre (Annie), *L'Enfer de la IIIe République. Censeurs et Pornographes (1881-1914), op. cit.*, p. 51.

[75] L'article 1er de la loi du 7 avril 1908 réprime l'outrage aux bonnes mœurs « par la vente, la mise en vente ou l'offre, même non publiques, l'exposition, l'affichage ou la distribution sur la voie publique ou dans les lieux publics, d'écrits, d'imprimés autres

de la pudeur publique. En effet, en l'absence dans la loi d'éléments d'appréciation objectifs de l'obscénité, c'est à lui qu'il appartiendra de juger de l'atteinte aux bonnes mœurs sur la seule base de son intime conviction.

Dans ce cas, qu'est-ce que l'immoralité ? Où se trouve la limite ? Mais surtout peut-elle être objective ? Assurément, non. L'outrage aux bonnes mœurs emprunte tant de formes diverses dans ses manifestations qu'elle ne saurait être appréhendée par la loi en ses caractère abstraits, généraux et impersonnels. L'insatisfaction permanente du législateur à l'égard de son dispositif répressif, attestée par le renouvellement perpétuel de son activité législative, en constitue la preuve éminente[76].

Ainsi, nous observons un déficit de rationalité juridique relatif à la condition d'immoralité. En effet, si la notion d'outrage ne semble pas poser de grandes difficultés, la notion de bonnes mœurs ne parvient pas à s'intégrer dans une logique formellement juridique. D'après les travaux de François Ost et Michel Van de Kerchove[77], l'absence de la détermination du contenu des bonnes mœurs pousse les magistrats à puiser leurs éléments d'appréciation du critère d'immoralité en dehors du champ lexicologique du droit. Dès lors, le juge condamne pour outrages aux bonnes mœurs les publications qu'il qualifie de « malsaines », « contrenatures », « provocatrices », « immorales », etc. En effet, la loi n'explicitant pas ce que sont les bonnes mœurs, le magistrat est contraint de le faire à sa place afin d'éviter les reproches d'arbitraire et de subjectivité qu'on pourrait opposer à sa sentence[78]. Dès lors, en quoi ce manque de rationalité juridique peut-il constituer un danger pour les libertés fondamentales ?

Selon notre hypothèse, le manque de juridicité du critère d'immoralité offre un large champ d'application à la loi qui ne peut, à terme, que nuire à la liberté d'expression. D'autant plus depuis l'élargissement de ce critère réalisé par la loi du 16 mars 1898 venant modifier la loi du 2 août

---

que le livre, d'affiches, dessins, gravures, peintures, emblèmes, objets ou images obscènes où contraires aux bonnes mœurs ». *Journal officiel de la République française*, n°99, jeudi 9 avril 1908.

[76] Gonin (Guillaume), *La législation républicaine face au délit d'outrage aux bonnes mœurs (1881-1914),* Nice, Mémoire de recherche Master 2 d'histoire du droit, Université Nice Sophia-Antipolis, 2017, p. 99.

[77] Ost (François), Van de Kerchove (Michel), *Bonnes mœurs, discours pénal et rationalité juridique, Essai d'une analyse critique,* Bruxelles, Facultés universitaires de Saint-Louis, 1981.

[78] *Ibid.* p. 38.

1882[79] : par cette mesure, le législateur, sous l'instigation de René Bérenger, souhaitait étendre les pouvoirs du juge afin de lui permettre mieux réprimer la pornographie dont les manifestations croissantes empruntaient des formes toujours plus variées[80]. Cet élargissement se traduit par l'adjonction des termes « contraires aux bonnes mœurs » à l'expression « obscène » à la lettre de la loi. Dès lors, si la loi de 1882 nouvellement modifiée semble permettre une répression renforcée et mieux adaptée, elle livre davantage encore la qualification du délit à l'arbitraire du juge. Lors des débats relatifs à la loi de 1898, le garde des Sceaux exprimait déjà ses inquiétudes sur l'ajout de ce qu'il considérait comme des termes abstraits à une notion déjà bien imprécise. Selon ses propos, « l'obscénité » seule, bien qu'imprécise, offrait tout de même un cadre à suivre aux magistrats. Ici, ils seraient livrés à leur propre appréciation, leur intime conviction de ce qui porte ou non atteinte à la pudeur et aux bonnes mœurs. Pour illustrer cette idée, on peut retenir l'exemple de la répression des doctrines néomalthusiennes[81] par le délit d'outrage aux bonnes mœurs.

Dans ce domaine, nous estimons que le juge, par une interprétation trop extensive du délit, porte atteinte à la liberté d'expression et à la liberté d'opinion lorsqu'il condamne les propagandes « néomalthusiennes » pour outrage aux bonnes mœurs, comme c'est le cas, par exemple, pour le journal de propagande *Génération consciente*[82]. Pour justifier cette thèse, nous nous appuyons sur une jurisprudence constante de la Cour de cassation ainsi que sur la définition du délit proposée à la Conférence internationale de 1910 sur

---

[79] La loi a été proposée et défendue par René Bérenger. Conf° : *Journal officiel de la République française* du 9 mars 1898 Sénat, Session ordinaire de 1898 - compte rendu in extenso - 24e séance, séance du mardi 8 mars - « 1ère délibération sur le projet de loi, adopté par le Sénat, adopté avec modifications par la chambre des députés, ayant pour objet de modifier la loi du 2 août 1882 sur la répression des outrages aux bonnes mœurs - Rapporteur : M. Bérenger - Adoption du projet de loi ».

[80] Gonin (Guillaume), *La législation républicaine face au délit d'outrage aux bonnes mœurs (1881-1914). op. cit.,* p. 72. Ces nouvelles formes de pornographie comprennent les annonces publiques, les correspondances publiques qu'on retrouve dans la presse libérale ainsi que la distribution à domicile de prospectus.

[81] Très populaire auprès des classes ouvrières, le « néomalthusianisme » est un courant de pensée venue d'Angleterre lors de la seconde moitié du XIXe siècle qui prône le contrôle et la limitation des naissances pour lutter contre la pauvreté, la maladie et la criminalité dans une perspective de paix sociale. Conf° Leroy-Allais (Jeanne), *Une campagne criminelle : avortement et néomalthusianisme*, Paris, Maloine, 1909, 93 p. Et Allinne (Jean-Pierre), *Gouverner le crime… op. cit.,* pp. 163-166.

[82] Paris, 13 juillet 1908, Pau, 1er août 1908. Archives nationales. Côte n° BB/18/6171.

la circulation des publications obscènes. En effet, la finalité éducative de ce journal de propagande ne semble pas correspondre à « l'étalage brutal de la licence » ni ne semble s'adresser « principalement à l'esprit de luxure et de débauche », notamment au regard de ses ambitions qui visent à relever le niveau de vie de la classe ouvrière[83]. D'autre part, la Cour de cassation a consacré le principe selon lequel la propagande néomalthusienne ne pouvait être sanctionnée des peines prévues pour l'outrage aux bonnes mœurs que si « le corps du texte comportait des passages obscènes ou outrageant pour les bonnes mœurs ». Il s'agit là d'empêcher le juge de retenir l'intention coupable du discours sur la seule base de sa finalité anticonceptionnelle ; cela constitue un progrès incontestable mais qui rappelle que seul le législateur dispose des moyens pour amender la situation[84]. Dans un contexte d'après-guerre ou la dénatalité est vécue par les élites comme un danger national[85], il serait malvenu de jeter la pierre aux juges ou au législateur. La quintessence du problème ainsi que ses conséquences liberticides proviennent, d'après notre analyse, de l'objet même de la législation : la protection de la morale publique et des bonnes mœurs. En effet il s'agit là de fictions juridiques qui prolongent la normativité d'une tradition canonique que la République entend laïciser[86], mais qui ne peut fonctionner que sur la base de l'appréciation personnelle et arbitraire du juge.

Tout cela nous montre aussi de quelle manière la politique pénale des mœurs de la IIIe République inaugure l'introduction de questions morales au sein des libertés portées par la Déclaration. Ce faisant, elle illustre le caractère opportuniste de la République parlementaire qui se traduit par une hiérarchisation des intérêts à protéger. La santé publique étant sans conteste au sommet de cette hiérarchie, les républicains ont admis l'arbitraire de la police des mœurs dans leur démarche de régulation du corps social, à l'instar de leur politique prostitutionnelle. D'autre part, la liberté

---

[83] Extrait d'un prospectus de la Fédération des ouvriers néo-malthusiens : « Nous adressant aux travailleurs, surtout à leurs compagnes, nous leurs demandons : croyez-vous pouvoir élever convenablement de trop nombreux enfants, souvent non désirés, c'est-à-dire leur donner les soins attentifs que leur santé réclame, l'éducation et le strict bien-être auxquels ils ont droit ? La mauvaise organisation de la société, vos salaires, ne vous le permettent pas ». Archives nationales, côte n° BB/18/6171.

[84] Ce qu'il fera à la suite de la première guerre mondiale par une loi du 31 juillet 1920 réprimant spécifiquement la propagande anticonceptionnelle.

[85] Bertillion (Jacques), *La dépopulation de la France : ses conséquences, ses causes, mesures à prendre pour la combattre,* Paris, F. Alcan, 1911, 346 p.

[86] Royer (Jean-Pierre), « L'homme et le droit », in Poirier (Jean) [et al.], *Histoire des mœurs. II. Modes et modèles*, Paris, Gallimard, 1991, p. 561.

sexuelle s'avère difficile à accepter dans un pays encore fortement imprégné des valeurs chrétiennes. Ainsi, la question sexuelle se montre particulièrement difficile à réformer pour les républicains qui néanmoins réussissent à rompre la longue tradition du silence sur la sexualité. Stimulée par cette ère de progrès, la République entendait réguler l'évolution des mœurs en faisant respecter sa morale publique, qu'elle souhaite substituer à la morale religieuse, grâce à sa législation de répression des outrages aux bonnes mœurs. Cependant, il appert qu'une telle entreprise ne saurait s'accomplir sans se heurter aux principes de la Déclaration, notamment en ses principes égalitaristes. En effet, il ne saurait exister de morale universelle et objective qui ne s'opposerait à aucune autre. En ce sens, le doyen Jean Carbonnier nous rappelle que « les bonnes mœurs ne sont au fond que les coutumes des honnêtes gens, spécialement en matière sexuelle, pour un lieu et un temps donné »[87]. Il est intéressant de mettre en lien cette citation et l'analyse sociologique d'Annie Stora-Lamarre selon laquelle la bourgeoisie entend moraliser le peuple « débauché » puisque l'image qu'elle donne elle-même à ces classes populaires est celle d'une « classe débauchée »[88]. Ainsi, les classes dirigeantes, soit les « honnêtes gens », entendaient sanctionner les mœurs qui n'étaient pas « bonnes » d'après leur conception. Cela étant, il était impossible pour la République d'appliquer sa politique pénale de régulation des mœurs sans déroger au principe d'égalité des citoyens devant la loi. D'autre part, l'expérience républicaine montre que reconnaitre légalement certaines mœurs comme étant les seules acceptables, même avec une parfaite prudence, implique nécessairement une part d'arbitraire. En effet, user du droit pour atteindre « le cœur » des citoyens, c'était peut-être faire preuve d'une trop grande ambition.

---

[87] Cité par Lavaud-Legendre (Bénédicte), *Où sont passées les bonnes mœurs ?* Paris, Presses Universitaires de France, 2005, p. 21.

[88] Stora-Lamarre (Annie), *L'Enfer de la IIIème République. Censeurs et Pornographes (1881-1914)*, Paris, Éditions Imago, 1990, p. 184.

La révolution d'un genre : le combat des femmes sous la Révolution française

Madison DUBOIS

« [...] *l'ignorance, l'oubli, ou le mépris des droits de l'homme sont les seules causes des malheurs publics* [...] ». La première phrase du préambule de la DDHC de 1789 est aussi puissante que symbolique et dénonce l'oppression des droits naturels et inaliénables. Les droits de qui ? De tous dirons-nous aujourd'hui, mais, en 1789, il s'agissait bien des droits des hommes, et non celui des femmes.

La volonté des révolutionnaires est de créer une nouvelle société en se réappropriant le droit naturel utilisé sous l'Antiquité. La période révolutionnaire est clairement une période de grandes décisions qui entraînent une transformation du pays. La DDHC du 26 Août 1789 est le premier grand acte accompagnant un grand mouvement de changements politiques et juridiques en France.

L'un des héritages de la Révolution est la notion de « Citoyen ». Ce mot, fruit des grecs, signifie littéralement « un homme de la Cité ayant la capacité de pratiquer la politique ». A l'inverse, le mot de « citoyenne », comme on l'entend aujourd'hui, c'est-à-dire le féminin de « citoyen » n'existe pas en Grèce. Il signifie uniquement « la fille d'un citoyen ». Il n'y a aucune capacité politique derrière cette désignation[1].

L'héritage le plus important de la période révolutionnaire est sans conteste la Déclaration des droits de l'Homme et du Citoyen. Pourtant, lors de sa rédaction, elle est considérée soit comme étant la base de l'anarchie civile qui a suivi la prise de la Bastille, soit comme un cadeau de la France à l'humanité[2]. Ce qui est certain, au regard de l'histoire du droit, c'est que, cette déclaration est la base du droit positif de l'Etat, alors même qu'elle édicte des principes relevant du droit naturel[3]. La volonté d'établir une

---

[1] Sastre (Maurice), « Qui a peur des athéniennes ? », *Les collections de l'histoire*, n° 34, janvier 2007, p. 12.

[2] Jellinek (Georg), *La déclaration des droits de l'homme et du citoyen : contribution à l'étude du droit constitutionnel moderne*, Fontemoing, Paris, 1902, pp. 1-2.

[3] Préambule « *les représentants du peuple français, constitués en assemblée nationale, considérant que l'ignorance, l'oubli ou le mépris des droits de l'homme sont les seules causes des malheurs publics et de la corruption des gouvernements ont résolus d'exposer, dans une déclaration solennelle, les droits naturels, inaliénables et sacrés de l'homme* ».

déclaration des droits était déjà présente dans les cahiers de doléances[4]. C'est Lafayette qui proposa d'ajouter une Déclaration des droits de l'homme à la Constitution en date du 11 juillet 1789 avec comme modèle un certain nombre de droit qui lui semblaient inaliénables et sacrés[5]. S'inspirant des « *bill of rights* », cette déclaration est la première pierre mise à l'édifice qui a permis de créer la Nation française[6].

Il est important de continuer à se questionner sur la DDHC et sur son utilité. Les hommes qui l'ont créée n'avaient pas pour but de la garder figé dans le temps. C'est justement ce qu'ils dénonçaient : un système qui n'est plus adapté car il n'est pas parvenu à évoluer avec sa société. Par respect pour cette œuvre et le combat qu'elle a engendré, il est primordial de toujours se questionner sur la manière dont elle doit évoluer.

Comment les révolutionnaires ont utilisé le droit naturel pour amputer l'égalité entre les hommes et les femmes dans le domaine politique ?

Le premier reflexe des sujets du Roi a été de demander une égalité dans tous les domaines (**I**) : fiscale, juridique ou encore politique. Mais cette demande se voit confrontée par les notions traditionnelles du droit naturel (**II**).

I. La demande générale d'égalité

Les demandes concernant les droits des femmes relèvent parfois de l'utopie (A) et la plupart n'auront aucune réponse. Et pourtant c'est sous la Révolution qu'on voit la naissance de ce qu'on appellera plus tard le féminisme (B).

A. Les demandes parfois utopiques concernant les femmes

Il serait réducteur de se contenter de dire que la Révolution n'est qu'une révolte du peuple dans les rues de France. C'est avant cela une réaction de penseurs et de politiques considérant comme archaïque le système sociétal dans lequel ils vivent. Certainement influencés par les avancées institutionnelles vues en Angleterre et aux Etats-Unis, ils réclament une égalité entre les sujets de Louis XVI.

---

4 Jellinek (Georg), *La déclaration des droits de l'homme et du citoyen : contribution à l'étude du droit constitutionnel moderne*, Fontemoing, Paris, 1902, p. 13.

5 *Idem*, p. 14.

6 Consulter Fauré (Christine), *Ce que déclarer des droits veut-dire : histoire*, Belles Lettres, Paris, 2013, 541 pp.

La demande « d'égalité » est générale. Cependant, quand on entre dans les détails, on s'aperçoit très vite que l'égalité voulue n'est pas totale. La femme n'y est pas considérée comme l'égale de l'homme, et ce sur plusieurs points : on dit tout d'abord que, naturellement, la femme n'est pas dotée de la raison, qu'elle n'a pas le sentiment de la justice et qu'elle est trop sensible[7]. Si l'on traduit, les arguments sont que la nature ait voulu que la femme s'occupe de son foyer et élève les enfants, alors que l'homme, lui, est doté de la Raison lui permettant de gérer les affaires de la Cité. C'est une image stéréotypée qui vient directement de la Grèce Antique : on sait que les révolutionnaires s'en sont fortement inspirés pour créer la nouvelle société[8]. La femme est une mineure toujours sous la tutelle d'un maître, son père, son mari et ses enfants de sexe masculin. De même, les femmes ne traitent pas de politique, ou uniquement dans le burlesque[9].

La convocation aux Etats Généraux entraîne un processus de rédaction de cahiers de doléances. Certains de ces cahiers sont rédigés par des femmes et nous permettent de constater leurs préoccupations. La demande d'une meilleure instruction est unanime : il faut permettre aux jeunes filles de s'instruire afin de mettre leur talent naturel au service de la nation[10]. D'autres demandes évoquent l'égalité entre les deux sexes devant la loi, et plus spécifiquement, l'égalité devant l'héritage[11].

Il y a finalement peu de demandes concernant les droits politiques. Le peu de femmes qui veulent faire de la politique le font dans des salons ou dans des clubs qui attiraient des femmes, mais aussi des hommes prêts pour une évolution. Cependant, les clubs de femmes seront interdits dès 1793[12].

Quelques auteurs masculins ont pourtant pris la défense des femmes. C'est l'exemple du marquis de Condorcet. Dans son traité sur l' « Admission des femmes au droit de Cité », il ne réfute pas le fait que les femmes soient différentes, heureusement, d'après lui, car elles voient et comprennent les

---

[7] Condorcet (Jean-Antoine-Nicolas de Caritat Marquis de), *Œuvres de Condorcet*, Firmin Didot frères, Paris, 1847, Tome 10, p. 125.
[8] Comme le montre Bouineau (Jacques), *Les toges du pouvoir, 1789-1799 ou La révolution de droit antique*, Eché, Toulouse, 1986, 544 pp.
[9] Sastre (Maurice), « Qui a peur des athéniennes ? », *Les collections de l'histoire*, n° 34, janvier 2007, p. 11.
[10] Rebérioux (Madeleine), *1789, cahiers de doléances des femmes,* des Femmes, Paris, 1989, p. 27.
[11] Viennot (Eliane), *La France, les femmes et le pouvoir. Et la modernité fut masculine, 1789-1804*, Perrin, Paris, 2016, p. 68.
[12] Devance (Louis), « Le féminisme pendant la Révolution française », *Annales historiques de la Révolution française*, n° 229, 1977, p. 342.

choses d'une autre manière. Elles possèdent la Raison féminine, et cette Raison doit servir la Cité. D'ailleurs, toujours d'après lui, elles se sont déjà sacrifiées pour la République montrant ainsi toutes les vertus d'un bon citoyen[13]. Il va même assez loin dans ces propos en disant que priver la moitié du genre humain de concourir à la formation des lois est un acte de tyrannie car cela viole le principe d'égalité des droits[14].

Plusieurs femmes se sont illustrées lors de la Révolution française : Madame Roland, Théroigne de Méricourt, Charlotte Corday ou encore Claire Lacombe. Ces femmes se sont souvent battues aux côtés des hommes, notamment lors de la prise de la Bastille. Il ne va pas être question d'étudier chaque fait et gestes de ces femmes, ce serait beaucoup trop long et connu. C'est pour cette raison que nous allons nous intéresser à l'une d'entre elle, Olympe de Gouges, la mère du féminisme (B).

B. La naissance du féminisme : entre espoir et passion

Olympe de Gouges[15] est née Marie Gouze le 7 mai 1748 à Montauban[16]. Elle est la fille d'un boucher, mais elle prétend être en réalité le fruit d'un adultère entre sa mère et un grand seigneur de la région[17]. Mariée à 16 ans avec un homme qu'elle méprise[18], elle est mère d'un garçon, Pierre, qui la reniera publiquement quelques jours après son exécution[19]. Elle fuit le domicile conjugal qu'elle considère comme une prison intellectuelle[20] et devient veuve tôt, vers 22 ans. Bien qu'elle ne sache pas très bien écrire de son propre aveu[21], c'est une femme passionnée, ambitieuse, mais avec le sang chaud. Elle s'essaie à la littérature engagée. Pour cela, elle va prendre le nom de sa mère, Olympe, qu'elle assimile à la

---

[13] Condorcet (Jean-Antoine-Nicolas de Caritat Marquis de), *Œuvres de Condorcet*, Firmin Didot frères, Paris, 1847, Tome 10, p. 124. Pour plus de renseignements sur Condorcet, consulter Turier, (Chantal), *Condorcet, savant, philosophe, penseur et avocat opiniâtre des femmes à la fin du XVIIIe siècle*, thèse, Histoire, Rennes, 1987, 154 f.

[14] Condorcet (Jean-Antoine-Nicolas de Caritat Marquis de), *Œuvres de Condorcet*, Firmin Didot frères, Paris, 1847, Tome 10, pp. 121-122.

[15] La bibliographie la plus récente est Faucheux (Michel J.), *Olympe de Gouges*, Paris, Gallimard, 2018, 275 p.

[16] Lacour (Léopold), *Les Origines du féminisme contemporain : Trois femmes de la Révolution : Olympe de Gouges, Théroigne de Méricourt, Rose Lacombe*, Plon-Nourrit et Cie, Paris, 1900, p. 6.

[17] *Ibid.*, p. 8.

[18] *Ibid.*, p. 13.

[19] *Ibid.*, p. 3.

[20] *Ibid.*, p. 14.

[21] *Ibid.*, p. 41.

puissance et à la perfection[22]. Elle se fait de nombreux ennemis puisqu'elle dénonce l'esclavage pratiquée par la France dans la pièce « *Zamor et Mirza* »[23], ou encore l'habitude qu'ont les grands seigneurs d'ignorer les petits. Elle est parvenue à se faire une place dans l'aristocratie. Elle a rédigée plusieurs brochures politiques où elle exprime son idéal, des ouvrages où elle dénonce la misère du petit peuple, imprimés entièrement à ses frais[24]. Elle rédige la Déclaration des droits de la femme et de la citoyenne afin que la femme, pour la première fois de son histoire, soit l'égale de l'homme du point de vue politique et juridique. Elle est la créatrice du féminisme[25].

Elle rêvait d'une révolution philosophique, où le sang des innocents ne coulerait pas. Elle prendra la défense de Louis Capet (Louis XVI) et milite pour qu'il ne soit pas mis à mort, mais simplement exilé[26]. Elle a en horreur la peine de mort et exprime sa crainte de dérive. Elle a vue la Terreur arriver, et n'hésite pas à s'opposer à Robespierre, le qualifiant « *d'exécration de la Révolution* », d'assassins de Républicains qui « *aura pour seul trône l'échafaud* »[27]. Certains auteurs s'étonnent qu'elle ait pu survivre jusqu'en novembre 1793[28]. Elle s'est attirée le pire ennemi qui soit puisqu'elle sera arrêtée en juillet, jugée, et condamnée à la guillotine par le Tribunal révolutionnaire le 12 brumaire, an II (2 novembre 1793) à l'âge de 45 ans, non sans s'en prendre à Robespierre jusqu'à son dernier souffle[29].
La « Feuille du salut public » dira d'elle qu'elle avait « *prit son délire pour une aspiration de la nature* » et que la loi l'a puni pour avoir oublié « *les vertus qui conviennent à son sexe* »[30]. À la Commune, Pierre-Gaspard Chaumette, dont il est le procureur, prévient les femmes qui voudraient continuer l'œuvre d'Olympe « *Rappelez-vous l'impudente Olympe de Gouges* [...] *qui abandonna les soins de son ménage pour se mêler de la république et dont la tête est tombée sous le fer vengeur des lois* »[31].

---

22 *Ibid.,* p. 18.
23 *Ibid.*, p. 44.
24 *Ibid.*, p. 63. Consulter (Peylet), Anne-Louise, *La pensée juridique d'Olympe de Gouges*, Mémoire, Bordeaux, 2014, 149 f.
25 *Ibid.*, p. 5.
26 *Ibid.*, pp. 57-58. Consulter : Blanc (Olivier), *Marie-Olympe de Gouges : 1748-1793 : des droits de la femme à la guillotine*, Tallandier, Paris, 2014, 257 pp.
27 *Idem*, p. 62.
28 *Idem*, p. 61.
29 *Idem*, p. 67.
30 *Idem*, p. 3.
31 Lacour (Léopold), *Les Origines du féminisme contemporain : Trois femmes de la Révolution : Olympe de Gouges, Théroigne de Méricourt, Rose Lacombe*, Plon-Nourrit et Cie, Paris, 1900, p. 4.

L'histoire d'Olympe de Gouges est celle des femmes de la Révolution. Ridiculisées, rabaissées, la plupart d'entres elles[32] seront guillotinées, ou enfermées dans les asiles, où elles seront traitées pour hystérie jusqu'à la fin de leur vie. Leurs revendications étaient trop en avances sur leur temps pour une nouvelle société créée sur un droit naturel traditionnel (II).

II. La difficile remise en question du droit naturel traditionnel

L'utilisation du droit naturel est revendiquée dans la DDHC et est un prétexte pour exclure certaines personnes. Pourtant, l'écriture de la DDFC montre les incohérences de la DDHC (A) concernant la condition féminine, mais l'évolution qu'elle réclame est heurtée par des siècles d'habitudes (B).

A. Les sœurs inégales : la DDFC et la DDHC

La Déclaration des droits de la femme et de la citoyenne avait pour but, à l'origine, d'être présentée à l'Assemblée pour qu'elle serve à la rédaction de la Constitution. Mais elle n'aura pas le temps de terminer la rédaction de son œuvre avant que l'Assemblée Nationale n'ait terminé la sienne[33]. Ce qui ne l'empêchera pas cependant de publier sa Déclaration[34].
Avant la DDFC, Olympe interpelle les hommes de manière brutale en leur demandant un exemple dans la nature d'un cas où il est tout à fait normal d'opprimer le sexe féminin, comme le font les êtres humains, de manière tyrannique. La suite de cette interpellation provocatrice est structurée exactement de la même manière que la DDHC.
En effet, le préambule de cette dernière expose très clairement les principes de la nouvelle société : cette déclaration des droits naturels et inaliénables de l'homme sera une barrière contre la tyrannie et le despotisme. Dans le préambule de la DDFC, les phrases sont exactement les mêmes sauf que les mots « hommes » sont remplacé par les mots « femmes ». Cependant, il convient de constater que ce préambule ne demande pas à ce que la voix des femmes soit supérieure aux hommes, mais qu'elle soit égale : « [...] *que les actes du pouvoir des femmes, et ceux du pouvoir des hommes, pouvant être en chaque instant comparés avec le but de toute institution politique, en soient plus respectés* [...] ». Cette phrase marque une différence avec la déclaration des hommes qui n'associe les hommes qu'aux hommes.

---

32 Voir Onfray (Michel), *La force du sexe faible : contre-histoire de la Révolution française*, J'ai Lu, Paris, 2017, 189 pp.
33 *Ibid.*, p. 50.
34 Consulter Groult (Benoîte), *Ainsi soit Olympe de Gouges : la Déclaration des droits de la femme et autres textes politiques*, Librairie générale française, Paris, 2014, 159 pp.

Cette volonté est exposée dès l'Article Premier puisqu'elle déclare que la « *Femme naît libre et demeure égale à l'homme en droits* ». Elle réitère cette demande d'égalité dans son Article II avec « *la conservation des droits naturels et imprescriptibles de la Femme* et *de l'Homme* », ou encore dans son Article III où elle expose que la Nation est composée de la Femme *et* de l'Homme.

Il faut attendre l'Article IV pour qu'elle s'éloigne davantage des lettres de la DDHC où elle dénonce la tyrannie de l'homme entravant l'exercice des droits naturels de la femme. Elle propose un remède à ce mal avec l'application des lois de la nature et de la raison. L'utilisation de la raison est un message fort puisqu'elle était considérée comme l'apanage de l'homme et uniquement de l'homme. Ce dernier doit donc utiliser ce « don » pour faire cesser sa propre tyrannie.

L'article X est certainement celui qui a le plus marqué la lutte pour les droits politiques des femmes : « *Nul ne doit être inquiété pour ses opinions mêmes fondamentales, la femme a le droit de monter sur l'échafaud ; elle doit avoir également celui de monter à la Tribune* ». Par cette phrase, Olympe de Gouges place le droit de s'exprimer en politique en tant que droit fondamental qui doit être défendu également pour les femmes, alors que la Déclaration des hommes est plus générale et parle de toutes les opinions. Il est symbolique qu'elle ait associé l'échafaud et la Tribune : dans les deux situations, le/la protagoniste se trouve légèrement en hauteur par rapport au public venu assister à cet évènement. Ce sont également des situations où il y a des cris, de colère ou de joie[35]. Mais surtout, volontairement ou non, c'est une association d'idée qui renvoi à ce que vivent les femmes qui essaient de s'exprimer : quand elles parlent, elles sont exécutées verbalement par les hommes. Olympe considère que le même destin attend les femmes qui montent à la Tribune et celles qui montent à l'échafaud.

Le dernier article renvoi à la notion de propriété, sacrée pour les révolutionnaires. Elle considère que la propriété n'est pas seulement un bénéfice naturel de l'homme, mais des deux sexes.

Elle termine par un grand postambule qui interpelle cette fois les femmes et les appels littéralement à se réveiller en leur expliquant que les hommes qui oppriment la parole des femmes contredisent la nature et la raison, et que c'est aux femmes de leur montrer la bonne voie en utilisant la raison.

Cette déclaration tombera dans l'oubli, alors que celle des hommes deviendra un modèle de liberté dans le monde entier. Ce sont les mêmes dans les grandes lignes, mais elle demande avec force la révolution

---

[35] Développé par Godineau (Dominique), *Citoyennes tricoteuses : les femmes du peuple à Paris pendant la Révolution française,* Perrin, Paris, 2004, 416 pp.

féminine. Malheureusement, l'évolution souhaitée va être entravée par la tradition pendant plus d'un siècle (B).

B. L'évolution féminine entravée par la tradition

Le mouvement féministe n'a pas été suivi pour plusieurs raisons. La première est déjà dénoncée par Condorcet : l'habitude. Cela fait depuis l'Antiquité que les femmes étaient considérée comme des êtres inférieurs. Il n'est pas venu à l'esprit de la plupart des individus, hommes ou femmes, de s'insurger face à cette situation qu'ils ont toujours connue.

C'est pour cette raison que les manifestations de femmes, comme celles organisées par Olympe de Gouges n'ont pas connu de grand succès. Un exemple frappant : Une fête de la Loi fût organisée en l'honneur du maire d'Etampe, Simoneau, assassiné le 3 mars 1792 dans une émeute. Olympe de Gouges se présenta à l'Assemblée, avec un petit groupe de citoyenne, pour y lire une pétition invitant toutes les femmes à venir lors de cet hommage. Bien que son discours fût applaudit, seul le petit groupe de femme qui l'avait accompagné se présenta avec elle pour la cérémonie, alors qu'elle avait imaginée une manifestation féminine quasi-enchanteresse[36].

La passivité de la part de la majorité des femmes s'explique par leur éducation et certainement pas par la nature. Elles sont élevées loin des affaires juridiques et politiques[37], on leur a apprit à obéir à leurs pères puis à leurs maris et à être de bonnes mères. Elles sont élevées pour s'occuper de leur foyer, pas de s'occuper de politique ou de manifestation quelconque. La discrétion et la douceur sont des qualités féminines à part entière.

Plus que de la passivité, il est arrivé que des femmes prennent les armes contre d'autres femmes. L'exemple le plus frappant est celui de la fin de la vie politique de Théroigne de Méricourt[38] le 15 mai 1793. Alors qu'elle voulait assister à la séance de la Convention, celle-ci fût interceptée et fouettée publiquement par des sympathisantes de la Montagne. Seule l'intervention des forces de l'ordre, et dit-on de Marat en personne, a mis fin à cette manifestation de violence[39].

---

[36] Lacour (Léopold), *Les Origines du féminisme contemporain : Trois femmes de la Révolution : Olympe de Gouges, Théroigne de Méricourt, Rose Lacombe*, Plon-Nourrit et Cie, Paris, 1900, pp. 54-55.

[37] Condorcet (Jean-Antoine-Nicolas de Caritat Marquis de), *Œuvres de Condorcet*, Firmin Didot frères, Paris, 1847, Tome 10, p. 125.

[38] Consulter Roudinesco (Elisabeth), *Théroigne de Méricourt : une femme mélancolique sous la Révolution*, Seuil, Paris, 1989, 313 pp.

[39] Devance (Louis), « Le féminisme pendant la Révolution française », *Annales historiques de la Révolution française*, n° 229, 1977, p. 348.

Le combat des femmes est mis sous silence jusqu'en 1840 où quelques études de l'histoire de la Révolution et le féminisme se développent[40]. Ces études ne sont pas toutes tournées vers la reconnaissance du combat de ses femmes, certaines sont des études de psychologies et de psychiatries qui concluent à l'hystérie révolutionnaire menée par des déséquilibrées[41].
Le Tribunal révolutionnaire a fait preuve d'égalité entre les deux sexes en matière de condamnation. La femme monte autant à l'échafaud que l'homme. Quelques chiffres : de mars 1793 à juillet 1794 sur 579 femmes jugées, 387 sont condamnées à mort, c'est-à-dire, plus de la moitié[42].
Les femmes révolutionnaires n'ayant pas été exécutées ont été enfermées comme aliénées. Les psychiatres Garnier et Guillois diront par exemple que Théroigne de Méricourt souffrait d'une tare congénitale ayant entraîné sa soif de sang[43].

Conclusion

La Déclaration des droits de la femme et de la citoyenne n'a donc pas connu de lendemain. Le Code civil de Napoléon de 1804, inspiré de droit romain, fini de faire taire les prétentions féministes[44]. Toujours une éternelle mineure, la femme est totalement dépendante de son époux, et elle ne peut pas espérer la moindre reconnaissance d'un droit politique. L'article 215 précise même qu'elle est ne peut ester en justice sans l'autorisation de son mari.
Les droits politiques de manière générale ont connus de nombreux changements, jamais à l'avantage des femmes et rarement à celui des plus modestes. Le régime électoral passe par un suffrage censitaire, ne donnant le droit de vote qu'aux citoyens pouvant payer le « cens électoral ». Ce cens augmente sous la Restauration, diminue sous la monarchie de Juillet, puis est complété par un suffrage capacitaire. Ce n'est qu'en 1848 que le suffrage censitaire masculin fait son apparition, et il faudra attendre 1944 pour que

40 *Ibid.*, p. 343. Consulter également Abensour (Léon), *Le féminisme sous le règne de Louis-Philippe et en 1848*, Plon-Nourrit, Paris, 1913, 337 pp.
41 Devance (Louis), « Le féminisme pendant la Révolution française », *Annales historiques de la Révolution française*, n° 229, 1977, p. 347.
42 Martin (Jean-Clément), *La révolte brisée : femmes dans la Révolution française et l'Empire*, Armand Colin, Paris, 2008, p. 144.
43 Devance (Louis), « Le féminisme pendant la Révolution française », *Annales historiques de la Révolution française*, n° 229, 1977, pp. 348-349.
44 Comme le montre Galtier (Jeanne), *La femme dans le code civil et depuis le code civil*, Thèse, droit, Marilavit, Montpellier, 1934, 175 f.

les femmes aient accès aux urnes, après une lutte acharnée contre le Sénat qui avait refusé leurs revendications en 1932, en 1935 et en 1936[45].

Est-il nécessaire de réécrire la DDHC comme l'ont suggéré un grand nombre de personne ? La question en réalité qui doit être posée est : « est ce que la réécriture changerait la situation ? ». Pas vraiment. Aujourd'hui, l'égalité entre les hommes et les femmes au regard de la DDHC est évidente. Le débat entamé sous la Révolution n'a plus lieu d'être.
Le problème ne réside plus dans les textes, puisqu'aucun d'entre eux ne déclare que les hommes et les femmes ne sont pas égaux, mais dans les attitudes. L'exemple le plus frappant est l'inégalité salariale. Les textes réclament cette égalité salariale alors que la pratique ne suit pas. Ce n'est pas au sommet de la pyramide de Kelsen qu'il faut agir, mais dans les degrés inférieurs et au niveau de la répression afin de permettre à l'égalité de s'appliquer réellement dans tous les domaines[46].

---

45 Chaperon (Sylvie), « Le combat pour le droit de vote », *Les collections de l'histoire*, n° 34, janvier 2007, p. 69.

46 Voir Riot-Sarcey (Michèle), *Histoire du féminisme*, La Découverte, Paris, 2016, 126 pp.

La pertinence du concept de souveraineté nationale face à la révolution numérique

Jocelyn LAFAYE

Il convient de commencer par citer l'article III de la Déclaration des Droits de l'Homme et du Citoyen (DDHC), traitant justement de la **souveraineté nationale** :

> « *Le principe de toute souveraineté réside essentiellement dans la nation. Nul corps, nul individu ne peut exercer d'autorité qui n'en émane expressément.* »

La DDHC, à travers cet article, souhaite poser comme principe le fait que la souveraineté n'est plus exercée par un Roi, incarnation temporelle d'une expression divine, ni par l'ensemble de la population, mais « essentiellement » par une entité : la nation. La souveraineté nationale s'est donc avant tout construite contre l'absolutisme et l'arbitraire de l'Ancien Régime[1]. Le concept de nation était un moyen de s'opposer au Roi et de séparer l'entité royale du pouvoir. La souveraineté lui était ôtée, au profit de la nation. Et c'est de cette base idéologique que va s'ancrer durablement dans nos concepts constitutionnels la notion de souveraineté nationale. La succession des constitutions françaises met en avant la volonté de ne plus voir la souveraineté accaparée par un individu et ainsi éviter des dérives arbitraires et absolutistes[2].

Pour rappel, la souveraineté peut se définir comme la capacité d'action d'un souverain sur des frontières définies et sur un peuple, c'est la reconnaissance de la puissance absolue si l'on reprend Jean Bodin[3]. C'est la compétence de la compétence[4], c'est-à-dire que le souverain qui détermine le cadre, les règles, peut transférer des compétences, les récupérer, aussi bien

---

[1] Serge Valley, « Histoire constitutionnelle française de 1789 à nos jours », *Ellipses*, 2009.

[2] L'article 27 de la Constitution du 24 juin 1793 rappelle que « tout individu qui usurperait la souveraineté soit à l'instant mis à mort par les hommes libres » ; l'article 1 de la Constitution du 4 novembre 1848 prévoit qu' « aucun individu, aucune fraction du peuple ne peut s'en attribuer l'exercice » ; l'article 3 de la Constitution du 4 octobre 1958 prévoit également qu' « aucune section du peuple ni aucun individu ne peut s'en attribuer l'exercice ».

[3] Jean Bodin, « Les six livres de la République », 1530-1596.

[4] Expression empruntée à Georg Jellinek, célèbre constitutionnaliste allemand.

en interne qu'à l'international (c'est le principe d'autodétermination). L'opposition classique est celle entre la souveraineté nationale et la souveraineté populaire, l'article III de la DDHC ayant consacré la souveraineté nationale.

La souveraineté nationale repose sur une entité abstraite qu'est la nation, qui exprime l'intérêt général. C'est un corps d'associés vivant sous une loi commune et représentés par la même législature selon les termes de Sieyès[5]. La souveraineté nationale s'appuie sur le système représentatif, avec la mise en place d'un mandat représentatif qui laisse à l'élu une liberté d'action, le citoyen n'intervenant que par le vote.

La souveraineté populaire repose sur l'ensemble numérique de la population qui exprime donc une somme d'intérêts personnels, engagés entre eux par la voie d'un contrat social d'après Rousseau[6]. La souveraineté populaire s'appuie sur le mandat impératif qui permet la révocation de l'élu en cas d'insatisfaction. Ce dernier se doit de faire ce que l'électeur lui dit.

Le numérique peut se définir, au sens strict du terme, comme le renvoi à un codage chiffré. Il s'agit ainsi de l'ensemble des données qui subissent un tel codage afin de se retrouver sur des appareils numériques. Cela sous entend ainsi la mise en réseau et donc la notion de réseau numérique, avec l'ensemble des données dématérialisées qu'elle contient.

La première interrogation instinctive revient à se demander si les raisons techniques du trop grand nombre et de la difficulté de mettre en relation les citoyens, qui empêchaient la souveraineté populaire de s'appliquer convenablement ne seraient pas réunies aujourd'hui, notamment grâce au numérique, pour permettre ainsi le passage d'une souveraineté nationale à une souveraineté populaire, mettant en place des mécanismes beaucoup plus directs ? Ainsi, le numérique apparaît comme un moyen de fragilisation certain du concept classique de souveraineté nationale.

Le lien qui peut être fait entre la DDHC et le numérique se situe autour du terme de révolution. D'un côté, il y a une révolution politique aboutissant à la DDHC, texte porteur de concepts juridiques fondateurs des sociétés futures. De l'autre côté, il y a une révolution technique et technologique (le numérique), à l'image de la révolution industrielle, aux contours plus larges que le droit et qui modifie les modes de production et de fonctionnement des sociétés, avec évidemment des impacts juridiques. Mais

---

[5] Emmanuel-Joseph Sieyès, « Qu'est-ce que le tiers état ? », 1789.
[6] Jean-Jacques Rousseau, « Du contrat social », 1762.

il faut comprendre que ce ne sont pas des révolutions similaires. La première révolution a un impact sur le juridique bien plus conséquent, puisqu'elle fait « table rase » des principes existants, archaïques voir dépassés pour les remplacer par des concepts amenés à s'ancrer dans le paysage constitutionnel. La seconde révolution a un impact plus épars sur l'ensemble de la société (sur le travail, le droit, l'économie ou encore sur la consommation). Le terme de « révolution numérique » n'est pas nouveau, il a notamment été utilisé par Marie Charlotte Roques-Bonnet dans l'ouvrage « Le droit peut-il ignorer la révolution numérique ? »[7], ouvrage dans lequel est justement abordé l'impact juridique et administratif de cette révolution numérique.

Car en effet, si cette révolution numérique n'a pas que des effets juridiques, elle a des effets juridiques et notamment sur le droit public et plus précisément le droit constitutionnel. Le numérique remet en question la viabilité de l'État, déjà largement contestée avant l'essor du numérique. Des problématiques de crises économiques, environnementales, de sécurité internationale et de droits fondamentaux se développent et mettent en avant une réponse nécessairement globale ou régionale, outrepassant les frontières classiques de l'État. A cela s'ajoutent des enjeux numériques, de protection des données personnelles, d'utilisation et de stockage massif de données numériques, qui viennent accentuer la critique de l'État : les affaires Wikileaks et Snowden illustrant parfaitement ces questions. Pour ne citer que le deuxième cas, Edward Snowden, un ancien agent de la NSA (l'agence nationale de sécurité américaine) révèle au grand public par l'intermédiaire de médias nationaux américains et britanniques un système d'écoute, d'espionnage, de surveillance et de collecte massif de données numériques par les États-Unis et son gouvernement. Ici, l'État est critiquable sur beaucoup de points. La posture des États-Unis bien-sûr, mais aussi celle des États, notamment européens, qui n'ont pas assuré une protection suffisante des données numériques de leurs citoyens. Cela a conduit les États européens, principales cibles des États-Unis, ainsi que l'Union Européenne, à revoir leur droit en matière de protection des données numériques et personnelles. À titre d'exemple, l'Union Européenne a ainsi abandonné sa politique dite du « Safe Harbor[8] », qui n'avait pour objectif qu'un niveau

[7] Marie-Charlotte Roques-Bonnet, « Le droit peut-il ignorer la révolution numérique ? », *Michalon*, 2010.

[8] Acte largement basé sur la directive 95/46/CE, qui prévoyait l'impossible exportation des données personnelles vers des pays extérieurs à l'espace économique européen et prévoyant un niveau de protection inférieur à celui de l'Union. Le Safe Harbor sera de fait invalidé par la Cour de Justice de l'Union Européenne le 6 octobre 2015, estimant que le niveau de protection des données

suffisant de protection des données, au profit du règlement européen sur la protection des données personnelles[9], qui assure une extraterritorialité de l'acte (puisque les données numériques sont elles mêmes par essence insensibles aux frontières classiques d'un État), et un vrai droit de protection des données, avec par exemple le droit à l'effacement des données et pouvant conduire à des sanctions financières colossales[10]. Autre exemple de la fragilisation des concepts de droit public et de droit constitutionnel, la notion de démocratie, qui n'est certes pas contestée en tant que telle mais davantage dans son application. Le numérique pourrait être l'avancée technologique qui permettrait de gommer les critiques sur une démocratie représentative trop rigide et permettrait d'évoluer vers une démocratie participative, voire directe. Ce schéma peut se calquer sur d'autres principes cadres du droit public comme la puissance publique ou le service public, qui sont amenés à être modifiés par le numérique, mais également et vous l'aurez compris sur la souveraineté, plus précisément nationale.

Le numérique, donc, fragilise de toute part le concept de souveraineté nationale. Bien que faisant preuve de longévité en tant que concept de droit constitutionnel, la souveraineté nationale telle qu'entendue dans l'article III de la DDHC est menacée, ainsi que l'ensemble des principes qui peuvent en découler, comme le système représentatif et la démocratie représentative. L'idée est donc de réfléchir sur les conséquences réelles du numérique sur la souveraineté nationale, en gardant à l'esprit que cette réflexion peut – et doit – se prolonger pour l'ensemble des notions du droit constitutionnel et même du droit public : l'État, les services publics, la puissance publique, la gouvernance. Tant de concepts qui, bien qu'ancrés juridiquement dans nos systèmes démocratiques, connaissent des affaiblissements certains par l'arrivée de nouvelles technologies.

Le concept de souveraineté nationale, bien que régulièrement remis en cause et questionné, notamment du fait de son rattachement au système représentatif, s'est durablement inscris dans notre histoire constitutionnelle, conduisant parfois à des dérives institutionnelles certaines. Dès la Ière République, et de manière assez logique car en continuité de la rédaction de la DDHC, la souveraineté nationale est consacrée par le texte

---

personnelles aux États-Unis était insuffisant, conduisant à revoir la base légale en la matière.

[9] Règlement européen sur la protection des données personnelles, adopté le 14 avril 2016 et applicable e 25 mai 2018.

[10] L'application dudit règlement au 25 mai 2018 en France prévoit une augmentation des plafonds en termes d'amendes, allant jusqu'à 20 % du chiffre d'affaires annuel ou 20 millions d'euros.

constitutionnel[11]. La IIème République prévoit de manière moins précise le rapprochement entre souveraineté et nation française. En effet, « la souveraineté réside dans l'universalité des citoyens français »[12]. Sous la IIIème République, la volonté nationale, socle de la souveraineté nationale, ne peut efficacement s'exprimer que par le pouvoir législatif, c'est-à-dire les chambres. Ce constat se prolongera jusqu'à la fonction de Président de la République, incarnée par Jules Grévy, et aboutira à la contestée « Constitution Grévy »[13], ayant abouti à la place centrale du Parlement tout au long du régime, et sans doute à des dérives contestables du régime représentatif. Mais le terme de souveraineté n'apparait nullement dans les lois constitutionnelles de 1875. Dans la continuité et de manière plus claire, la Constitution de la IVème République consacre la souveraineté nationale dans son troisième article[14]. À ce titre, les rédactions des textes constitutionnels de la IVème et de la Vème République apparaissent très proches.

Ainsi, le concept de souveraineté nationale, qui a traversé deux siècles d'histoire mouvementée, apparaît toujours comme le socle certain de notre droit constitutionnel. Initialement construit pour s'opposer aux dérives du pouvoir royal, ce principe a servi de base juridique pour beaucoup de constitutions modernes. Souvent critiqué, rarement remplacé, il se confronte aujourd'hui à des notions émergentes, pas nécessairement uniquement juridiques, et notamment le numérique.

Sous quels angles le numérique a-t-il pu impacter le concept de souveraineté nationale ? L'a-t-il affaibli, consolidé, réaffirmé ?

Le numérique, bien qu'ayant fait vaciller le concept de souveraineté nationale, semble mettre en avant la solidité juridique de ce concept **(I)**, qui reste bien ancré dans le paysage juridique constitutionnel. Au-delà de cela, le numérique laisse entrevoir des pistes d'améliorations possibles dudit concept **(II)**, qui fait alors preuve d'une certaine adaptabilité juridique.

---

[11] Article 23 de la Constitution du 24 juin 1793 : « (…) ; cette garantie repose sur la souveraineté nationale ».

[12] Article 1er de la Constitution du 4 novembre 1848.

[13] Serge Valley, « Histoire constitutionnelle française de 1789 à nos jours », *Ellipses*, 2009.

[14] Article 3 de la Constitution du 27 octobre 1946 : « La souveraineté nationale appartient au peuple français.
Aucune section du peuple ni aucun individu ne peut s'en attribuer l'exercice. »

I. La solidité juridique démontrée du concept de souveraineté nationale

Le numérique, qui semble pouvoir déterrer l'opposition classique entre souveraineté nationale et souveraineté populaire (A), risque aussi de fragiliser la souveraineté nationale directement (B) à travers la notion émergente de souveraineté numérique.

A. La dichotomie classique entre souveraineté nationale et souveraineté populaire réactualisée par le numérique

Le concept de souveraineté, d'une manière plus générale, est très régulièrement contesté au même titre que des concepts comme l'État ou la démocratie dans leur mise en application. Raymond Carré de Malberg établissait précisément les critiques de la souveraineté, qu'elle soit nationale ou populaire, dès le début du XXème siècle. Il décrivait, tout en la critiquant, la souveraineté nationale comme étant la moins mauvaise des solutions et prônait donc sa mise en application[15] par défaut.

En reprenant la première question évoquée lors du propos introductif : le numérique ne serait pas la réponse à la critique première de la souveraineté populaire, à savoir sa difficile mise en œuvre à cause notamment du trop grand nombre ? N'aurions-nous pas trouvé la solution pour appliquer enfin une souveraineté populaire et donc une démocratie directe en France ? Bien évidemment, les problèmes conceptuels entourant la souveraineté populaire sont bien plus larges et ne s'arrêtent pas à ce point de faisabilité.

Sur la mise en application d'une souveraineté populaire et donc, d'une démocratie directe, le numérique semble en effet répondre aux attentes. La mise en réseau des citoyens et des électeurs semble faisable. Dans le cadre de procédure de démocratie davantage directe, comme les référendums d'initiative populaire, la collecte des signatures, pétitions et autres soutiens se fait numériquement, par voie dématérialisée[16]. Les principes de base du vote sont assurés par les protocoles de chiffrements des données, notamment pour s'assurer qu'une personne ne vote qu'une fois. On peut donc aisément imaginer la mise en place d'un outil numérique permettant aux électeurs de communiquer directement et régulièrement avec l'élu, le mandataire, afin d'aboutir à un mandat impératif. L'État est en mesure de développer un tel service : la dématérialisation des services fiscaux en France s'est par exemple réalisée de manière assez rapide par

---

[15] Éric Maulin, « Carré de Malberg et la révolution française », *Annales historiques de la révolution française*, 2002.

[16] Article 71 de la Constitution italienne, notamment.

rapport aux voisins européens et de manière plutôt efficace, sans trop de problèmes techniques. À titre d'exemple, les déclarations de revenus en ligne concernaient environ 11 millions de contribuables en 2012, contre plus de 23 millions en 2018[17]. Cela montre que techniquement, avec des moyens mis en place, un outil national d'une telle envergure est possible.

Mais le numérique ne va pas être en mesure de dépasser les problèmes conceptuels posés par la souveraineté populaire. En premier lieu, le problème de la domination de la majorité sur la minorité. C'est le problème récurrent du concept de démocratie et face auquel le numérique peut difficile y répondre, aussi bien dans le système participatif que représentatif. Le consensus est impossible et pour dégager une effectivité au vote, une majorité doit l'emporter sur une minorité. Sur ce point-là, le numérique n'y peut rien.

En deuxième lieu, la problématique des intérêts personnels face à l'intérêt général. Sur ce point purement conceptuel, fragmenter la souveraineté à l'ensemble de la population conduit à ne pas dégager significativement une volonté générale mais davantage une somme d'intérêts personnels, et le numérique n'y peut encore pas grand chose. Cela ne veut pas dire que le système de souveraineté nationale est de son côté parfait, mais avoir comme base une entité abstraite comme formation de l'intérêt général semble être une meilleure base conceptuelle, bien qu'actuellement, l'intérêt général soit principalement accaparé par les institutions, le législateur, l'exécutif, en résumé l'État. Le numérique a quand même un apport sur les deux précédents points, celui de l'essor du droit à l'information. La dématérialisation des données assure un plus grand accès aux documents et aux données qui permettent au citoyen d'éclairer davantage leur décision. Mais là encore faut-il que le citoyen se saisisse des outils qui lui sont apportés.

En troisième lieu, la problématique de la participation des citoyens à la vie politique. Ce point est certainement à nuancer puisque le constat qui va être fait est principalement le fruit du système représentatif, dont le but, selon Carré de Malberg notamment, était d'éloigner le plus possible le citoyen de la décision. Mais le constat est là, l'apport progressif de moyens de participation démocratique par le numérique ne stimule pas pour autant encore la participation citoyenne. « Le peuple n'a plus de volonté

---

[17] Olivier Decarre, « Impôts : la dématérialisation va encore gagner du terrain en 2018 », Boursier.com

qu'électorale » disait Jean-Marie Denquin[18]. Un exemple touchant directement la matière constitutionnelle est celui de la constitution islandaise. Un processus plutôt novateur de rédaction d'une constitution a vu le jour en Islande entre 2010 et 2011. L'idée était dans un premier temps d'élire l'assemblée constituante, puis d'assurer un contact direct entre cette dernière et les citoyens, par l'intermédiaire des réseaux sociaux et d'un site web, afin d'assurer une participation directe des citoyens à la rédaction de la constitution. D'une part, l'élection des membres de l'assemblée constituante a laissé place à un taux d'abstention très important (~ 65 %). D'autre part, la participation effective des citoyens à la rédaction constitutionnelle n'a pas été aussi importante qu'attendue. Le fait est que le projet abouti et qu'il a été approuvé par un nouveau vote citoyen à hauteur de plus de 65 % (pour environ 50% de participation). Le troisième blocage du processus viendra finalement de la classe politique, et plus précisément du Parlement islandais, qui mettra volontairement du temps à inscrire le texte à l'ordre du jour et choisira des procédures restrictives pour ralentir l'adoption du projet. Le but était de temporiser cette adoption en vue des futures élections, qui, voyant l'opposition l'emporter, enterrera définitivement cet audacieux projet de constitution numérique islandaise. Cet exemple montre deux constats malheureux : les citoyens ne se saisissent pas encore des moyens de démocratie directe dématérialisés mis à leur disposition, et les décideurs politiques classiques ne favorisent pas la mise en place de cette expression directe.

Le numérique n'apparaît donc pas comme l'outil miracle permettant la mise en place d'une souveraineté populaire et d'une démocratie directe. Il a cependant pu continuer d'affaiblir la notion classique de souveraineté nationale, opposée sérieusement à la notion émergente de souveraineté numérique.

B. Le possible remplacement de la souveraineté nationale par la souveraineté numérique

L'autre possible fragilisation du concept de souveraineté nationale par le numérique serait plus directe, il s'agirait de l'effacement de ce concept par une notion nouvelle qui est la souveraineté numérique. Le constat est simple, le cadre national est dépassé, par le bas et par le haut. Les États ne sont plus en mesure de réguler efficacement des problèmes et des enjeux qui outrepassent leurs frontières et donc leur capacité d'action (environnement, droits de l'homme, terrorisme, numérique). Les affaires récentes de

---

[18] Jean-Marie Denquin, « Volonté générale, opinion publique, représentation », *Jus politicum*.

Wikileaks et Snowden ont contribué à ouvrir la porte au concept de souveraineté numérique, déjà timidement évoqué au milieu des années 2000.

Si beaucoup de spécialistes du numérique ont œuvré pour faire avancer le concept en des termes juridiques, notamment Pierre Bellanger et son ouvrage intitulé « La souveraineté numérique »[19], des juristes se sont saisis de la question et ont tenté de construire, ou à défaut de déconstruire, le concept en des termes juridiques. Le professeur Derosier en fait partie et est intervenu à ce titre dans un colloque qui a pris place il y a 2 ans dans cette faculté[20], portant justement sur la notion de souveraineté numérique. Et la confrontation entre la souveraineté et le numérique laisse place à une réflexion juridique très intéressante.

Le professeur Derosier, dans sa démonstration, arrive sur un constat simple : pour exister au sens juridique – et ce point là est capital, c'est l'approche juridique qui est interrogée – le concept de « souveraineté numérique », se doit de déconstruire deux concepts classiques du droit constitutionnel : l'État et le système pyramidal. Pour le système pyramidal, cela se comprend assez facilement : le numérique est davantage organisé en réseau, ignorant les frontières des États et donc des droits nationaux et la verticalité de la hiérarchie des normes chère aux constitutionalistes. Les normes qui sont issues de cette hiérarchie des normes sont contestées, l'exemple de l'inefficacité des droits nationaux européens, et du droit de l'Union Européenne face à l'exportation massive non souhaitée des données personnelles vers les États-Unis en est un bon exemple. Si cette critique s'entend, bien que l'UE et ses États tentent de réagir, avec notamment le Règlement Européen sur la protection des données personnelles[21], un élément essentiel du système pyramidal n'est pas compensé par le système en réseau qui est la mise en validité de la norme. C'est la raison première de la hiérarchie des normes, et le système en réseau ne comble pas ce référentiel. Le but premier de la hiérarchie des normes, qui est d'assurer la validité des normes juridiques, n'est pas assuré par le système en réseau. Il n'est donc pas possible de dépasser juridiquement la notion de système pyramidal développée en droit constitutionnel dans ce cadre là.

---

[19] Pierre Bellanger, « La souveraineté numérique », *Stock*, 2014.

[20] Pauline Türk et Christian Vallar, « La souveraineté numérique, le concept, les enjeux », *Mare et martin*, 2017.

[21] Règlement européen sur la protection des données personnelles, adopté le 14 avril 2016 et applicable le 25 mai 2018, qui prévoit un régime de protection des données personnelles dans l'espace européen plus abouti que le modèle juridique prévu par le « Safe Harbor ».

Concernant le dépassement de l'État, là encore, le numérique ignore les frontières et conduit à des enjeux qui excèdent les compétences des États, leurs capacités d'action. L'État n'est plus l'échelon de référence. Afin de le dépasser, deux voies se dégagent afin de maîtriser la « souveraineté numérique ». La première voie n'en est pas vraiment une, puisque cela consiste en ce que chaque État ferme ses frontières numériques, avec des politiques de chiffrements numériques, le développement de moteurs de recherches nationaux, d'OS nationaux, aboutissant à une politique de repli national (à l'image de la Chine, de l'Iran, de la Corée du Nord et bien d'autres). Il n'est plus question de dépassement de l'État mais bien de régression. La vision moderne des sociétés nécessite des échanges, des mouvements qui vont en contradiction avec cette solution. En sachant que des auteurs, notamment Pierre Bellanger, précédemment évoqué, préconisait cette solution à moindre échelle pour la France[22]. La seconde voie semble davantage réalisable, puisqu'elle consiste en la mise en place et le développement d'une souveraineté numérique plus universelle ou *a minima* régionale : à l'échelle de l'Union Européenne ou dans le cadre de convention internationale à l'image de la convention de Montego Bay sur le droit de la mer de 1982[23]. L'idée est d'adapter le socle juridique aux frontières auxquels répondent les nouveaux enjeux liés au numérique. Dans les deux cas, les institutions citées ne sont pas souveraines (que ce soit l'Union Européenne ou l'Organisation des Nations-Unies) et reposent concrètement sur les États et on se heurte donc à une impasse juridique : il n'est pas possible de dépasser la notion d'État, qui bien que critiquée et critiquable, ne trouve pas de concept alternatif satisfaisant. Le constat est donc le suivant : le numérique affaibli la souveraineté et l'ensemble des concepts qui en découlent, mais juridiquement, il ne parvient pas à dépasser les concepts classiques qu'il fragilise. D'un point de vue juridique, le numérique n'apporte pas de nouveaux concepts capables d'effacer notamment le système pyramidal ou l'État.

À travers ces développements repris au professeur Derosier, il était question de démontrer que juridiquement, il n'y a pas encore de souveraineté numérique. Il est davantage question du « numérique dans la souveraineté », ou inversement de la « souveraineté dans le numérique ». Pour ce qui est du « numérique dans la souveraineté », l'entité souveraine utilise le numérique pour mettre en place sa souveraineté (pour développer la démocratie, pour

[22] Pierre Bellanger, « La souveraineté numérique », *Stock*, 2014 : Pierre Bellanger évoquait notamment la nécessité de développer un OS national, un moteur de recherche national, afin de sortir de la domination des géants du numérique, très souvent américains, comme Microsoft ou Google, et pour certains impliqués directement dans des scandales relatifs aux données personnelles.

[23] Convention sur le droit de la mer signée à Montego Bay le 10 décembre 1982.

l'élaboration de la loi par exemple), et le numérique est ici un support d'expression de la souveraineté. Pour ce qui est de la « souveraineté dans le numérique », l'entité souveraine règlemente le réseau numérique. Sans aller jusqu'à la fermeture des frontières numériques, l'État va assurer une protection des données personnelles, une transparence sur le réseau, un bon usage du numérique ainsi que l'assurance de la protection de droits fondamentaux liés au numérique comme le droit à l'accès au numérique ou encore la neutralité du web. Le numérique est ici un prolongement de la souveraineté de l'État, qui règlemente ce secteur comme n'importe quel autre. Il assure l'ordre public et le respect des droits fondamentaux dans un domaine où il exerce sa souveraineté. Juridiquement parlant, la souveraineté numérique ne peut s'appliquer, tout de moins actuellement.

Ainsi, après avoir vu que le numérique ne résout pas les problèmes conceptuels de la souveraineté populaire, qu'il n'est juridiquement pas possible de l'associer à la souveraineté pour créer le concept de souveraineté numérique, il convient de voir comment le numérique peut servir de support à l'amélioration du concept de souveraineté nationale, qui a prouvé sa solidité juridique et tend à démontrer son adaptabilité.

II. L'adaptabilité reconnue du principe de souveraineté nationale

Le principe de souveraineté nationale en droit français, et plus précisément dans la Constitution du 4 octobre 1958, dispose de bases juridiques permettant son adaptabilité. Ainsi, la souveraineté nationale appartient au peuple (A), laissant entrevoir une ouverture du principe vers davantage de participation citoyenne. Mais l'inscription constitutionnelle de ce principe ne garantie pas pour autant son application pleine et entière, le numérique ayant justement un rôle à jouer en ce sens (B).

A. La notion de souveraineté nationale appartenant au peuple… ou aux représentants ?

Ainsi, à travers ces développements, l'idée est de dépasser la division conceptuelle entre la souveraineté nationale et la souveraineté populaire, pour aboutir à un principe hybride et perfectible. La souveraineté nationale, à laquelle il faut nécessairement rattacher le système représentatif, se doit d'évoluer vers davantage de participation des citoyens.

Notons que la Constitution du 4 octobre 1958, qui fête aujourd'hui ses 60 ans, dispose d'un article 3 très intéressant à ce sujet[24] :

---

[24] Article 3 de la Constitution du 4 octobre 1958.

« La souveraineté nationale appartient au peuple qui l'exerce par ses représentants et par la voie du référendum »

Si la souveraineté nationale est clairement énoncée et donc réaffirmée, on y ajoute un élément important qui est le peuple, à qui « appartient » la souveraineté. On retrouve immédiatement le système représentatif avec le segment suivant (« qui l'exerce par ses représentants »), avec un élément de démocratie directe qui est le référendum. Il y a 60 ans a donc été intégré au bloc de constitutionnalité un élément d'hybridation de notre souveraineté, que l'on peut qualifier de semi-représentative : elle appartient aux citoyens mais est exercée par les représentants. Cet élément a pu être inséré à plusieurs reprises dans nos textes constitutionnels. Dans la Constitution du 24 juin 1793, et alors que la souveraineté nationale avait été consacrée dans l'article 23, une précision se fait dans la suite du texte constitutionnel, précisant que « la souveraineté réside dans le peuple »[25]. De manière moins claire, la Constitution du 4 novembre 1848 évoque « l'universalité des citoyens français »[26] comme dépositaire de la souveraineté, laissant entrevoir une convergence entre peuple et nation. La Constitution du 27 octobre 1946 sera plus précise, à l'image du texte constitutionnel de 1958, évoquant le fait que « le peuple l'exerce, en matière constitutionnelle, par le vote de ses représentants et par le référendum »[27]. Ce qui semblait être une construction juridique en opposition à l'arbitraire royal qui confisquait la souveraineté aboutissant à des dérives arbitraires, ces premiers éléments d'hybridation théorique étaient une porte ouverte à d'autres avancées. Mais ces éléments ont sans doute trop peu été exploités. Sans aller jusqu'à une démocratie directe avec le mandat impératif et la possibilité de rappeler l'élu qui ne satisferait pas le citoyen, pourquoi ne pas inclure des éléments de contrôle et de participation de la part du citoyen. Car face à ces propositions alléchantes se pose constamment la problématique de la participation effective du citoyen à la vie politique. L'évolution de l'utilisation du vote sous la Vème République, la non-utilisation au niveau local des outils de démocratie directe implantés dès 2003[28] par la révision constitutionnelle sur la décentralisation, sont des éléments qui tendent à faire penser que le citoyen ne se saisira pas des nouveaux modes de participation qui pourraient lui être proposés.

---

[25] Article 25 de la Constitution du 24 juin 1793.

[26] Article 1er de la Constitution du 4 novembre 1848.

[27] Article 3 de la Constitution du 27 octobre 1946.

[28] Loi constitutionnelle n° 2003-276 du 28 mars 2003 relative à l'organisation décentralisée de la République.

Pour ce qui est de la démocratie locale, par exemple, largement développée par la réforme de 2003 précitée, elle apparait logiquement comme le point de départ de la participation citoyenne. Le référendum local, codifié dans le code général des collectivités territoriales (CGCT), répond à une procédure particulière[29] : l'exécutif local est nécessairement à l'initiative de la procédure, le référendum devant porter sur un projet relevant de la compétence de la collectivité (un contrôle du préfet est à ce titre réalisé avant le scrutin), et se faire sur les charges de ladite collectivité (c'est-à-dire que les dépenses lui sont entièrement imputées), avec des règles protectrices en termes de libertés individuelles ou de dates de scrutin pour éviter les conflits politiques avec les renouvellements d'assemblées locales. Enfin, le vote au référendum aura une portée contraignante si et seulement si le taux de participation excède 50% des inscrits, auquel cas il ne sera que consultatif. Deux exemples montrent que les citoyens ont encore du mal à se saisir des outils locaux mis à leur disposition : la consultation très médiatisée sur le projet de transfert de l'aéroport de Notre-Dame-des-Landes, bien qu'il ne s'agisse pas de la procédure précitée du référendum local (puisqu'aucune collectivité ne répondait à la règle de compétence sur l'ensemble du territoire visé), a abouti à un taux d'abstention aux alentours de 49 %[30]. La consultation relative à la privatisation de l'aéroport Nice Côte d'Azur, qui ne répond également pas aux mêmes règles de procédures précitées, a pour sa part abouti à environ 20 % de participation. Dans les deux cas, l'avis n'était de toute façon que consultatif, ce qui ne motive sans doute pas les citoyens à se déplacer pour s'exprimer, leur décision étant de facto souvent contredite[31].

Ces éléments ne sont que des constats, qui sont sans doute un bon moyen de refuser de se doter de nouveaux instruments d'expression indispensables, et dont l'ajout plus important permettrait peut-être de stimuler la participation citoyenne. Ce constat est inéluctablement à rattacher au système représentatif et à ses effets critiquables qui ont vraisemblablement conduit à enfermer le citoyen dans un rôle d'électeur. Car des moyens restent à disposition pour le citoyen de s'exprimer, et directement au niveau national. La loi pour une République Numérique[32], promulguée le 7 octobre 2016, a prévu un mécanisme de consultation citoyenne initiale. L'idée était d'associer le citoyen aux travaux préparatoires. Le fait est de constater que la consultation a été très peu

---

[29] Articles LO1112-1 et suivants du CGCT.

[30] Chiffres officiels tirés du site www.loire-atlantique.gouv.fr

[31] Le vote final dans le projet de transfert d'aéroport de Nantes à Notre-Dame-des-Landes, malgré une majorité de « oui », n'a pas eu d'effet contraignant et le projet a été abandonné après un bras de fer local.

[32] Loi n° 2016-1321 du 7 octobre 2016.

utilisée par les citoyens, soit par manque d'information, soit par manque de volonté, et l'outil a principalement été mobilisé par les personnes intéressées par la question, par le milieu associatif et par le milieu syndical, habitués à participer de près ou de loin à des travaux préparatoires. Mais le résultat reste que, pour ceux ayant participé, l'expérience semble avoir convaincu et les participants ont globalement l'impression d'avoir eu une utilité au sein du processus législatif. Les moyens existent donc, bien que très largement résiduels. Il ne manque plus que la volonté politique d'aboutir à une évolution en ce sens, les moyens techniques étant réunis pour y parvenir. Force est de constater que le moyen actuel de participation du citoyen à l'échelle nationale reste le vote, qu'il ne maîtrise pas.

Le suffrage universel a constitué une avancée majeure mais mérite d'être revu notamment en termes d'initiative. Les élections nationales – en France et sous la Vème République – sont fixées par décret, le référendum national reste à l'initiative du Président[33] ou des chambres[34], sans évoquer le référendum d'initiative partagée[35] (et non populaire), qui réussit à donner l'illusion d'une initiative citoyenne sans réellement l'apporter. Et cette rareté d'expression a paradoxalement conduit à marginaliser l'utilisation des rares outils existants : l'exécutif ne se risque plus à utiliser le référendum puisqu'il craint un détournement d'usage de ce dernier comme un vote sanction contre sa politique[36], quand il était *a contrario* taxé de plébiscite lors de ses utilisations fructueuses[37]. Le constat est que, si juridiquement et constitutionnellement, la souveraineté nationale appartient au peuple, dans les faits et à travers les instruments qui sont développés, la souveraineté nationale semble davantage appartenir aux représentants du peuple, à savoir les institutions, l'exécutif et le législatif, en d'autres termes, l'État.

---

[33] Article 11 de la Constitution du 4 octobre 1958.

[34] Article 89 de la Constitution du 4 octobre 1958.

[35] Article 11-3 de la Constitution du 4 octobre 1958.

[36] L'exemple du non au référendum de 1969 porté par le Général De Gaulle en pleine crise politique ainsi que celui du non au référendum établissant une constitution pour l'Europe de 2005.

[37] Gaston Monnerville, alors président du Sénat, avait qualifié l'ensemble de la procédure menée par le Général de Gaulle fin 1962 de « forfaiture », condamnant ainsi un détournement de l'usage de référendum à des fins politiques. Pour rappel, le Général de Gaulle avait initié une révision constitutionnelle visant à modifier le mode de scrutin du président de la République sous la Vème République, passant d'un suffrage universel indirect à un suffrage universel direct. La procédure de révision s'était alors basée sur l'article 11 et non l'article 89 de la Constitution, initialement prévu à cet effet, afin de court-circuiter le parlement tout en assurant la légitimité politique de la procédure en ayant recours au référendum.

C'est ici que le numérique intervient. Juridiquement, la Constitution de 1958 ouvre la porte à un renouveau du système représentatif. La souveraineté nationale peut être modernisée par des outils numériques permettant de basculer vers un système semi-représentatif, voire participatif.

B. La notion de souveraineté nationale appartenant effectivement au peuple grâce au numérique ?

Existent dans notre socle constitutionnel les bases d'un renouveau de souveraineté et des principes qui en découlent. C'est au numérique de réellement développer les outils permettant au peuple de participer davantage à l'exercice de la souveraineté. Il convient d'exposer plusieurs pistes dans lesquelles le numérique joue un rôle majeur dans l'amélioration institutionnelle. Certains parlent ici d'e-démocratie[38].

La première approche est celle d'un réel contrôle des électeurs sur les élus. Il est vrai qu'un contrôle sur les élus est déjà réalisable dans notre république. Les articles 14 et 15 de la DDHC permettent en théorie déjà au citoyen d'avoir un droit de regard sur l'action de l'élu sur l'usage des finances publiques. Cela se concrétise par une possible saisine par l'administré, sous certaines conditions, du juge administratif en cas d'irrégularité sur l'adoption d'un acte budgétaire. Il peut en ce sens s'appuyer sur le droit à l'information dont il dispose notamment depuis la loi ATR du 6 février 1992[39]. Ce n'est guère que la seule option qui s'offre au citoyen pour sanctionner l'élu si ce n'est bien sûr la sanction par le vote, lors du renouvellement du mandat. Une piste intéressante a cependant été évoquée dans une thèse soutenue en 2017 et développée au sein de l'université de Bordeaux. La thèse en question, « la démocratie électronique, une notion en construction », propose notamment de réactualiser certains principes constitutionnels. Un nouveau mandat est évoqué, le mandat gestionnaire : à mi-chemin entre le mandat représentatif et le mandat impératif, le mandat gestionnaire permet de mettre en place des moyens de contrôles ponctuels durant le mandat, c'est-à-dire entre les élections. La reddition des comptes notamment, qui résulte d'une obligation pour tout mandataire de rendre des comptes de ses activités. Cela s'applique pour des mandataires sociaux, des notaires, des chefs d'entreprise, pourquoi ne pas le calquer sur le mandat politique ? Des applications politiques du mécanisme de reddition des comptes se faisaient notamment en Grèce Antique, plus

---

[38] Notamment Tatiana Shulga-Morskaya dans sa thèse, *La démocratie électronique : une notion en construction*, soutenue en 2017.

[39] Loi n° 92-125 du 6 février 1992 relative à l'administration territoriale de la République.

précisément à Athènes devant l'Héliée. L'idée est de responsabiliser les gouvernants sans pour autant opérer un contrôle permanent pouvant aboutir à la rupture du mandat par le citoyen comme dans le mandat impératif. Une autre proposition intéressante en la matière est l'ajout d'un quatrième pouvoir dans la notion classique de séparation des pouvoirs également : le pouvoir contrôleur. L'exemple le plus concret reste le référendum d'initiative populaire, développé par la suite. Cette idée avait aussi été développée par Pierre Rosanvallon[40], qui parlait de peuple-électeur, mais surtout de peuple-surveillant, de peuple-véto voir de peuple-juge.

La seconde approche est celle d'associer le citoyen à la production législative. Pour le référendum d'initiative populaire, là encore, la Constitution de la Vème République entrevoit des mécanismes prometteurs qui, malheureusement, dans leur application, sont trop limités. L'article 11 de la Constitution depuis sa révision en 2008 prévoit ainsi un référendum d'initiative partagée. L'idée de base est de permettre un partage de l'initiative législative entre le Parlement et le peuple. Concrètement, le peuple est associé à la création législative. En pratique, l'initiative ne décolle pas du législateur puisque le peuple n'affiche là qu'un soutien aux parlementaires, d'autant que le seuil des signatures est bien trop élevé (bien qu'électronique). Concrètement, les parlementaires rédigent la proposition de loi, de manière classique. Puis le texte subit un contrôle a priori devant le Conseil constitutionnel (puisque ce dernier se refuse à contrôler directement la volonté du peuple[41]), puis les signatures d'1/10e des électeurs (donc plus de 4 millions de signatures, ce qui semble irréalisable) doivent être collectées électroniquement sous certains délais. Ici, le citoyen n'a aucune initiative, ce qui explique sa non-utilisation depuis 2008 en plus des conditions bien trop restrictives.

Pourtant techniquement réalisable avec le numérique, le référendum d'initiative populaire a pu être prévu de manière plus efficace chez nos voisins européens, et à l'échelle constitutionnelle : la Constitution italienne prévoit dans son article 71 que « le peuple exerce l'initiative législative au moyen de la proposition, par 50.000 électeurs au moins, d'un projet rédigé en articles »[42]. La Constitution espagnole, qui a un régime plus strict en la matière, prévoit 500.000 signatures et exclu l'initiative dans le domaine de la loi organique ou fiscale notamment[43]. La Pologne prévoit une initiative d'un

---

[40] Pierre Rosanvallon, « La légitimité démocratique. Impartialité, réflexivité, proximité », Seuil, 2008, p. 368.
[41] Décision n° 62-20 DC du 6 novembre 1962 dans laquelle le conseil pose le principe du refus de contrôler directement l'avis du peuple.
[42] Article 71 de la Constitution italienne.
[43] Article 87 de la Constitution espagnole.

groupe de 100.000 citoyens[44], tandis que la Slovaquie requiert une pétition signée par au moins 350.000 citoyens[45]. Nos voisins italiens prévoient même un mécanisme de « référendum permettant l'abrogation, totale ou partielle d'une loi ou d'un acte ayant valeur de loi lorsque 500.000 électeurs ou 5 conseils régionaux le demandent »[46]. Constitutionnellement, l'Italie prévoit donc le référendum d'initiative populaire ainsi que le référendum abrogatif, le tout à disposition des citoyens, qui peuvent donc être à l'initiative des procédures. Concrètement, la Constitution assure le cadre juridique de la procédure pendant que le numérique assure le cadre technique. Qu'est-ce qui empêche donc la France de se doter d'un tel outil ? C'est la première étape avant de se pencher sur l'utilisation ou non de ces outils par les citoyens. Car en effet, en Italie, l'usage de l'ensemble de ces outils ne se fait pas régulièrement. L'initiative populaire n'a jamais été utilisée pour le moment tandis que le référendum pour réviser la Constitution a été mobilisé deux fois, en 2001 et en 2006. Mais l'usage du référendum abrogatif est un réel succès en Italie et ce depuis les années 1970. Entre 1974 et 2008, quatorze consultations populaires ont eu lieu, portant sur près que soixante questions[47]. Et concrètement, cela a permis de fixer des questions de société et de sortir de certaines crises. Les domaines parcourus sont larges, comme la question du divorce, du financement des partis politiques, du terrorisme et du port d'arme ou encore des salaires. Mais concrètement, c'est un outil utilisé, qui semble remobiliser les électeurs et remobiliser l'ensemble de la classe politique. Il convient de rappeler que la Constitution italienne consacre une souveraineté appartenant au peuple[48] mais sans mise en place de mandat impératif[49], avec un Parlement représentant la nation. Au même titre que la Vème République, le régime constitutionnel italien semble mettre en place un système hybride de souveraineté, laissant place aussi bien au peuple qu'à la nation et ses représentants.

Pour le cas des référendums d'initiative populaire ou abrogatifs, l'article 3 de notre Constitution n'est pas altéré, ni même l'article III de la DDHC. En donnant l'initiative aux citoyens mais en faisant intervenir le législateur en cours de procédure, pour notamment amender et surtout voter le texte, la souveraineté nationale appartient toujours au peuple, et est

---

[44] Article 118 de la Constitution polonaise.
[45] Article 95 de la Constitution slovaque.
[46] Article 75 de la Constitution espagnole.
[47] Yann Blot, « La démocratie directe en Italie », 18 août 2010 : www.democratiedirecte.fr
[48] Article 1er de la Constitution italienne : « La souveraineté appartient au peuple, qui l'exerce selon les formes et dans les limites de la Constitution ».
[49] Article 67 de la Constitution italienne : « Chaque membre du Parlement représente la nation et exerce ses fonctions sans mandat impératif ».

toujours exercée par ses représentants. Carré de Malberg faisait le constat simple mais efficace et surtout toujours d'actualité selon lequel la volonté générale est en fait celle du législateur, et donc de l'État. C'est en rapprochant le citoyen de la prise de décision que ce constat peut être dépassé.

À travers ces développements, il n'est donc pas seulement question de la souveraineté nationale, notion cadre de notre droit constitutionnel qui est remise en cause et appelée à évoluer, mais bien l'ensemble des principes fondateurs de notre matière qui sont appelés à être redéfinis à travers le numérique.

La dichotomie entre souveraineté nationale et souveraineté populaire ne fait plus guère de raison d'être. D'un point de vue conceptuel, la souveraineté nationale semble reposer sur des bases plus satisfaisantes : la dépersonnalisation du pouvoir – avec le concept de nation – et l'intérêt général notamment. Mais l'application rigide de cette notion a conduit à des dérives nécessairement répréhensibles. Le système représentatif connaît des limites dont plusieurs réponses se trouvent dans le concept de démocratie directe. Le fait est que le concept de souveraineté nationale semble suffisamment développé pour contenir sa propre capacité d'évolution. En s'ouvrant à une participation des citoyens, la souveraineté nationale dispose là d'une adaptabilité remarquable. Le lien théorique entre souveraineté nationale et système représentatif n'est pas irréfragable et se doit d'être dépassé. S'il semble certain que le combat prioritaire autour de la démocratie était de doter le citoyen du droit de vote, il ne faut pas pour autant l'enfermer dans ce seul outil, qui doit malgré tout rester une base de l'expression citoyenne et de la formation de l'intérêt général.

Ainsi, l'article III de la DDHC qui consacre la souveraineté nationale peut, et doit s'interpréter d'une manière plus large comme incluant le système représentatif et donc la démocratie représentative, qui sont appelés à évoluer vers des principes plus directs et plus participatifs. Le numérique doit donc assurer la transition du système représentatif vers un système participatif. Le socle juridique de la souveraineté nationale garderait sa légitimité (la nation et l'intérêt général) et elle serait gommée des critiques permanentes qu'elle connait depuis des décennies (la crise citoyenne du système représentatif).

L'apport du numérique est donc essentiel pour deux raisons : il permet à ces concepts anciens d'évoluer de manière positive, c'est-à-dire en effaçant les critiques et défaillances de fonctionnement, et il permet de démontrer leur solidité juridique puisqu'aucun autre principe viable n'a su se substituer entre temps. Car si ces notions comme la souveraineté nationale sont très régulièrement remises en question, aucun autre concept juridique aussi développé n'a réussi à s'y soustraire de manière convaincante depuis plus de deux siècles. Cela reste valable pour les autres notions évoquées des propos introductifs jusqu'à cette conclusion : les services publics, la puissance publique, la hiérarchie des normes, l'État, qui sont des concepts anciens, ancrés, très largement critiqués mais pour le moment irremplaçables. Reste un élément à maîtriser, la volonté politique d'accompagner et de provoquer ces mutations essentielles. Et sur ce point, les différents exemples de blocages parlementaires sur des projets de participation citoyenne évoqués dans la présentation, comme la constitution islandaise ou encore la mise en place d'un référendum d'initiative populaire en France, laissent penser que les dépositaires classiques du pouvoir décisionnel ne semblent pas encore prêts à inclure le citoyen dans le processus.

Deuxième partie

Promotion et effectivité de la Déclaration

L'évolution récente des droits fondamentaux dans le droit international des investissements

Randianina RADILOFE

Au cours des dernières décennies, la libéralisation du commerce international s'est accompagnée de privatisations et d'une forte compétition entre pays pour attirer les investisseurs étrangers. Cela a souvent conduit à des abus concernant les conditions de travail, les droits sociaux, les libertés démocratiques et les atteintes à l'environnement. L'évolution asymétrique, à double vitesse, entre le marché mondialisé d'une part, et les règles, nationales ou régionales de l'autre, en matière environnementale et sociale, crée une mondialisation dérégulée, propice à tous les errements, crises et dérives de toute sorte.

Si le débat Droits de l'homme/Droit des investissements n'est pas nouveau[1], la libéralisation à outrance du commerce et des investissements internationaux pose la confrontation encore plus fondamentalement face à la faiblesse des systèmes juridiques des pays en développement, à une législation étatique peu contraignante en matière de droits de l'Homme. En effet, les investissements internationaux posent aujourd'hui des problématiques majeures en matière de droits de l'Homme, notamment lorsque les sociétés transnationales peuvent être tenues responsables de violations des droits de l'Homme à l'occasion de leurs activités. De plus, la très faible résistance des droits nationaux des pays en développement face aux dérives corruptives peut gravement porter atteinte aux droits fondamentaux de sa population.
D'autre part, une autre approche des droits fondamentaux en droit des investissements serait d'envisager les droits fondamentaux de l'investisseur étranger opérant sur le territoire national. Si le droit international des investissements constitue un droit de la protection des droits des investisseurs, la dimension protectrice de l'investisseur est aujourd'hui occultée, notamment par l'actualité qui porte un intérêt tout particulier aux violations des droits de l'homme commises par l'investisseur.

[1] Voir MARELLA F., « Protection internationale des droits de l'homme et activités des sociétés transnationales », *Recueil des cours de l'Académie de droit international*, vol. 385, La Haye, 2017, pages 33 à 435.

Or, ces deux approches sont fondamentales, toutes deux relevant de dispositions prévues par la Déclaration des droits de l'homme et du citoyen de 1789 qui ont inspiré les textes qui encadrent la protection des droits de l'homme, tant au niveau national qu'international aujourd'hui. Aussi, faut-il concilier la nécessité de défendre les populations autochtones contre les actions nuisibles à la Société que peuvent représenter les actes de pollution, de contamination des ressources naturelles ou encore l'exploitation de jeunes enfants, et prévue par l'article 5 de la Déclaration, ainsi que le respect de la souveraineté de l'État dans un contexte de déséquilibre des pouvoirs entre pays en développement et société transnationale, d'une part ; et la protection des droits de propriété de l'investisseur qui découlent du contrat conclu avec l'État, la propriété étant qualifiée par la Déclaration en son article 17 d' « inviolable et sacré ».

L'articulation entre droits de l'homme et droits des investissements sera donc envisagée dans l'optique de violations commises contre l'investisseur (**I**), et dans l'optique de violations commises par l'investisseur (**II**).

I. Les violations des droits de l'Homme commises contre l'investisseur : l'atteinte au droit de propriété de l'article 17 de la Déclaration des droits de l'homme et du citoyen de 1789

Le droit de propriété constitue un droit fondamental « sacré et inviolable » conformément à l'article 17 de la Déclaration des droits de l'Homme et du citoyen, duquel s'est inspiré l'article 17 de la Déclaration universelle des droits de l'homme de 1948, la Convention américaine relative aux droits de l'homme de 1969 ou encore la Charte africaine des droits de l'homme et des peuples, le droit international des investissements concerne principalement les investisseurs. S'il existe des similitudes entre les standards de protection en droit de l'investissement et en droits de l'homme (A), le principe de souveraineté nationale de l'article 4 de la Déclaration des droits de l'homme entraîne nécessairement des conséquences juridiques sur le droit de « propriété » de l'investisseur (B).

A. Les similitudes de la notion de « propriété » entre droit des investissements et droits de l'homme

Les notions de « bien » et « propriété » d'une part, et la notion d' « investissement » d'autre part, ne sont pas appréhendés de la même manière par le juge de la protection des droits de l'homme, et par l'arbitre international en matière d'investissement, et ce, en raison de leurs objectifs distincts. En effet, si le droit international des droits de l'Homme protège les droits que tout Homme devrait posséder. Aussi, le droit des investissements protège l'« investissement » ; et, le droit de propriété tel qu'il est appréhendé en droit national renvoie à la notion de « propriété privée », un droit individuel qui comprend l'*usus*, le *fructus*, et l'*abusus*, défini comme « toute chose matérielle susceptible d'appropriation »[2].

Cependant, les tribunaux de protection des droits de l'Homme comme les tribunaux arbitraux refusent de tenir compte d'une définition issue d'un dispositif national du droit de propriété afin d'éviter à l'État d'invoquer ses propres lois pour exclure sa responsabilité, ce qui irait à l'encontre de l'article 27 de la Convention de Vienne sur le droit des traités[3].

Même si les instruments de protection des droits de l'homme et les traités de promotion et protection des investissements contiennent respectivement des dispositions relatives à la protection du droit de propriété, aucun n'a fourni de définition de l'investissement ou d'un bien. Aussi, l'encadrement juridique de la notion est laissé à la libre appréciation de l'arbitre, qui a ainsi dégagé les éléments constitutifs permettant de qualifier un investissement, et ce, à défaut d'une définition, à travers les sentences *Fedax*[4] et *Salini*[5], et connus sous le nom de « *test Salini* » : la nécessité d'un apport sur une certaine durée présentant un risque et contribuant au développement économique de l'État hôte.

La notion de « bien » est appréhendée plus largement en droit international des droits de l'homme, et notamment par la Cour européenne des droits de l'homme. En effet, dans son arrêt *Marckx c. Belgique*[6], elle s'est penchée pour la première fois sur l'article 1 du Protocole n° 1 qui garantit le droit de propriété en définissant la portée de cet article. Le concept de « bien » revêt un sens autonome, et la Cour se voit reprocher régulièrement sa conception large du « bien », comme elle inclut une série de droits patrimoniaux[7].

Malgré l'absence de définition « codifiée » en droit international de la notion de « propriété », l'esprit des TBI et des dispositions relatives à la propriété

---

[2] CORNU G., *Vocabulaire juridique*, PUF, 2007, page 734.

[3] « Une partie ne peut invoquer les dispositions de son droit interne comme justifiant la non-exécution d'un traité ».

[4] *Fedax N.V. c. République du Venezuela*, CIRDI n° ARB/96/3, Décision sur la compétence du 11 juillet 1997, § 43.

[5] *Salini Costruttori SpA c. Maroc*, CIRDI n° ARB/00/4, Décision sur la compétence du 23 juillet 2001, § 52.

[6] *Marckx c. Belgique*, arrêt du 13 juin 1979, Série A n° 31.

[7] Voir également *Pressos Compania Naviera S.A. et autres c. Belgique*, arrêt du 20 novembre 1995, Série A n° 332.

dans les instruments internationaux de protection des droits de l'homme ont pour objectif de prévenir et encadrer l'expropriation de particuliers, tels que les investisseurs, par les États[8].

Et, si le droit des investissements et les droits de l'Homme ne poursuivent pas un objectif commun, l'un ayant un objectif humanitaire, et l'autre plus économique, des points de convergence peuvent être cependant retenus. En effet, ils protègent directement le droit de propriété[9], à travers leurs instruments juridiques respectifs. Aussi, on peut assister aujourd'hui à des saisines parallèles de juridictions des deux systèmes, comme ce fut le cas dans l'affaire *Yukos*[10] où des tribunaux arbitraux et la Cour européenne des droits de l'Homme ont été respectivement saisis.
Malgré une convergence, du moins dans une certaine mesure, des standards de protection de l'investisseur, la souveraineté de l'État entraîne des incidences juridiques majeures sur les contrats d'investissement[11] qui se manifestent principalement par des mesures d'expropriation reconnues par le droit international (B).

---

[8] FOURET J., « Compétence matérielle : bien, propriété et investissement », *in* BEN HAMIDA W., COULEE F., *Convergences et contradictions du droit des investissements et des droits de l'homme : une approche contentieuse*, Paris, Pedone, 2017, pages 65 à 82, spécialement page 74.
[9] FOURET J., « Compétence matérielle : bien, propriété et investissement », *in* BEN HAMIDA W., COULEE F., *Convergences et contradictions du droit des investissements et des droits de l'homme : une approche contentieuse*, Paris, Pedone, 2017, pages 65 à 82.
[10] *Yukos Universal Limited (Isle of Man) c. Fédération de Russie*, UNCITRAL, CPA, affaire n° AA 227, https://www.italaw.com/cases/1175 (Site consulté le 9 septembre 2018) ; voir également les affaires *Saluka c. République tchèque*, UNCITRAL, https://www.italaw.com/cases/961 (Site consulté le 9 septembre 2018), et *Amto c. Ukraine*, https://www.italaw.com/cases/documents/82 (Site consulté le 9 septembre 2018).
[11] On note que les incidences juridiques du principe de souveraineté ne remettent pas en cause l'hypothèse d'enclavement juridique des investissements pétroliers et miniers dans les pays en développement dans la mesure où autant les mesures d'expropriation que d'embargo émanent du droit international, et leur licéité dépend du droit international, et non du droit de l'État hôte. Toutefois, il est nécessaire de les développer pour démontrer que l'enclavement juridique des investissements pétroliers et miniers dans les pays en développement ne signifie pas « fin de l'État », dont le rôle sera développé dans les chapitres suivants.

B. La licéité des mesures d'expropriation en droit international

Si l'expropriation, entendue au sens large, est un pouvoir intrinsèque de l'État hôte de l'investissement de par sa souveraineté, elle n'en reste pas moins encadrée juridiquement par le droit international. Les traités d'investissement dans leur généralité ne posent pas particulièrement de difficultés quant à leur légitimité[12]. Cependant, les points de discorde se situent principalement sur les conditions de licéité internationale de l'expropriation[13].
Si l'on a tendance à mettre l'accent sur la nécessité de versement d'une indemnisation comme le prévoit les traités d'investissement et le rappelle également la Déclaration des droits de l'homme et du citoyen de 1789 en son article 17, quatre conditions cumulatives[14] doivent être remplies afin qu'une expropriation soit considérée comme conforme au droit international : elle doit poursuivre un objectif d'intérêt public, s'abstenir de toute discrimination, respecter une procédure légale, et enfin, et non des moindres, faire l'objet d'une compensation financière à l'égard de l'investisseur lésé.

La première condition généralement imposée par les traités d'investissement pour qu'une mesure d'expropriation affectant un investisseur protégé soit licite réside dans la poursuite d'un objectif d'intérêt public. Si toute action de l'État est en général réputée comme prise dans l'intérêt général, du moins

---

[12] Voir *Vigotop Limited c. Hongrie*, CIRDI, sentence du 1er ocotbre 2014, affaire n° ARB/11/22, § 275 : « *The criteria for the legality of expropriation set out in Article 4(1) of the Treaty are largely consistent with customary international law* », https://www.italaw.com/sites/default/files/case-documents/italaw4047.pdf
(Site consulté le 1er mai 2018).

[13] Il faut toutefois note une différence quant aux conditions de licéité entre l'expropriation directe et indirecte. Cependant, à partir du moment où l'expropriation, directe comme indirecte, est identifiée, l'État sera dans l'obligation de verser une compensation correspondant à la valeur des droits expropriés. Si une compensation n'est pas versée, l'expropriation est illicite.
Sur les critères spéficiques d'identification d'une expropriation indirecte, ainsi que les difficultés qui y sont inhérentes, voir DE NANTEUIL A., *Droit international de l'investissement*, Paris, Pedone, 2017, pages 370 et suivantes.

[14] Voir, DE NANTEUIL A., *Droit international de l'investissement*, Paris, Pedone, 2017, pages 362 à 370.
Voir également, AUDIT M., BOLLEE S., CALLE P., *Droit du commerce international et des investissements étrangers*, LGDJ, 2014, pages 243 et 244. On note, toutefois, que trois conditions sont principalement posées par les professeurs Mathias Audit, Sylvain Bollée et Pierre Callé : « la conformité à l'utilité publique », la « non-discrimination », et l' « indemnisation », comme elles sont unifiées dans les traités d'investissement. L'exigence de respect d'une procédure légale n'est pas unifiée dans sa formulation.

en théorie, il ne suffit pas que l'État affirme que la mesure soit bien conforme à l'intérêt public pour être licite eu égard du droit international, ce que la jurisprudence a rappelé dans la sentence *ADC contre Hongrie*[15].

Cependant, la jurisprudence fait preuve de prudence, notamment quant au fait d'émettre une appréciation sur les choix politiques opérés par les États[16]. Certains arbitres vont jusqu'à considérer qu'une telle appréciation devrait relever du pouvoir discrétionnaire de chaque État[17]. Aussi, pour que le manquement à l'objectif d'intérêt public soit sanctionné[18], il faut impérativement qu'il soit flagrant, et donc que l'État puisse justifier au

---

[15] *ADC & ADMC Management Ld. c. Hongrie*, CIRDI, affaire n° ARB/03/16, 2 octobre 2006, §429 à 433, spécialement §432.

[16] Toutefois, il arrive que les arbitres vérifient la réalité de l'objectif d'intérêt public, notamment lorsque l'État détourne ou abuse de son droit d'exproprier, par exemple à des fins de vengeance contre un autre État, les ressortissants de ce dernier « payant le prix » de cette vengeance. La solution a été admise à plusieurs occasions lors des nationalisations opérées par la Libye après l'arrivée au pouvoir du colonel Kadhafi ; à ce sujet, voir *BP Exploration company ltd c. Libye*, Sentence du 1er août 1974, *International Legal Materials*, vol. 53, page 297, et spécialement page 329 ; pour une illustration d'un cas où l'État agit au nom d'un intérêt général purement fictif, voir *Teco Guatemala Holdings LLC c. Gouvernement de la République du Guatemala*, CIRDI, affaire n° ARB/10/17, sentence sur la compétence et sur le fond, 19 décembre 2013, § 490 et 491.

[17] « C'est de toute évidence au regard du droit national (de l'État en cause) » que la condition d'objectif d'intérêt public doit s'apprécier et qu' « en l'absence d'erreur de droit ou de fait, d'érreur manifeste d'appréciation ou de détournement de pouvoir, il n'appartient pas au Tribunal de substituer son propre jugement à l'appréciation faite discrétionnairement par le Gouvernement (de l'État en cause) des « impératifs d'utilité publique…ou d'intérêt national », *Antoine Goetz et consorts c. Burundi*, CIRDI, affaire n° ARB/95/3, § 126, *ICSID Review*, 2000, 457.

[18] À titre d'illustration, le défaut d'objectif d'intérêt public a été reconnu par la jurisprudence dans le cas d'une expropriation uniquement destinée à sanctionner des manquements contractuels, l'usage public projeté des terrains expropriés n'ayant pas été identifié, voir *Waguih Elie George Siag and Clorinda Vecchi c. Gouvernement de la République arabe d'Egypte*, CIRDI, affaire n° ARB/05/15, sentence du 1er juin 2009, § 431 et 432. La même solution a été retenue en cas de transfert de propriété de l'investissement exproprié à un opérateur privé, voir *Letco c. Gouvernement de la République du Libéria*, CIRDI, sentences des 31 mars et 14 mai 1986, *ICSID Reports*, vol. 2, page 343, spécialement page 366. Ce fut également le cas lorsque la manière dont la mesure d'expropriation aurait été appliquée à un opérateur particulier fut douteuse en raison d'un décalage entre les finalités de la mesure particulière et celles de la mesure générale, et ce, malgré l'incontestabilité de la mesure d'ordre général, voir en ce sens, *Siemens c. Gouvernement de la République argentine*, CIRDI, affaire n° ARB/02/8, sentence du 6 février 2007, § 273.

tribunal l'utilisation publique à laquelle est destiné l'investissement faisant l'objet d'une expropriation[19].

La deuxième condition posée pour la licéité d'une mesure d'expropriation réside dans le respect du principe de non-discrimination[20], principe fondamental en droit international des investissements, rappelé régulièrement par les dispositions conventionnelles relatives à l'expropriation. En matière d'expropriation, la discrimination est constituée lorsqu'elle affecte spécifiquement un investisseur étranger en raison de sa nationalité[21].

La troisième condition relative au respect d'une procédure légale ne fait pas l'objet de dispositions conventionnelles unifiées. Cependant, la plupart des traités d'investissement exige le respect de certaines procédures[22] afin que la mesure d'expropriation soit conforme au droit international[23].
Enfin, la dernière condition imposée régulièrement par les traités d'investissement, et certainement celle qui a fait couler le plus d'encre, est celle de l'obligation de verser une compensation financière en cas

---

[19] DE NANTEUIL A., *Droit international de l'investissement*, Paris, Pedone, 2017, page 363.
[20] Une précision doit être effectuée à ce niveau. Le principe de non-discrimination s'applique pour deux investisseurs se trouvant dans la même situation, et qu'un seul est effectivement exproprié. Ce n'est pas le cas lorsque la situation d'un investisseur rend nécessaire son expropriation au nom de l'intérêt public (par exemple, une usine localisée sur un site fragile destiné à être transformé en aire protégé). En ce sens, voir, DE NANTEUIL A., *Droit international de l'investissement*, Paris, Pedone, 2017, page 364.
[21] *Compañia de aguas del Aconquija S.A. et Vivendi universal S.A. c. République argentine*, CIRDI, affaire n° ARB/97/3, sentence du 20 août 2007, § 7.5.23.
Toutefois, comme une mesure d'expropriation constitue nécessairement une mesure ciblée, il est rare que le caractère discriminatoire soit opposé par l'investisseur pour engager la responsabilité de l'État, et donc sanctionné par le tribunal arbitral. Néanmoins, il peut arriver que le caractère discriminatoire soit invoqué comme un élément permettant d'établir l'illicéité internationale de l'expropriation[21], Voir *Eureko C.V. c. Gouvernement de la République de Pologne*, CIRDI, sentence partielle sur la responsabilité du 19 août 2005, *ICSID Review*, vol. 12, page 335, § 242.
[22] Elles correspondent aux exigences du *due process of law*, et impliquent que la procédure d'expropriation soit transparente, et offre les garanties procédurales que tout investisseur peut légitimement attendre d'un État de droit. Toutefois, cette condition reste marginale, car elle relève d'une obligation plus générale que spécifique, et peut ainsi être associée au traitement juste et équitable, d'où le fait qu'elle soit occultée par certains ouvrages de droit.
[23] DE NANTEUIL A., *Droit international de l'investissement*, Paris, Pedone, 2017, pages 365 et 366.

d'expropriation, sans laquelle la mesure serait illicite eu égard du droit international, et donnerait lieu à une indemnisation[24]. L'obligation d'indemnisation est inhérente à la licéité d'une exploitation, et rappelée par l'article 17 de la Déclaration des droits de l'homme et du citoyen.

Si l'expropriation, dans sa conception large, reste et restera un droit de l'État hôte qu'il tire de sa souveraineté, principe fondamental du droit international public, et inséré dans la Déclaration des droits de l'homme et du citoyen de 1789 en son article 3, il doit en user avec parcimonie compte tenu de l'intensité capitalistique et technologique inhérente aux industries extractives. Les États qui adoptent une politique d'attractivité des investissements sur leur territoire en ont bien conscience. Cependant, cette concurrence des systèmes juridiques des États, cette revue à la baisse des standards de protection (en droit du travail[25], par exemple) peut avoir un revers, notamment par des violations des droits de l'homme commises par l'investisseur (II).

---

[24] Il y a bien une distinction, qui n'est pas sans conséquence, entre compensation et indemnisation. En effet, une compensation est la contrepartie de l'expropriation, de l'atteinte au droit patrimonial de l'État investisseur, que l'État détermine suivant ses standards. L'indemnisation, quant à elle, consiste dans la réparation du droit de l'investisseur lorsque l'expropriation est illicite et que l'État engage sa responsabilité. La distinction est importante dans la mesure où le montant de l'indemnisation est supérieur au montant de la compensation, l'indemnisation étant une réparation à un acte illicite, et la compensation étant un acte accompagnant la mesure d'expropriation prise par l'État. Voir, dans la jurisprudence, *Amoco international finance corporation c. Gouvernement de la République islamique d'Iran*, TDIA, 14 juillet 1987, *Iran-US C.T.R.*, vol. 15, page 189, § 191 et suivantes. Pour une jurisprudence rendue sur le fondement d'un TBI, *Bernardus Funekotter et al. c. Gouvernement de la République du Zimbabwe*, CIRDI, affaire n° ARB/05/6, sentence du 22 avril 2009, *International Legal Materials*, vol. 48, n° 4, page 764, § 110 et 111.
Il faut noter que la CPJI n'a également pas admis une assimilation entre la compensation et l'indemnisation qu'elle considérait comme « inique (...) car elle équivaudrait à identifier la liquidation licite et la dépossession illicite en ce qui concerne leurs effets financiers », *Affaire relative à l'usine de Chorzow, Allemagne c. Pologne*, CPJI, arrêt sur le fond du 13 septembre 1928, arrêt n° 13, Recueil, Série A, n° 17, page 47.

[25] AL FARUQUE A., « Mapping the Relationship Between Investment Protection and Human Rights », *The Journal of World Investment and Trade*, 2010, n° 4, page 552 ; WEILER T., « Balancing Human Rights and Investor Protection : a New Approach for a Different Legal Order », *Boston College International & Comparative Law Review*, vol. 27, 2004, page 433.

II. Les violations des droits de l'Homme commises par l'investisseur : les « actions nuisibles à la société » de l'article 5 de la Déclaration des droits de l'homme et du citoyen de 1789

À l'origine, le droit international des investissements constitue un droit de la protection des droits de l'investisseur. Or, les évènements liés aux entreprises ou sociétés transnationales se multiplient : corruption, pollution de l'environnement, violation grave des droits de l'homme qui inclut l'exploitation des enfants et des communautés autochtones.

Aussi, l'Assemblée générale de l'ONU s'est mobilisée et a approuvé par consensus la « Déclaration millénaire » des États le 13 septembre 2000 suivi en 2015 des « objectifs de développement durable ». S'il ne s'agit que d'un droit déclaratoire, ce document marque un souffle nouveau pour les droits de l'homme. En effet, des « valeurs fondamentales » ont été identifiées, des valeurs qui doivent sous-tendre les relations internationales au XXIe siècle : liberté, égalité, solidarité, tolérance, droits de l'homme, des valeurs que l'on retrouve, pour l'essentiel, dans la Déclaration des droits de l'homme et du citoyen de 1789. Plusieurs initiatives peuvent retenir l'attention en la matière : le Pacte mondial avec les sociétés transnationales, les normes de la Sous-Commission des droits de l'homme de l'ONU de 2003 et les travaux du Représentant spécial sur la question des droits humains et des sociétés transnationales. Et, le 16 juin 2011, le Conseil des droits de l'ONU a adopté les Principes directeurs relatifs aux entreprises et aux droits de l'homme, et le rapport final du représentant spécial de l'ONU chargé de la question des droits de l'homme et des sociétés transnationales et autres entreprises. Ces initiatives relèvent principalement de la *soft law,* une sorte de boussole pour les entreprises transnationales souhaitant mettre en place des procédures internes de vigilance et conformité. Alors qu'en est-il du droit positif aujourd'hui ?

Si l'état des lieux que l'on peut en lire dans l'actualité semble pessimiste, et notamment dans le secteur extractif, l'évolution du droit international des investissements montre une prise en compte progressive des considérations relatives aux droits de l'Homme par les législations nationales qui emporte responsabilité civile de l'investisseur pour violation des droits de l'homme (A), mais également par la jurisprudence arbitrale (B).

A. La responsabilité de l'investisseur étranger pour violation des droits de l'homme

D'une part, une esquisse de responsabilité de l'investisseur étranger pour des faits transnationaux illicites se dessine progressivement par l'extraterritorialité de nombreuses législations nationales[26]. Deux principales législatives peuvent retenir l'attention en la matière : l'*Alien Tort Statute* américain, et la loi sur le devoir de vigilance française.
Aujourd'hui, l'*Alien Tort Statute* constitue le fondement invoqué le plus souvent dans les actions en responsabilité civile introduites aux États-Unis à l'encontre d'entreprises multinationales pour violation des droits de l'homme commises en dehors du territoire américain. Les juridictions fédérales ont ainsi compétence pour connaître de toute action civile intentée par un demandeur de nationalité étrangère pour violation des droits de l'homme. L'affaire *Kiobel c. Royal Dutch Petroleum*[27] en 2010 a consacré le principe de la responsabilité universelle, mais fixe également son champ d'application[28]. Ainsi, une société étrangère ayant une filiale ou un établissement aux États-Unis, ou une société étrangère filiale d'une société américaine, pourrait être attraites devant les juridictions américaines sur le fondement de l'*Alien Tort Statute*, à la condition que certains des actes en cause se soient produits aux États-Unis.

En France, la loi sur le devoir de vigilance crée, pour la première fois, en droit français une obligation générale de vigilance ou *due diligence*, afin de rendre les sociétés mères responsables des violations de droits de l'homme commises par leurs filiales ou leurs cocontractants. Cette loi vise

---

[26] On pense notamment, à l'*Alien Tort Claims Act*, fondement des actions en responsabilité civile introduites sur le territoire américain à l'encontre de multinationales pour violation des droits de l'Homme commises en dehors du territoire américain ; et à la loi n° 2017-399 du 27 mars 2017 relative au devoir de vigilance des sociétés mères et des entreprises donneuses d'ordre.
[27] Kiobel vs Royal Dutch Petroleum Co., 621 F. 3d 111, 120 (2d Cir. 2010), *Revue critique de droit international privé*, 2010, page 761, note MUIR-WATT ; MUIR-WATT H., « Les enjeux de l'affaire Kiobel : le chaînon manquant dans la mise en œuvre de la responsabilité des entreprises multinationales en droit international public et privé », *Travaux du comité français de droit international privé* 2010-2012, page 233 ; KU J.G., « The Curious Case of Corporate Liability under the Alien Tort Statute : A Flawed System of Judicial Lawmaking », *Virginia Journal of International Law*, 2010, vol. 51, page 353 ; ACCONCI P., *La rivelanza per le imprese multinazionale degli obblighi convenzionali in materia di diritti della persona umana*, Franco Angeli, 2011, page 299 ; BRANSON D.M., « Holding Multinational Corporations Accountable ? Achilles'Heels *in* Alien Tort Claims Act Litigation », *Santa Clara Journal of International Law*, vol. 9, 2011, page 227.
[28] LHUILIER G., *Le droit transnational*, Paris, Dalloz, 2016, page 227.

ainsi à contourner la fiction juridique de l'indépendance des filiales vis-à-vis de la société-mère et limiter le phénomène de *law shopping* pour échapper à la responsabilité pénale et civile des sociétés transnationales. La loi constitue essentiellement un dispositif de vigilance préventive.

L'obligation de vigilance relève davantage de l'obligation de moyen que d'une obligation de résultat. Par ailleurs, le champ d'application de la loi sur l'obligation de vigilance reste relativement restreinte[29]. Aussi, en cas de survenance de violations des droits de l'homme par un investisseur étranger dans l'État d'accueil, la question se pose de savoir dans quelle mesure les tribunaux arbitraux tiennent compte de ces considérations.

B. La prise en compte par l'arbitrage international des considérations relatives aux droits de l'homme

D'autre part, il arrive que l'État ait recours aux normes relatives à la protection des droits de l'homme pour justifier son intervention/interférence dans l'opération d'investissement, et confronte ainsi droit des investissements et droits de l'homme. Bien que tous les droits ne puissent être considérés comme des droits de l'homme, Julien Cazala a tenté d'en dresser une liste, des droits qu'il qualifie de « deuxième ou de troisième génération »[30] : droit à la vie, droit à l'eau, droit à un environnement sain, ou encore droit à la santé, dont on peut considérer que la méconnaissance puisse être « nuisible à la société », dans l'esprit de la Déclaration des droits de l'homme et du citoyen.

---

[29] Voir l'article 1 I alinéa 1 de la loi n° 2017-399 du 27 mars 2017 relative au devoir de vigilance des sociétés mères et des entreprises donneuses d'ordre : « I.- Toute société qui emploie, à la clôture de deux exercices consécutifs, au moins cinq mille salariés en son sein et dans ses filiales directes ou indirectes dont le siège social est fixé sur le territoire français, ou au moins dix mille salariés en son sein et dans ses filiales directes ou indirectes dont le siège social est fixé sur le territoire français ou à l'étranger, établit et met en œuvre de manière effective un plan de vigilance ».

[30] Voir, CAZALA J., « Le respect des droits de l'homme comme justification de la violation d'un traité d'investissement », BEN HAMIDA W., COULEE F., *Convergences et contradictions du droit des investissements et des droits de l'homme : une approche contentieuse*, Paris, Pedone, 2017, pages 319 à 340, spécialement page 320.

Cependant, l'incertitude sur le contenu de ces droits ne favorise pas leur prise en compte par les tribunaux d'investissements[31]. En outre, très souvent, les tribunaux sont réticents à l'idée d'importer des concepts issus du droit international des droits de l'homme vers le droit international des investissements[32].

Toutefois, l'évolution montre qu'il n'est plus aujourd'hui inconcevable d'investir dans un État étranger en violant les droits de l'homme. À cet égard, dans une étude de 2009, la Conférence des Nations Unies pour le commerce et le développement (CNUCED) a estimé qu'un tribunal arbitral ne pourrait exercer sa compétence au bénéfice d'un investisseur qui aurait violé une norme de droit international impératif[33].

Plusieurs tribunaux arbitraux ont suivi cette tendance, même s'ils l'ont fait dans le cadre d'un *obiter dictum*. On peut citer notamment les affaires *Phoenix c. République Tchèque*, *Methanex c. Etats-Unis*, ou encore *EDF international c. Argentine*. Même si les conclusions des arbitres ne sont pas satisfaisantes du point de la protection des droits de l'homme – le tribunal concluant qu'il n'était pas prouvé que les mesures prises par l'Argentine étaient nécessaires à la préservation d'un droit de l'homme –, la référence aux normes de *jus cogens*, incluant les principes de base des droits de l'homme, constitue une avancée en droit international de l'investissement.

---

[31] PELLET A., « Notes sur la « fragmentation » du droit international : Droit des investissements et droits de l'homme », ALLAND D., CHETAIL V., DE FROUVILLE O., VINUALES J. E., (dir.), *Unité et diversité du droit international – Écrits en l'honneur du Professeur Pierre-Marie Dupuy*, Martinus Nijhoff Publishers, 2014, page 771 ; LO C.-F., « Normative and Operational Linkages between Human Rights Law and BITs – Building a Firmer Status of Human Rights *in* Investor-State Arbitration », *Contemporary Asia Arbitration Journal*, vol. 8, 2015, n° 1, page 14 ; DUPUY P.-M., « Unification Rather than Fragmentation of International Law ? The Case of International Investment Law and Human Rights Law », DUPUY P.-M., FRANCIONI F., PETERSMANN E. U. (eds.), *Human Rights in International Investment Law and Arbitration, Oxford – New-York*, Oxford University Press, 2009, page 52 ; KRIEBAUM U., « Privatizing Human Rights. The Interface Between International Investment Protection and Human Rights », REINISCH A., KRIEBAUM U. (eds.), *The Law of International Relations – Liber Amicorum Hans Peter Neuhold*, Eleven International Publishing, 2007, page 173.

[32] « *The Tribunal is of the opinion that due caution should be exercised in importing concepts from other legal regimes (in this case European human rights law) without a solid basis for doing so », Bernard von Pezold and others v. The Republic of Zimbabwe*, Sentence du 28 juillet 2015, CIRDI/ARB/10/15, § 465.

[33] UNCTAD, « Selected Recent Developments in IIA Arbitration and Human Rights », *IIA Monitor*, n° 2, 2009, page 15.

La sentence *Urbazer* rendue le 8 décembre 2016 constitue un autre tournant dans la prise en compte par l'arbitrage international des considérations relatives aux droits de l'homme[34]. En effet, l'Argentine a fait valoir que l'investisseur a violé le droit de l'homme à l'accès à l'eau, ce qui justifierait les mesures contraires au TBI qui soient prises à son encontre. Selon le tribunal, le TBI ne saurait être lu comme un ensemble de règles isolé du droit international et ayant la protection de l'investisseur pour seule finalité[35].

Ainsi, après avoir cité les principaux instruments du droit international consacrant le droit à l'eau, contraignants et non-contraignants, le droit à l'eau constitue un droit de l'homme reconnu et que l'obligation de respecter les droits de l'homme est à la charge de l'État, mais également de l'investisseur, sans toutefois, une obligation de performance pour ce dernier. Malgré le fait que la demande reconventionnelle étatique ait été finalement rejetée, cette affaire montre une réelle volonté d'articuler les droits de l'homme et le droit des investissements.

Conclusion

L'expérience montre une évolution positive, certes encore insatisfaisante au regard de la pratique, de l'articulation entre droits de l'homme et droits des investissements. En fin de compte, malgré les efforts internationaux de rendre contraignant les nouvelles normes internationales en matière de protection des droits de l'Homme, la souveraineté de l'État reste le principe fondamental du droit international. *Et heureusement.* L'article 3 de la Déclaration des droits de l'homme et du citoyen le rappelle : « Le principe de toute Souveraineté réside essentiellement dans la Nation. Nul corps, ni individu ne peut exercer d'autorité qui n'en émane expressément ».

Enfin, il faut garder à l'esprit que, malgré toutes les critiques qui peuvent peser sur l'investisseur, notamment dans les pays en développement, l'État hôte de l'investissement, souverain, reste le premier acteur qui doit assurer la protection des droits de l'homme. Les tribunaux arbitraux CIRDI ne sont pas

---

34 Voir également l'affaire *Philip Morris c. Australie*, CPA, Sentence du 17 décembre 2015. La demande d'indemnisation de *Philip Morris* remettait en cause le droit pour un État souverain, l'Australie en l'espèce, de légiférer dans l'intérêt général de sa population (en matière de santé ou d'environnement). La Cour a rejeté la demande d'indemnisation, sans toutefois trancher la question de principe. Elle s'est déclarée incompétente sans examiner le lien de cause à effet entre l'atteinte à l'investissement et l'intervention législative de l'État souverain.

35 *Urbaser S.A. and Consorcio de Aguas Bilbao Bizkaia Ur Partzuergoa c. Argentine*, Sentence du 8 décembre 2016, CIRDI/ARB/07/26.

des tribunaux des droits de l'homme[36]. Ils ont pour mission de faire respecter le traité sur la base duquel ils tirent leur compétence. Aussi, le moyen le plus efficace pour assurer une prise en compte par les arbitres des considérations relatives aux droits de l'homme serait d'inscrire les instruments relatifs à la protection des droits de l'homme dans les traités bilatéraux de promotion et protection des investissements.

[36] HORCHANI F., « Les droits de l'homme et le droit des investissements internationaux », dans BOY L., RACINE J.-B., SIIRIAINEN F. (dir.), *Droit économique et droits de l'homme*, Bruxelles, Larcier, 2009, pages 139 et suivantes.

La Déclaration des droits de l'homme et du citoyen de 1789 sous la Vème République : Incantation ou réalité juridique ?

Jimmy MEERSMAN

1. « Ni la Constitution française, ni même la Déclaration des droits de l'homme ne seront présentées à aucune classe de citoyens comme des tables descendues du ciel, qu'il faut adorer et croire » écrivait Condorcet[1]. C'est peu dire que l'effectivité juridique de la garantie des droits et principes inscrits dans la Déclaration de 1789 est à nuancer ; de même que l'interprétation qui sera faite du texte sera déterminante, par-delà même les finesses et maladresses de la rédaction.

2. Selon le Professeur Jacques Mourgeon, « les droits de l'homme n'ont pas d'histoire en ce sens qu'ils ne s'inscrivent pas dans une histoire qui, commune à l'humanité ou seulement propre à une partie du genre humain, s'ordonnerait en un déroulement linéaire intelligible »[2]. Il faut comprendre par-là que la revendication de ces droits et leur effectivité en droit positif connaît une consécration lente, ancienne et irrégulière. Si la Déclaration des droits de l'homme et du citoyen du 26 août 1789 n'était pendant longtemps guère plus qu'un acte de contemplation idéologique et philosophique, elle sera promise à un tout autre avenir ponctué de nuances.

3. La question de l'effectivité juridique de la Déclaration de 1789 est essentielle. Elle est d'autant plus importante que le caractère déclaratif du texte est particulièrement propice aux interrogations. Il n'est sans doute possible de comprendre la Déclaration – et la valeur dont il était convenu de lui accorder lors de son élaboration – qu'après avoir pris conscience du sens et de la fonction que ses auteurs ont entendu lui assigner. En la matière, un simple commentaire de l'appellation retenue par les révolutionnaires est évocateur. L'intérêt même d'une « Déclaration » est précisément de mettre au jour ce qui, peut-être jusque-là, n'existait que dans l'ombre ou l'incertitude. À cet égard, d'un point de vue sémantique, le texte de 1789 se revendique comme un acte juridique recognitif[3] et non pas un acte créateur

---

[1] Cité par E. BADINTER, R. BADINTER, *Condorcet, un intellectuel en politique*, Paris, Fayard, 1988, p. 399.

[2] J. MOURGEON, *Les droits de l'homme,* Paris, PUF, 2003, p. 19.

[3] Pour un aperçu du débat sur le caractère déclaratif ou constitutif de la Déclaration de 1789, voir la retranscription écrite des discussions tenues lors du colloque

de droits[4]. Les droits qui sont énoncés en son sein existent, ils sont inhérents à la nature de l'homme. L'homme a des droits naturels[5] que les rédacteurs se contentent uniquement de formaliser, d'expliciter. Nul besoin de les créer donc puisqu'ils existent déjà.

4. Un droit n'existe pas en droit positif s'il n'est pas effectif[6]. C'est la garantie d'un droit et la possibilité d'ester en justice pour le défendre lorsqu'il est froissé ou violé qui permet l'existence effective de ce dernier. L'effectivité d'une règle de droit peut se définir comme le « caractère d'une règle de droit qui produit l'effet voulu, qui est appliquée réellement »[7]. C'est elle qui va être le témoin de la dimension purement incantatoire ou – au contraire – de la réalité juridique de celle-ci. Sans effectivité, point d'action recevable devant le juge. C'est en principe à l'État de droit, qui se caractérise notamment par le respect du principe de la séparation des pouvoirs, que revient l'autorité naturelle pour assurer la garantie des droits de tout un chacun et – en ce qui nous concerne ici – l'effectivité des dispositions de la Déclaration révolutionnaire.

La problématique à laquelle cette contribution propose de répondre est la suivante : la Déclaration du 26 août 1789 semble avoir été placée sous les meilleurs auspices au fil de la Vème République. Or, à bien des égards, la

---

organisé par le Conseil constitutionnel les 25 et 26 mai 1989 *in La Déclaration des droits de l'homme et du citoyen et la jurisprudence*, Paris, PUF, 1989, pp. 25-33.

[4] Par un raisonnement tautologique, l'acte créateur de droits peut être défini comme un acte constitutif de droits par opposition à un acte non-créateur de droits. En réalité, lorsque l'on s'émancipe du droit administratif, la définition n'est pas aisée. En ce sens, conclusions de D. LABETOULLE, CE, Sect., 4 mai 1984, Époux Poissonnier, *AJDA*, 1984, p. 512 : « on ne peut (...) s'appuyer sur une définition générale de la notion d'acte créateur de droits car les définitions auxquelles on peut songer, si elles permettent tant bien que mal de rendre compte a posteriori de la jurisprudence, ne correspondent pas à un critère opérationnel ».

[5] Le débat sur les droits naturels au sein de la Déclaration du 26 août 1789 n'étant pas l'objet de cette contribution, celui-ci sera volontairement mis de côté. Pour aller plus loin, B. KRIEGEL, *Les droits de l'homme et le droit naturel*, Paris, PUF, 1989, pp. 29-88. Pour une définition des droits naturels, voir G. CORNU (dir.), *Vocabulaire juridique*, éd. 11, Paris, Quadrige/PUF, 2016, p. 679 : « Dans la théorie classique, droits innés et inaliénables que chaque individu possède par naissance et nature sans avoir besoin de les tenir d'un acte ni pouvoir les aliéner et dont les gouvernants sont tenus d'assurer le respect ».

[6] V. CHAMPEIL-DESPLATS, « Effectivité et droits de l'homme : approche théorique » *in* D. LOCHAK, V. CHAMPEIL-DESPLATS (dir.), *À la recherche de l'effectivité des droits de l'homme*, Paris, Presses universitaires de Paris Ouest, 2008, p. 24.

[7] G. CORNU (dir.), *op. cit.*, p. 388.

reconnaissance juridique de la Déclaration n'implique pas nécessairement son effectivité pleine et entière. Dès lors, la volonté des constituants ainsi que l'interprétation du texte par le Conseil constitutionnel interrogent.

Si la reconnaissance juridique progressive de la Déclaration (**I**) sera parachevée sous la Vème République par sa constitutionnalisation ; l'effectivité juridique de la Déclaration est à nuancer (**II**) au regard du travail d'interprétation et d'arbitrage du juge constitutionnel.

I. La reconnaissance juridique progressive de la Déclaration

Initialement perçue comme abstraite, déclarative et pour certains surannée, la Déclaration fera l'objet d'une reconnaissance en droit positif qui tardera à se parachever. Si la démystification controversée de la Déclaration (A) posera les bases de la reconnaissance juridique du texte de 1789 ; il faudra attendre l'onction jurisprudentielle du Conseil constitutionnel (B) pour que la Déclaration soit véritablement élevée au rang de norme constitutionnelle et appropriée par celui-ci.

A. La démystification controversée de la Déclaration

1) La référence expresse des constituants à la Déclaration

5. Le préambule de la Constitution du 4 octobre 1958 dispose que « le peuple français proclame solennellement son attachement aux droits de l'homme et aux principes de la souveraineté nationale tels qu'ils sont définis par la Déclaration de 1789, confirmée et complétée par le préambule de la Constitution de 1946 ». En ce sens, le constituant de la Vème République s'inscrit dans une forme de continuité avec la IVème République. Toutefois, si la question de la valeur juridique du texte n'avait toutefois guère été évoquée par la Seconde assemblée constituante en 1946, les rédacteurs de la Vème République semblent avoir exprimé une position relativement claire sur le caractère normatif qu'aurait – ou plutôt que n'aurait pas – la Déclaration de 1789.

6. L'intention des constituants sur la valeur juridique du préambule, et par conséquent de la Déclaration comprise en son sein, est assez univoque. Ceci ressort notamment des travaux du Comité consultatif constitutionnel au cours desquels l'homme politique Raymond Janot, en la qualité de commissaire du gouvernement, déclara qu' « on aurait pu considérer que le titre 1er se trouve dans le préambule mais, précisément, puisque le préambule n'a pas valeur constitutionnelle, il a été repris intégralement (...). D'après la jurisprudence, le préambule de 1946 et la Déclaration de 1789 ont valeur législative, dans la mesure où ils contiennent les principes généraux des droits reconnus comme tels par la jurisprudence. Mais ni la Déclaration ni le préambule n'ont, dans la jurisprudence actuelle, valeur constitutionnelle. Leur donner valeur constitutionnelle aujourd'hui, au moment où on créait un Conseil constitutionnel, c'est aller au-devant de difficultés considérables, et c'est s'orienter dans une très large mesure vers ce Gouvernement des juges, que beaucoup d'entre vous croyaient redoutable »[8]. Il ne s'agit donc que d'une simple Déclaration d'intention, source d'inspiration pour le juge.

Pour autant, comme sous les IIIème et IVème Républiques, la sempiternelle question de la valeur normative reconnue à la Déclaration n'a pas fini d'alimenter les passions doctrinales et jurisprudentielles. Bien que le système semble demeurer inchangé, avec une Déclaration formellement reconnue sous la Vème République mais non-effectivement constitutionnalisée, le débat doctrinal se poursuit. De même, le Conseil d'État continue dans la voie qu'est la sienne en faisant expressément référence aux dispositions de la Déclaration[9].

2) La résurgence moderne des débats sur la juridicisation de la Déclaration

7. Les débats sur la valeur juridique de la Déclaration de 1789 sont bien plus anciens que la Vème République. Cette résurgence tient, entre autres, à des considérations relatives tant à la formulation même de la Déclaration qu'aux précédents doctrinaux et jurisprudentiels sur cette question. D'un point de vue sémantique, la Déclaration de 1789 se caractérise sans aucun doute par un esprit d'abstraction[10] poussé à son paroxysme. Le vocabulaire employé est particulièrement significatif avec des expressions telles que « l'homme », « la volonté générale », « la société », « l'Être suprême », autant de concepts qui ne se réfèrent à aucune notion strictement et clairement définie. La critique à l'égard de la formulation évasive de la Déclaration est incisive. L'historien Hippolyte Taine ironisera sur ce texte dont « la plupart des articles ne sont que des dogmes abstraits, des définitions métaphysiques, des axiomes plus ou moins littéraires, c'est-à-dire plus ou moins faux, tantôt contradictoires, susceptibles de plusieurs sens et susceptibles de sens opposés, bons pour une harangue d'apparat et non pour un usage effectif,

---

[8] COMITÉ NATIONAL CHARGÉ DE LA PUBLICATION DES TRAVAUX PRÉPARATOIRE DES INSTITUTIONS DE LA Ve RÉPUBLIQUE, *Documents pour servir à l'histoire de l'élaboration de la Constitution du 4 octobre 1958*, vol. II, Paris, La documentation Française, 1988, pp. 254-257.

[9] CE, Sect., 12 février 1960, req. n° 46922, *Société Eky*.

[10] E. BURKE, *Réflexions sur la Révolution de France*, Paris, Hachette littératures, 2006, p. 76.

simple décor, sorte d'enseigne pompeuse, inutile et pesante, qui, guindée sur la devanture de la maison constitutionnelle et secouée tous les jours par des mains violentes, ne peut manquer de tomber bientôt sur la tête des passants »[11].

8. En ce qui concerne l'ancienneté des débats sur la Déclaration révolutionnaire, ceux-ci remontent dès son origine avec une intensité plus ou moins importante. Certes, avant la IIIème République, la question de la valeur juridique de la Déclaration de 1789 et, *a fortiori* de son effectivité juridique, ne se posait guère[12]. C'est sans doute grâce à l'absence de toute référence aux principes de 1789 et à quelque préambule que ce fût dans les lois constitutionnelles de 1875 que la Déclaration a retrouvé ses lettres d'or dans le paysage doctrinal de la IIIème République. Le débat s'est alors engagé en doctrine[13] et dans une moindre mesure dans les prétoires sur la valeur

---

[11] H. TAINE, *Les origines de la France contemporaine : La révolution*, Paris, Robert Laffont et le Club Français du Libre, 1972, p. 254.

[12] La Déclaration avait été placée en tête de la Constitution de 1791 ce qui, dans l'esprit de ses auteurs, constituait une sérieuse garantie des droits et principes issus du texte voté deux ans plus tôt. Dès 1973, la Déclaration va perdre toute valeur juridique et se verra substituer par la Déclaration montagnarde. Tantôt d'autres textes du même type lui succèderont (Constitutions de l'An I, III, VIII, 1814, 1815, 1830 et 1848), tantôt le silence en matière de droits de l'homme lui sera préféré (An X, XII, 1875). Les références explicites à la Déclaration, outre la Constitution révolutionnaire de 1791, se limiteront aux Constitutions de 1852, 1946 et 1958.

[13] Pour aller plus loin, A. ESMEIN, *Éléments de droit constitutionnel français et comparé,* t. I, éd. 8., Paris, Sirey, 1927, p. 592. L'auteur considère que la Déclaration de 1789 n'est pourvue d'aucune valeur juridique positive. En effet, selon lui, « les Déclarations des droits émanent de corps possédant une autorité légale et même souveraine, d'assemblées constituantes ; mais ce ne sont pas des articles de lois précis et exécutoires. Ce sont purement et simplement des déclarations de principes » ; R. CARRÉ DE MALBERG, *Contribution à la théorie générale de l'État*, Paris, Sirey, 1922, p. 580. Le constitutionnaliste considère que faute de consécration formelle, la Déclaration de 1789 ne peut avoir de valeur positive. En effet, « de deux choses l'une : ou bien la Déclaration de 1789 faisait partie intégrante de la Constitution de 1791, et en ce cas, elle a disparu avec cette Constitution. Ou, au contraire, elle était distincte de l'acte constitutionnel de 1791, et elle ne faisait qu'énoncer les idées essentielles et fondamentales qui devaient servir de base à la Constitution future. Mais alors, elle n'avait plus que la portée dogmatique d'une déclaration de vérités philosophiques ... ; ou plutôt elle se ramenait à l'énoncé de concepts de droit naturel ... qui ne sauraient être considérés comme des prescriptions juridiques ayant l'efficacité de règles de droit positif » ; M. HAURIOU, *Précis de droit constitutionnel*, éd. 2, Paris, Sirey, 1929 (Réimpression par C.N.R.S., 1965), p. 576. L'auteur fait une distinction entre la constitution politique et la constitution sociale. Selon lui, la constitution politique subit de nombreux et périodiques changements, alors que la constitution sociale est

juridique de la sacro-sainte Déclaration[14]. La valeur juridique de la Déclaration de 1789, sous la IVème République, est déjà plus équivoque. Rompant avec le silence des lois constitutionnelles de 1875, la Constitution de 1946 s'ouvre avec un préambule qui ramène la Déclaration de 1789 en pleine lumière : « le peuple français (...) réaffirme solennellement les droits et libertés de l'homme et du citoyen consacrés par la Déclaration des droits de 1789 et les principes fondamentaux reconnus par les lois de la République ». Le terrain est de nouveau fertile à la controverse doctrinale. Le doyen Georges Vedel considèrera que la Déclaration de 1789 ne peut avoir de valeur juridique dès lors que, faute pour le Comité constitutionnel de pouvoir contrôler la constitutionnalité des lois au regard du préambule, ses dispositions sont explicitement exclues du timide contrôle de constitutionnalité prévu par les articles 91 à 93 de la Constitution[15]. D'un point de vue jurisprudentiel, la position du Conseil d'État va également évoluer de manière significative. Dans un avis au gouvernement du 23 avril 1947[1], la haute juridiction administrative déclarera que le préambule de 1946 n'avait « pas de valeur légale positive », ce qui, à la lettre, s'appliquait également à la Déclaration de 1789. Le Conseil d'État va opérer un revirement en reprenant les principes de la Déclaration sans pourtant faire référence au texte. Un nouveau pas sera franchi avec la mention expresse au préambule de 1946 dans les visas de l'arrêt *Amicale des Annamites de Paris*[16] de 1956 puis, comme il fallait s'y attendre, à la Déclaration de 1789 dans un arrêt *Condamine* de 1957[17]. Le Conseil d'État a ainsi voulu donner une valeur législative au préambule de 1946, si ce n'est constitutionnelle.

---

considérée comme subsistante. Puis, pour expliquer la survie juridique de la Déclaration de 1789, malgré le silence de la Constitution de 1875, il la place dans la constitution sociale. Car, à son avis, « la *Déclaration des droits* était justement le *texte constitutionnel de cette constitution sociale* ». Par conséquent, la Déclaration de 1789 étant partie intégrante de la constitution sociale, elle subsiste.

[14] Pour aller plus loin, F. GAZIER, M. GENTOT, B. GENEVOIS, « La marque des idées et des principes de 1789 dans la jurisprudence du Conseil d'État et du Conseil constitutionnel », *Études et documents – Conseil d'État,* n° 40, Rapport public, Paris, La documentation française, 1988, pp. 156-158.

[15] G. VEDEL, « La place de la Déclaration de 1789 dans le "bloc de constitutionnalité" » *in La Déclaration des droits de l'homme et du citoyen et la jurisprudence*, Paris, PUF, 1989, pp. 42-43.

[16] CE, Ass., 11 juillet 1956, req. n° 26638, *Amicale des Annamites de Paris.*

[17] CE, Ass., 7 juin 1957, *Condamine.*

B. L'onction jurisprudentielle du Conseil constitutionnel

1) La constitutionnalisation prétorienne de la Déclaration par le juge constitutionnel

9. C'est à un tournant jurisprudentiel du Conseil Constitutionnel que l'on doit la reconnaissance d'une valeur constitutionnelle à la Déclaration du 26 août 1789 et, plus généralement, l'ébauche d'un bloc de constitutionnalité. C'est bien la célèbre décision *Liberté d'association*[18] rendue en 1971 que l'on retiendra – non sans un certain manque de rigueur[19] – comme la fois où le Conseil administrera pour la première fois l'onction constitutionnelle au préambule de 1958 avec son renvoi aux principes fondamentaux reconnus par les lois de la République. Objectons toutefois que, s'agissant de la Déclaration de 1789, c'est par sa décision *Taxation d'office*[20] de 1973 que le Conseil constitutionnel visera pour la première fois explicitement le texte révolutionnaire en tant que tel. C'est ainsi que le bloc de constitutionnalité est né.

10. Le Conseil constitutionnel ne semble avoir tiré aucune conséquence de la lettre du préambule de la Constitution de 1958 en affirmant l'applicabilité de la Déclaration dans son intégralité. Or, une interprétation stricte du texte aurait dû aboutir à une solution bien différente. En effet, considérant le préambule de la Constitution de 1958, le peuple français « proclame solennellement son attachement aux Droits de l'homme et aux principes de la souveraineté nationale tels qu'ils ont été définis par la Déclaration de 1789 ». Soulignons que la formulation est moins vigoureuse que celle contenue dans le préambule de 1946 où le peuple français « réaffirme solennellement les droits et libertés de l'homme et du citoyen consacrés par la Déclaration de 1789 ». Dans le premier cas, c'est « l'attachement » aux droits et principes de la souveraineté nationale – avec une sémantique à consonance affective – qui fait l'objet d'une proclamation solennelle. Dans le second, ce sont les droits et les libertés en tant que tels qui sont solennellement réaffirmés. Aux termes d'une interprétation littérale stricte du préambule de la Constitution de 1958, seules les dispositions ayant un lien avec ces droits et principes auraient pu se revendiquer d'un rang constitutionnel. La doctrine a soutenu dans un premier temps que les dispositions de la Déclaration qui ne concernent ni les droits de l'homme, ni les principes de la souveraineté nationale, ne pourraient accéder au rang

---

[18] Cons. const., 16 juillet 1971, déc. n° 71-44 DC, *Liberté d'association.*

[19] Il serait plus exact de retenir la décision n° 70-39 DC, *Traité de Luxembourg* en date du 19 juin 1970, le Conseil constitutionnel y incluant pour la première fois le préambule de la Constitution du 4 oct. 1958 dans les visas.

[20] Cons. const., 27 déc. 1973, déc. n° 73-51 DC, *Taxation d'office.*

constitutionnel[21]. Une telle lecture aurait dépourvu de valeur constitutionnelle les articles 13, 14 et 15 de la Déclaration, respectivement relatifs à l'égalité devant l'impôt, au consentement à l'impôt et à la responsabilité des agents publics[22]. Cette objection n'a pas résisté, ni à l'analyse de la doctrine, ni à l'interprétation du Conseil constitutionnel. Selon les mots du doyen Georges Vedel, en ce qui concerne la Déclaration, « il est de fait qu'aucun de ses articles n'est atteint par une caducité (...) toutes les dispositions de la Déclaration des droits de 1789 ont valeur constitutionnelle positive »[23].

2) L'instrumentalisation prétorienne de la Déclaration par le Conseil constitutionnel

11. Avec la constitutionnalisation de la Déclaration de 1789 et plus largement l'édification du bloc de constitutionnalité, le Conseil Constitutionnel a ouvert la boite de pandore et il y a trouvé un formidable moyen d'étendre considérablement son champ de compétence. De simple organe régulateur de l'activité des pouvoirs publics, il est devenu gardien des droits et libertés fondamentaux[24]. Or, à l'aube de la Vème République, le Conseil constitutionnel était pour l'essentiel destiné à assurer une police des frontières entre les domaines de la loi et du règlement. Il est fort probable que les rédacteurs de la Constitution de la Vème République n'avaient pas entendu lui confier le rôle d'une véritable juridiction. Au contraire, tout laisse à penser que le constituant n'aurait pas instauré de contrôle de constitutionnalité des lois s'il avait prévu que les Sages de la rue Montpensier transformeraient le Conseil constitutionnel en une véritable « cour constitutionnelle »[25]. La garantie des droits est indiscutablement un

---

[21] En ce sens, L. PHILLIP, « La valeur juridique de la Déclaration du 26 août 1789 selon la jurisprudence du Conseil constitutionnel », *in Mélanges Kayser*, t. II, Aix-en-Provence, PUAM, 1979, p. 317 ; F. LUCHAIRE, « Le Conseil constitutionnel et la protection des droits et libertés du citoyen *in Le juge et le droit public, Mélanges offerts à Marcel Waline*, Paris, LGDJ, 1989, p. 563.

[22] M. VERPEAUX, « Contrôle de constitutionnalité des actes administratifs : normes de références », *Rép. cont. adm.*, 149, 2011.

[23] G. VEDEL, *op. cit.*, p. 48.

[24] P. AVRIL, J. GICQUEL, *Lexique du droit constitutionnel*, éd. 13, Paris, PUF, 2013, p. 46 : « Concept inhérent à l'*État de droit*, d'origine allemande, consacré par le *Conseil constitutionnel* (22 janvier 1990) et qui désigne les droits essentiels de l'individu garantis par la *Constitution* ou un *engagement international* (traité de Nice). Se décline en "droits et libertés" (art. 61-1 C.) ou *libertés publiques* (art. 72 C.), selon la terminologie française ».

[25] Sur ce point, R. BADINTER, « Une longue marche "Du Conseil à la Cour constitutionnelle"», *Cahiers du Conseil constitutionnel*, n° 25, août 2009 : « Il est vrai qu'à l'origine, le Conseil constitutionnel n'a pas été conçu par les auteurs de la

moyen de légitimer le Conseil constitutionnel avec une revendication de la raison éthique destinée à sanctuariser sa mutation.

12. Au regard de la volonté des constituants de 1958, l'intégration du préambule dans les normes de référence du contrôle de constitutionnalité n'allait pas de soi[26]. L'élargissement du corpus constitutionnel implique la multiplication des situations où le Conseil pourrait être saisi. C'est ainsi que du seul texte de la Constitution du 4 octobre 1958, le Conseil constitutionnel a élargi ses compétences au préambule « gigogne » de la Constitution de la Vème République lequel renvoie à la Déclaration de 1789, le préambule de la Constitution de 1946 et, depuis la loi constitutionnelle du 1er mars 2005, la Charte de l'environnement. À cela s'ajoute également les droits et principes prétoriens développés par le Conseil constitutionnel. Gageons que l'élargissement de la saisine *a priori* en 1974 accorde davantage de pouvoirs au Conseil en toute connaissance de cause, après les décisions de 1971 et 1973, et cela alors même qu'il s'est déjà octroyé de nouvelles prérogatives en incluant le préambule dans le bloc de constitutionnalité. La création plus tard du contrôle de constitutionnalité *a posteriori* alimentera également la critique de la perspective d'un gouvernement des juges[27].

Constitution comme une Cour constitutionnelle à l'exemple des autres juridictions constitutionnelles existant en Europe (...) en réalité, le Conseil n'avait été conçu que comme un organe permettant aux autorités supérieures de l'État et notamment de l'exécutif de veiller à ce que le Parlement n'étende pas ses prérogatives en méconnaissant les règles étroites du "parlementarisme rationalisé" dans lesquelles avaient voulu l'insérer les fondateurs de la Ve République (...) La raison – pour ne pas dire le bon sens – commande en effet qu'une institution qui ne donne pas de conseils mais rend les décisions juridictionnelles ne se dénomme pas Conseil mais Cour constitutionnelle. Toutes les juridictions qui exercent en Europe un contrôle juridictionnel de constitutionnalité sont qualifiées de cour ou tribunal. Lors de la révision constitutionnelle, je déposais un amendement en ce sens au Sénat qui fut voté à la quasi-unanimité. J'exultais. Ma satisfaction fut de courte durée. L'Assemblée, à la demande du Gouvernement, rétablit l'antique appellation. Pour quelles raisons ? À lire les débats au Journal officiel, il est impossible de les connaître car rapporteur, ministre et députés furent d'un total laconisme (...) Étrange séquelle de la défiance séculaire du corps politique français à l'égard du contrôle de la constitutionnalité des lois ! ».

[26] En ce sens, R. BADINTER *in La Déclaration des droits de l'homme et du citoyen et la jurisprudence*, Paris, PUF, 1989, p. 25.

[27] Pour aller plus loin sur la théorie du gouvernement des juges, E. LAMBERT, *Le gouvernement des juges*, rééd. préf. F. MODERNE, Paris, Dalloz, 2005. Pour une nuance de la critique du gouvernement des juges, voir P. AVRIL, J. GICQUEL, *op. cit.*, p. 56 : « Ce "sur-pouvoir" (R. de Lacharrière) a été incarné par la Cour suprême des États-Unis dans le premier tiers du XXe siècle. En France, le Conseil constitutionnel a affirmé ne pas posséder "un pouvoir d'appréciation et de décision

13. L'interprétation de la Déclaration de 1789 par les juges de la rue Montpensier, s'agissant d'un texte constitutionnel – et donc fondamental – interpelle. Si l'interprétation peut être définie comme « l'opération qui consiste à discerner le véritable sens d'un texte obscur »[28], la notion de « véritable sens » est elle-même obscure. Selon le professeur Michel Troper, « ce qui importe aujourd'hui, c'est que nous interprétions la Déclaration des droits de l'homme sans être liés par l'interprétation qu'en donnaient ses auteurs. Il est tout à fait possible qu'aux yeux des hommes de 1789 la Déclaration ait eu un caractère constitutif et que nous, nous l'interprétions comme une Déclaration. Il est tout à fait possible aussi qu'aux yeux de ses auteurs la Déclaration ait un caractère déclaratif et que, nous, nous l'interprétions comme un acte possible » [29]. L'état du droit et le contexte du XVIIIème siècle sont en effet assez éloignés de ceux du XXIème siècle. Or, l'interprétation qui doit être faite de la Déclaration dépend de facteurs conjoncturels tels que l'état de la société et du système de valeurs dans lequels nous vivons.

La Constitution, et les textes auxquels elle renvoie, n'est pas figée mais est au contraire vivante. C'est à l'interprète de donner au texte un contenu qui soit en harmonie avec les valeurs et les nécessités de notre temps. Il coexiste à côté de la Constitution écrite, une autre Constitution particulièrement muable et constituée de la somme des différentes pratiques constitutionnelles[30]. C'est d'ailleurs cette conception que portait le général de Gaulle lorsqu'il déclarait « Une Constitution, c'est un esprit, des

identique à celui du Parlement" (15 janvier 1975, "IVG"). Lorsqu'il constate qu'une disposition de la loi déroge à une norme de valeur constitutionnelle, il exerce un contrôle de compétence, à la manière d'un "aiguilleur" qui indique que la voie suivie n'était pas correcte : le législateur ordinaire a donc excédé sa compétence en empiétant sur celle du pouvoir constituant. Aussi bien celui-ci a-t-il toujours le dernier mot lorsqu'il décide, en une sorte de lit de justice (G. Vedel), de surmonter la censure du Conseil constitutionnel en révisant la Constitution. ».

[28] G. CORNU (dir.), *op. cit.*, p. 569.

[29] En ce sens, M. TROPER, *in La Déclaration des droits de l'homme et du citoyen et la jurisprudence*, Paris, PUF, 1989, p. 26 : « Ce qui importe aujourd'hui, c'est que nous interprétions la Déclaration des droits de l'homme sans être liés par l'interprétation qu'en donnaient ses auteurs. Il est tout à fait possible qu'aux yeux des hommes de 1789 la Déclaration ait eu un caractère constitutif et que nous, nous l'interprétions comme une Déclaration. Il est tout à fait possible aussi qu'aux yeux de ses auteurs la Déclaration ait un caractère déclaratif et que, nous, nous l'interprétions comme un acte possible ».

[30] Pour aller plus loin, M. POLIDORI, « La notion de Constitution vivante sous l'angle du constitutionnalisme italien contemporain », *Civitas Europa*, vol. 32, n° 1, 2014, pp. 213-223.

institutions, une pratique »[31]. La lecture des principes et droits constitutionnels n'est pas la même selon que l'on s'intéresse à l'esprit des rédacteurs, à la lettre même du texte ou à la pratique constitutionnelle notamment des juges de la rue Montpensier. Et, comme en tout domaine, entre la théorie et la pratique, il y a bien souvent un décalage qui ne relève pas de l'ordre de l'anecdote. Lorsque le Conseil constitutionnel vise une disposition de la Déclaration de 1789 dans l'une de ses décisions, il est naturel de se demander si les Sages respectent la volonté des hommes de 1789 ou, au contraire, s'en éloigne à mille lieues. Certes, la réponse à cette question pourrait à certains égards sembler dénuée d'utilité, les décisions du Conseil constitutionnel ayant l'autorité de la chose jugée – sous réserve d'un changement de circonstances[32] – et s'imposant, aux termes de l'article 62 de la Constitution, aux pouvoirs publics et à toutes les autorités administratives et juridictionnelles.

L'incertitude quant à la place de la Déclaration dans la hiérarchie des normes sous la Vème République a été tranchée par le volontarisme du juge constitutionnel. Toutefois, l'effectivité juridique de la Déclaration, même aujourd'hui, doit être nuancée par le travail d'interprétation des Sages fait sous couvert de l'actualisation des dispositions révolutionnaires à l'évolution de la société.

II. L'effectivité juridique nuancée de la Déclaration de 1789

Le Conseil constitutionnel, désormais gardien des libertés et droits fondamentaux, arbitre l'interprétation qui doit être faite du texte qu'il a constitutionnalisé. Le résultat oscillera entre interprétation extensive de certaines dispositions de la Déclaration (A) ou, au contraire, interprétation restrictive d'autres dispositions (B). L'analyse est non-exhaustive, seuls les cas qui nous semblent les plus évocateurs sont présentés.

---

[31] DE GAULLE, Conférence de presse du 31 janvier 1964.
[32] M. GUILLAUME, « L'autorité des décisions du Conseil constitutionnel : vers de nouveaux équilibres ? », *Nouveaux cahiers du Conseil constitutionnel*, n° 30, 2011, p. 66.

A. L'interprétation extensive de certaines dispositions de la Déclaration

1) L'élargissement jurisprudentiel de droits prévus par la Déclaration

14. Au titre d'une analyse non-exhaustive des cas d'interprétation extensive les plus évocateurs figure notamment l'extension de la protection de la propriété aux biens publics. La propriété est mentionnée à deux reprises dans la Déclaration de 1789. L'article 2 mentionne d'abord la propriété au titre des « droits naturels et imprescriptibles de l'Homme » et l'article 17 dispose que celle-ci « étant un droit inviolable et sacré, nul ne peut en être privé, si ce n'est lorsque la nécessite publique, légalement constatée, l'exige évidemment, et sous la condition d'une juste et préalable indemnité ». Au regard de la dimension individualiste qui caractérise la Déclaration, il ne fait aucun doute que les rédacteurs du texte visaient la propriété individuelle et privée. Or, le Conseil constitutionnel a élargi la protection du droit de propriété à la propriété publique par une lecture pour le moins audacieuse[33]. Cette motivation, dans le cas d'espèce qui concernait la privatisation des entreprises publiques, est d'autant plus surprenante qu'elle est surabondante. Le Conseil constitutionnel voulait pallier la cession de biens publics à des personnes privées « poursuivant des fins d'intérêt privé pour des prix inférieurs à leur valeur ». Or, le principe d'égalité – pourtant visé par le Conseil dans cette décision – aurait suffi à motiver cette décision. La prise de distance avec l'esprit des constituants laisse songeur. Le professeur François Luchaire souligne que « cette extension de la Déclaration de 1789 à la propriété publique peut paraître audacieuse : l'article 17 de la Déclaration protège un droit de l'homme en limitant le droit de la société, il ne protège nullement les droits de la société »[34]. Le professeur Marc Debene

---

[33] Cons. const., 26 juin 1986, déc. n° 86-207 DC, *Loi autorisant le Gouvernement à prendre diverses mesures d'ordre économique et social* : « Les dispositions de la Déclaration des Droits de l'Homme de 1789 relatives au droit de propriété et à la protection qui lui est due ; (...) cette protection ne concerne pas seulement la propriété privée des particuliers mais aussi, à un titre égal, la propriété de l'État et des autres personnes publiques » ; Cons. const., 26 juin 2003, déc. n° 2003-473, *Loi habilitant le Gouvernement à simplifier le droit* : « la protection du droit de propriété que l'article 17 de la Déclaration de 1789 accorde aux propriétés publiques comme aux propriétés privées ». Pour aller plus loin, Y. GAUDEMET, « Constitution et biens publics », *Nouveaux Cahiers du Conseil constitutionnel,* n° 37, 2012, pp. 65-73.

[34] F. LUCHAIRE, « La lecture actualisée de la Déclaration de 1789 » *in La Déclaration des droits de l'homme et du citoyen et la jurisprudence*, Paris, PUF, 1989, p. 228.

s'interroge lui sur le manque de scrupule du Conseil constitutionnel à l'égard de l'histoire. En effet, « l'article 17 n'avait-il pas été conçu pour protéger le citoyen propriétaire contre l'État à une époque où la bourgeoisie désirait acquérir les biens nationaux au plus bas prix ? »[35]. Il convient néanmoins de rappeler que pour autant, bien que faisant toutes deux l'objet d'une protection constitutionnelle au titre de la Déclaration de 1789, la propriété publique est soumise à un régime et des enjeux[36] qui ne recouvrent pas exactement les mêmes que ceux caractérisant la propriété privée.

15. L'amplification des garanties pénales est également une illustration remarquable de l'interprétation particulièrement extensive de certaines dispositions de la Déclaration de 1789 par le Conseil constitutionnel, en l'espèce l'article 8. À partir d'une formule relativement générale, « la loi ne doit établir que des peines strictement nécessaires, et nul ne peut être puni qu'en vertu d'une loi établie et promulguée antérieurement au délit, et légalement appliquée », le Conseil constitutionnel va tirer un certain nombre de principes relatifs à la légalité et nécessité des délits et peines. Un certain nombre de principes ont ainsi été dégagés directement à partir de l'article 8 de la Déclaration. Le premier est celui de la légalité des délits et peines qui, d'une part exige la clarté de la définition des infractions et sanctions[37] ; d'autre part oblige le juge à une interprétation stricte de la loi pénale[38]. Le second est celui de la nécessité et de la proportionnalité des peines et délits. Si la nécessité des peines attachées aux infractions relève du pouvoir

---

[35] M. DEBENE, « Article 17 » *in* G. CONAC, M. DEBENE, G. TEBOUL, *La Déclaration des droits de l'homme et du citoyen de 1789. Histoire, analyse et commentaires*, Paris, Economica, 1993, p. 355.

[36] Pour un bref aperçu de ces enjeux, Y. GAUDEMET, *Préface du Code général de la propriété des personnes publiques*, Paris, Litec : « À cette optique de conservation a succédé de plus en plus nettement affirmée par les pouvoirs publics, une politique de valorisation des biens publics, y compris ceux relevant d'un régime de domanialité publique, en même temps que s'accréditait l'idée que cette valorisation, par la disposition des prérogatives et attributs de la propriété qu'elle assure aux personnes publiques, ne contredit pas l'affectation d'utilité publique dont ces biens sont l'objet et même, parfois, en est la condition et le moyen naturel ». Pour aller plus loin, C. MAMONTOFF, *Domaine public et entreprises privées - La domanialité publique mise en péril par le marché*, préf. P. GODFRIN, Paris, L'Harmattan, 2003.

[37] Cons. const., 20 janv. 1981, déc. n° 80-127 DC, *Loi renforçant la sécurité et protégeant la liberté des personnes ;* Cons. const., 18 janv. 1985, déc. n° 84-183 DC, *Loi relative au redressement et à la liquidation judiciaire des entreprises.*

[38] Cons. const., 16 juill. 1996, n° 96-377 DC, *Loi tendant à renforcer la répression du terrorisme et des atteintes aux personnes dépositaires de l'autorité publique...;* Cons. const., 5 mai 1988, déc. n° 98-399 DC, *Loi relative à l'entrée et au séjour des étrangers en France et au droit d'asile.*

d'appréciation souverain du juge, il incombe aux Sages de veiller à l'absence de disproportion manifeste entre l'infraction et la peine encourue[39]. Le Conseil constitutionnel a également dégagé le principe de l'individualisation des peines à partir de l'article 8 de la Déclaration[40]. Le dernier principe dégagé, et non pas des moindres, est celui de la non-rétroactivité de la loi pénale qui est étendu à toute matière répressive[41] y compris en matière fiscale[42] ou lorsque la sanction est prononcée par une autorité non-juridictionnelle[43] tout en imposant la rétroactivité de la loi pénale plus douce[44].
En outre, concernant la délimitation du champ d'application de cet article, les juges de la rue Montpensier ont étendu la protection de l'article 8 de la Déclaration aux sanctions – qui ne seraient pas prononcées par les juridictions répressives – ayant le caractère d'une punition même si le législateur a laissé le soin de la prononcer à une autorité de nature non-judiciaire[45].

2) L'arbitrage discuté des contradictions au sein de la Déclaration

16. La question de l'existence d'une hiérarchie des normes au sein du bloc de constitutionnalité n'a pas tardé à se poser. Un conflit des normes peut

---

[39] Cons. const., 9 août 2007, déc. n° 2007-554 DC, *Loi renforçant la lutte contre la récidive des majeurs et des mineurs ;* Cons. const.. 7 avr. 2017, déc. n° 2017-625 QPC, *Amadou S. ;* Cons. const., 16 sept. 2016, déc. n° 2016-564 QPC, *Lucas M.*
[40] Cons. const., 22 juill. 2005, déc. n° 2005-520 DC, *Loi précisant le déroulement de l'audience d'homologation de la comparution sur reconnaissance préalable de culpabilité ;* Cons. const., 9 août 2007, déc. n° 2007-554 DC, *Loi renforçant la lutte contre la récidive des majeurs et des mineurs* ; Cons. const., 11 juin 2010, déc. n° 2010-6/7 QPC , *M. Stéphane A. et autres.*
[41] Cons. const., 30 déc. 1980, déc. n° 80-126 DC, *Loi de finances pour 1981* ; Cons. const., 22 juill. 2010, déc. n° 2010-4/17 QPC, *Alain C. et autre.*
[42] Cons. const., 29 déc. 1986, déc. n° 86-223 DC, *Loi de finances rectificative pour 1986 ;* Cons. const., 24 juill. 1991, déc. n° 91-298 DC, *Loi portant diverses dispositions d'ordre économique et financier.*
[43] Cons. const., 29 juill. 1992, déc. n° 92-311 DC, *Loi portant adaptation de la loi n° 88-1088 du 1er décembre 1988 relative au revenu minimum d'insertion et relative à la lutte contre la pauvreté et l'exclusion sociale et professionnelle.*
[44] Cons. const., 19 janv. 1981, déc. n° 80-127 DC, *Loi renforçant la sécurité et protégeant la liberté des personnes ;* Cons. const., 3 déc. 2010, déc. n° 2010-74 QPC, *Jean-Marc P. et autres.*
[45] Cons. const., 17 janv. 1989, déc. n° 88-248 DC, *Loi modifiant la loi n° 86-1067 du 30 septembre 1986 relative à la liberté de communication* ; Cons. const., 25 févr. 1992, déc. n° 92-307 DC, *Loi portant modification de l'ordonnance n° 45-2658 du 2 novembre 1945 modifiée relative aux conditions d'entrée et de séjour des étrangers en France.*

apparaître à la lecture de la Déclaration de 1789. Une telle situation apparaît lorsque deux dispositions – dans le cas présent d'un même texte et donc de même niveau hiérarchique – ont un contenu contradictoire de telle sorte que leurs destinataires devraient tenir deux conduites qui ne sont pas simultanément cumulables. La résolution des conflits de deux normes de valeur égale n'étant pas prévue en droit positif, c'est au Conseil constitutionnel qu'il reviendra de trancher la contradiction par son interprétation. Les juges de la rue Montpensier doivent alors rechercher « une sorte d'amiable composition entre les droits ou les principes dont il a la garde »[46]. La question d'une éventuelle hiérarchie des différentes dispositions au sein du bloc de constitutionnalité sera écartée pour se focaliser sur la seule Déclaration de 1789. La jurisprudence du Conseil constitutionnel ne semble faire mention à aucun moment de la supériorité d'une disposition de la Déclaration sur une autre[47]. Ce point reste néanmoins discuté par la doctrine[48].

17. La première contradiction à laquelle a pu être confronté le juge constitutionnel est la conciliation du principe d'égalité avec d'une part les « distinctions sociales fondées sur l'utilité commune » visées à l'article 1er de la Déclaration, d'autre part l'admission aux emplois publics selon la seule capacité et sans autre distinction que la vertu et le talent prévue à l'article 6. Le Conseil constitutionnel a été saisi par soixante sénateurs qui soutenaient que la loi portant diverses dispositions d'ordre social[49], relative notamment au statut général des fonctionnaires, méconnaissait l'article 6 de la Déclaration avec la création d'une troisième voie d'accès à l'Ecole nationale d'administration. En effet, les sénateurs soutiennent que « certains des critères retenus par la loi pour définir les catégories de citoyens admis au mode particulier de recrutement qu'elle institue sont sans rapport avec

---

[46] G. VEDEL, « La place de la Déclaration de 1789 dans le "bloc de constitutionnalité" » *in La Déclaration des droits de l'homme et du citoyen et la jurisprudence,* Paris, PUF, 1989, p. 49.
[47] G. VEDEL, *op. cit.*, p. 56.
[48] En ce sens, F. GAZIER, M. GENTOT, B. GENEVOIS, *op. cit.,* p. 181. Les auteurs considèrent que le Conseil constitutionnel établit une « hiérarchie matérielle des droits garantis » par la Déclaration de 1789. Il est soutenu que « les droits énoncés par la Déclaration ne sont pas tous garantis au même degré ». Une liste de critères pour l'établissement d'une hiérarchie entre les droits garantis sur le fondement de la Déclaration est proposée avec le « degré de précision du principe considéré », le « point de savoir s'il comporte des exceptions ou des tempéraments, le « degré d'attachement de l'opinion dominante à son égard » et enfin « l'étendue du contrôle que le juge exerce sur les actes ou décisions qui le mettent en cause ou en œuvre ».
[49] Loi n° 86-76 du 17 janvier 1986 portant diverses dispositions d'ordre social.

l'exigence de capacité formulée par l'article 6 de la Déclaration »[50]. Le Conseil constitutionnel jugera cette voie d'accès conforme à la Déclaration en précisant qu'il appartient au législateur d'apprécier « les qualités de compétences, d'expérience et de désintéressement faisant présumer des aptitudes à se présenter à un concours de recrutement » tant que cette appréciation n'est pas entachée d'une « erreur manifeste ». Ainsi, le législateur a pu mettre en place des concours spécifiques pour certaines catégories de personnes[51].

18. Autre contradiction qui a pu se poser, celle de la présomption d'innocence expressément visée à l'article 9 de la Déclaration avec l'ordre public visé à l'article 2. Les juges de la rue Montpensier considèrent que la présomption d'innocence n'empêche pas un « arrêté d'expulsion fondé sur des faits de nature à justifier une condamnation pénale, alors même qu'aucune condamnation définitive n'aurait été prononcée par l'autorité judiciaire »[52]. Le Conseil constitutionnel associe en effet ces arrêtés d'expulsion non pas à des peines mais à des mesures de police ou de sûreté[53]. Les Sages ont confirmé cela en considérant que les décisions d'expulsion d'étrangers « constituent des mesures de police » et « n'entrent pas dans le champ d'application de l'article 8 de la Déclaration de 1789 » relatif à la légalité des délits et peines[54]. En l'espèce, l'ordre public l'emporte donc sur la présomption d'innocence. Au regard de la formulation du texte, une autre interprétation aurait pu être concevable.

---

[50] Cons. const., 16 janv. 1986, déc. n° 85-204 DC, *Loi portant diverses dispositions d'ordre social.*

[51] Cons. const., 14 janv. 1983, déc. n° 82-153 DC, *Loi relative au statut général des fonctionnaires.* Le Conseil précise sa position en rappelant que « le principe de l'égal accès des citoyens aux emplois publics ne s'oppose pas à ce que les règles de recrutement destinées à permettre l'appréciation des aptitudes et des qualités des candidats à l'entrée dans une école de formation ou dans un corps de fonctionnaires soient différenciées pour tenir compte tant de la variété des mérites à prendre en considération que de celle des besoins du service public ».

[52] Cons. const., 9 janvier 1980, déc. n° 79-109, *Loi relative à la prévention de l'immigration clandestine...* ; Cons. const., 22 avril 1997, déc. n° 97-389 DC, *Loi portant diverses dispositions relatives à l'immigration.*

[53] En ce sens, M. VAN DE KERCHOVE, « Le sens de la peine dans la jurisprudence du Conseil constitutionnel français », *RSC*, octobre/décembre 2008, p. 811.

[54] Cons. const., 9 janvier 1980, déc. n° 79-109, *Loi relative à la prévention de l'immigration clandestine...* ; Cons. const., 22 avril 1997, déc. n° 97-389 DC, *Loi portant diverses dispositions relatives à l'immigration.*

19. Enfin, au titre des contradictions les plus remarquables au sein de la Déclaration, figure celle entre la séparation des pouvoirs visée à l'article 16 et le principe d'égalité. La séparation des pouvoirs implique le respect des décisions juridictionnelles. En effet, ni le législateur, ni le gouvernement ne doivent empiéter sur les fonctions juridictionnelles[55]. De même, le Conseil constitutionnel a rappelé qu'il n'appartient pas au législateur de censurer les décisions des juridictions dans le jugement des litiges relevant de leur compétence, sauf à enfreindre le principe de la séparation des pouvoirs[56]. En l'espèce, le Conseil d'État ayant annulé la nomination d'un magistrat ; une proposition sénatoriale avait été adoptée en vue de régulariser la situation des magistrats nommés dans les mêmes conditions. Le Conseil constitutionnel a donc été saisi de cette loi de validation « préventive » de nominations illégales[57], laquelle ne s'appliquait pas au magistrat dont la nomination avait été annulée. Les Sages ont d'abord considéré que si « les magistrats dont la nomination a été annulée (...) se trouvent traités différemment quant au déroulement de leur carrière de ceux de leurs collègues dont la nomination est validée par le texte présentement examiné, cette différence tire son origine du fait qu'il n'appartient pas au législateur de censurer les décisions des juridictions et d'enfreindre par là même le principe de séparation des pouvoirs ; qu'au demeurant, aucun principe non plus qu'aucune règle de valeur constitutionnelle n'interdit qu'il soit remédié à cette disparité de traitement et que ceux des magistrats dont la nomination a été annulée fassent, pour l'avenir, l'objet d'une nouvelle nomination aux mêmes fonctions dans des conditions conformes aux lois et règlements ». De l'analyse du professeur François Luchaire, en acceptant la validation de la nomination des seconds et la non-validation de celle du premier, le Conseil constitutionnel a fait expressément prévaloir le principe de la séparation des pouvoirs sur celui d'égalité ; il aurait aussi bien pu faire l'inverse[58].

---

[55] Cons. const., 22 juin 1980, déc. n° 83-119 DC.

[56] Cons. const., 26 juin 1987, déc. n° 87-228 DC, *Loi organique relative à la situation des magistrats nommés à des fonctions du premier grade ;* P. AVRIL, J. GICQUEL, « [Note sous décision n° 87-228 DC] », Pouvoirs, novembre 1987, n° 43, pp. 215-216.

[57] Loi organique n° 87-484 du 2 juillet 1987 relative à la situation des magistrats nommés à des fonctions du premier grade.

[58] F. LUCHAIRE, *op. cit.*, p. 232.

B. L'interprétation restrictive de certaines dispositions de la Déclaration

1) L'encadrement constitutionnel de l'expression de la volonté générale

20. Dans l'un des passages les plus célèbres de son œuvre *De l'esprit des lois*, Montesquieu disait « qu'il y a des cas où il faut mettre, pour un moment, un voile sur la liberté, comme l'on cache les statues des dieux » [59]. De la même manière, il semblerait qu'il ait été jugé utile qu'un certain nombre de droits inscrits dans la Déclaration soient voilés, en partie ou totalement. Au titre de ces dispositions mises à l'ombre figure la loi conceptualisée comme porteuse de l'expression de la volonté générale. La Déclaration de 1789 témoigne du légicentrisme qui a durablement influencé les régimes juridiques français. Considérant l'article 6, « la loi est l'expression de la volonté générale ». L'article 4 précise que c'est la loi qui détermine les bornes naturelles des droits. En effet, sous l'impulsion des Lumières – et en tête de file le philosophe Jean-Jacques Rousseau – « la loi peut tout faire, la loi ne peut mal faire »[60]. Il y avait une confiance absolue dans la loi qui, en raison de la volonté générale qui lui est associée, ne pouvait être contestée. Dès lors qu'une loi n'était pas conforme à la Constitution, c'est cette dernière qui était priée d'être révisée en raison de ce que l'on considérait comme l'infaillibilité législative. D'aucuns ne voyaient alors l'utilité de contrôler la conformité de la loi à la Constitution, fut-elle en inadéquation avec les dispositions de la Déclaration de 1789. Jusqu'aux débuts de la Vème République, la loi était donc supérieure à toutes les autres règles[61].

21. L'expression de la volonté générale, jusqu'à peu encore intouchable, va être froissée avec l'exercice du contrôle de constitutionnalité. Deux types de contrôle s'articulent, l'un à titre préventif et l'autre à titre successif. La disposition législative déclarée inconstitutionnelle avant promulgation n'entre pas en vigueur ; la disposition législative déclarée inconstitutionnelle après promulgation est abrogée. En ce qui concerne le contrôle de constitutionnalité à titre préventif, les juges de la rue Montpensier ont précisé l'article 6 de la Déclaration. Ainsi, selon les Sages, l'un des buts attachés aux exigences du contrôle de constitutionnalité « est de permettre à

---

[59] C.-L. MONTESQUIEU, *De l'esprit des lois*, Paris, Firmin Didot frères, fils et cie., 1867, p. 169.

[60] R. HADAS-LEBEL, *Les 101 mots de la démocratie française*, Paris, Odile Jacob, 2002 p. 339.

[61] Voir R. CARRE DE MALBERG, *La loi, expression de la volonté générale : Étude sur le concept de la loi dans la Constitution de 1875*, Paris, Sirey, 1931.

la loi votée, qui n'exprime la volonté générale que dans le respect de la Constitution, d'être sans retard amendée à cette fin »[62].

Le coup de grâce à la conception Rousseauiste de la loi est porté par l'instauration du contrôle de constitutionnalité *a posteriori*[63]. Le Conseil se trouve depuis fréquemment saisi de la contradiction d'une loi à la Déclaration dans le cadre de la question prioritaire de constitutionnalité. Ce toilettage de la Constitution de dispositions législatives qui lui seraient non-conformes est, de l'avis général, indiscutablement une avancée d'un point de vue constitutionnel. Christiane Féral-Schuhl, alors bâtonnier de Paris, déclarera à l'occasion d'un colloque organisé à l'Assemblée nationale pour le troisième anniversaire de l'entrée en vigueur de la question prioritaire de constitutionnalité que celle-ci constitue « sans nul doute l'une des réformes les plus importantes de ces dernières décennies. Elle constitue, comme l'a fort justement fait remarquer Jean-Louis Debré, "la principale avancée des droits et des libertés dans notre pays depuis l'abolition de la peine de mort" »[64]. En dépit des bienfaits de ce contrôle *a posteriori*, gageons que l'abrogation d'une loi déjà entrée en vigueur, fut-elle en non-conformité avec le corpus constitutionnel, enterre définitivement la loi telle qu'elle découlait de la pensée de Jean-Jacques Rousseau.

Cette révolution juridique ne s'est pas faite sans fracas, le terrain étant fertile à de très nombreux égards pour la doctrine. Outre la critique sur le risque d'accroissement d'insécurité juridique[65], c'est la problématique de la

---

[62] Cons. const., 23 août 1985, déc. n° 85-196 DC, *Loi sur l'évolution de la Nouvelle-Calédonie.*

[63] Sur le caractère révolutionnaire du contrôle de constitutionnalité en droit français, voir E. PIWNICA, « Le changement de culture opéré par l'arrivée de la question prioritaire de constitutionnalité », *Les Nouveaux Cahiers du Conseil constitutionnel*, n° 58, 2018, pp. 19-41.

[64] C. MAUGÜE, « La QPC : 5 ans déjà, et toujours aucune prescription en vue », *Les Nouveaux Cahiers du Conseil constitutionnel*, 2015, n° 47, pp. 9-25.

[65] En ce sens, O. LE BOT, « Contrôles de constitutionnalité a priori et a posteriori en Europe », *Les Nouveaux Cahiers du Conseil constitutionnel*, 2013, n° 40, pp. 117-135 : « À l'inverse, le contrôle a posteriori fait peser des risques sur la sécurité juridique dans la mesure où il ouvre une possibilité de remise en cause permanente des normes auxquelles il s'applique. Il porte sur des textes parfois en vigueur depuis des années et qui ont engendré une multitude d'actes secondaires ». J. RIVERO, Intervention au débat « Contrôle a priori et contrôle a posteriori. Débat à propos de la suppression du contrôle a priori en Espagne », *AIJC*, 1985, p. 90 : « Si on s'aperçoit un beau jour, alors qu'elle est en vigueur depuis trois ou quatre ans, qu'une loi est inconstitutionnelle, c'est une pagaille insondable : tout ce qui s'est passé avant était inconstitutionnel (...). Ce système présente un gros danger d'insécurité juridique pour tout le monde : pour le citoyen, pour le juge ».

légitimité même de l'organe de contrôle de la constitutionnalité des lois qui est mise en exergue. Le fait que le Conseil constitutionnel puisse défaire ce que la représentation nationale a voté peut en effet interroger. Le professeur Philippe Blachèr s'étonne ainsi que « depuis le 1er mars 2010, onze personnes ont désormais le droit d'annuler ce que la majorité parlementaire a voté au nom de la représentation nationale. Censée protéger les institutions, la Constitution ne deviendrait-elle par l'instrument d'un nouveau gouvernement du juge...constitutionnel ? »[66]. Le doyen Georges Vedel est également perplexe en ce qui concerne la légitimité des Sages, en l'état, à pouvoir exercer pareil contrôle. En effet, « comment expliquer que des juges non-élus, désignés par des détenteurs d'une partie du pouvoir politique, puissent s'opposer à ce qui est, dans la personne de ses représentants, la nation souveraine »[67]. La composition même de l'organe, au regard de sa coloration politique, peut interpeller sur la légitimité du Conseil constitutionnel à censurer la volonté générale. Le « devoir d'ingratitude » des membres du Conseil nommés à l'égard des autorités à qui ils doivent leur poste – invoqué par Robert Badinter[68] – est en tout état de cause à relativiser[69].

2) L'extinction constitutionnelle des dispositions utopiques de la Déclaration

22. De la même manière que la loi en tant qu'expression de la volonté générale a été partiellement voilée, d'autres dispositions sont presque éteintes de par la place que leur confère le Conseil constitutionnel. Au titre de ces dispositions figure le droit au bonheur auquel les révolutionnaires ont pourtant accordé une place de choix en le portant solennellement dès son préambule. Considérant la Déclaration de 1789, « les réclamations des citoyens, fondées désormais sur des principes simples et incontestables, tournent toujours au maintien de la Constitution et au bonheur de tous ». Dans le siècle qu'est le nôtre, marqué au fer rouge de l'individualisme exacerbé et de l'inexorable recherche du moindre désir, un tel droit serait inquiétant. Si le droit peut contribuer au bonheur, le bonheur est un concept

---

66 P. BLACHER, « Vers un gouvernement du juge constitutionnel ? », *ADJA*, 2010, pp. 465-467.

67 G. VEDEL, « Le Conseil constitutionnel, gardien du droit positif ou défenseur de la transcendance des droits de l'homme ? », *Pouvoirs*, n° 45, 1988, p. 149.

68 R. BADINTER, Interview au journal *Le Monde*, 1982.

69 Une nuance doit toutefois être apportée, non plus en ce qui concerne la loi ordinaire mais la loi référendaire. Il résulte ainsi de l'esprit de la Constitution que le Conseil Constitutionnel n'est pas compétent pour apprécier la constitutionnalité des lois adoptées par le Peuple à la suite d'un référendum – que ce soit *a priori* ou *a posteriori* – s'agissant d'une expression directe de la souveraineté nationale.

étranger au droit. L'absence de garantie juridique du bonheur en tant que tel abonde en ce sens. Au regard de la dimension individualiste et de l'attachement des révolutionnaires de fendre les communautés[70], le « bonheur de tous » ne doit pas être entendu comme le bonheur commun mais bien comme le bonheur de chacun. C'est l'homme, en tant qu'individu, qui est titulaire des droits individuels déclarés par l'Assemblée. C'est à l'individu et non à des groupes sociaux que les droits sont reconnus, marquant ainsi une franche rupture avec l'Ancien régime divisé en trois ordres.

Si comme nous l'avons précédemment démontré la Déclaration est pourvue dans son intégralité d'une valeur constitutionnelle, la contradiction ne tarde pas à poindre. Bien que la justification que certains avancent – en invoquant l'absence de caractère prescriptif du préambule – est recevable ; l'ensemble des droits et principes compris dans le corps de la Déclaration a valeur constitutionnelle[71]. Pour autant, on imagine mal le Conseil constitutionnel saisi – à titre préventif ou à l'occasion d'une question prioritaire de constitutionnalité – au motif qu'une disposition législative porterait atteinte au bonheur de tous[72]. Il y a là un flou juridique qui aurait mérité une précision soit du constituant, soit du Conseil constitutionnel ; sauf à reconnaître au Conseil constitutionnel la faculté de tempérer certaines dispositions de la Déclaration pourtant élevées au rang des normes constitutionnelles.

23. Autre disposition n'ayant pas eu grâce aux yeux des Sages, le consentement à l'impôt. Considérant l'article 14 de la Déclaration, « tous les Citoyens ont le droit de constater, par eux-mêmes ou par leurs représentants, la nécessité de la contribution publique, de la consentir librement, d'en suivre l'emploi, et d'en déterminer la quotité, l'assiette, le recouvrement et la durée ». Une mention est faite, comme à l'article 6 précité de la Déclaration, à la compétence des citoyens ou des représentants. En réalité, dans l'esprit des rédacteurs de la Déclaration il n'était pas question de donner un pouvoir direct aux citoyens. Le texte de 1789 pose les fondements du système politique représentatif qui se décline notamment avec le consentement à l'impôt. Les premiers mots de la Déclaration sont limpides à ce sujet, les rédacteurs déclarent que « les représentants du peuple français, constitués en

---

[70] En ce sens, M. BLOCH, « La lutte pour l'individualisme agraire dans la France du XVIIIème siècle », *AHES*, vol. 2, n° 7, 1930, pp. 329-383.
[71] F. LEMAIRE, « À propos du bonheur dans les constitutions », *RFDA*, 2015, pp. 107-116.
[72] Pour aller plus loin, RÉSEAU EUROPÉEN DE RECHERCHE EN DROIT DE L'HOMME, *Le droit au bonheur, actes du colloque des 3-4 décembre 2014*, Issy-les-Moulineaux, Institut universitaire Varenne, 2016.

Assemblée nationale, (...) ont résolu d'exposer, dans une déclaration solennelle, les droits naturels, inaliénables et sacrés de l'homme ». Reconnaissance de droits, certes, mais préservation est faite de toute atteinte aux pouvoirs des représentants de telle sorte que la Déclaration ne puisse s'opposer à la loi ou l'impôt voté par les représentants. Dès le début, il était entendu que seuls les représentants des citoyens ont compétence pour consentir à l'impôt, et ce malgré la formulation équivoque de l'article 14 de la Déclaration[73]. La question d'un référendum fiscal a surgi avec l'article 11 de la Constitution de la Vème République mais, celle-ci impliquant une révision de l'article précité, elle a rapidement été enterrée[74]. Une interprétation extensive de l'article 14 aurait sans doute apporté des galons non-négligeables à la démocratie fiscale avec des exigences de transparence et de moralisation[75].

24. Dernière disposition pouvant, parmi d'autres, à faire état du voile apposé sur certaines dispositions du texte de 1789 : « l'Être suprême » sous l'autorité duquel est placée la Déclaration. Les débats relatifs à l'élaboration de la Déclaration de 1789 ont essentiellement porté sur les questions religieuses. Il se posait la question de savoir s'il fallait placer – ou non – la Déclaration sous l'autorité de Dieu. La formulation qui sera retenue à la fin du préambule sera finalement celle-ci : « L'Assemblée Nationale reconnaît et déclare, en présence et sous les auspices de l'Être suprême, les droits suivants de l'Homme et du Citoyen ». Cette expression, sans aucun doute, a dû sembler ne devoir choquer les partisans d'aucune religion. Si la Déclaration évoque l'Être suprême, ce dernier n'est pas un « législateur suprême » comme fut celui de Moïse ou de Mahomet. Selon l'anthropologue Lucien Scluba, la dimension ontologique est minimale, elle est « réduite aux individus et à leur liberté, et "ni Dieu ni maître" aurait bien pu être sa devise inaugurale »[76]. La mention « sous les auspices de l'être suprême » ne révèle pas nécessairement la recherche d'une légitimité divine[77]. À aucun moment il est fait expressément référence à « Dieu ». Ceci témoigne de l'attachement qu'était celui des constituants à vouloir rompre avec la religion dominante.

---

[73] S. CAUDAL, « Article 14 » *in* G. CONAC, M. DEBENE, G. TEBOUL, *La Déclaration des droits de l'homme et du citoyen de 1789. Histoire, analyse et commentaires*, Paris, Economica, 1993, pp. 302-304.

[74] J.-C MARTINEZ, *1789-1989, La révolution fiscale à refaire*, Paris, Litec, 1986, p. 228.

[75] S. CAUDAL, *op. cit.*, p. 315.

[76] L. SCUBLA, « Les dimensions religieuses de la Déclaration des droits de l'homme et du citoyen de 1789 », *Ateliers*, n° 27, 2004, pp. 81-108.

[77] A. AULARD, *Le culte de la raison et le culte de l'être suprême 1793-1794 – essai historique*, Paris, F. Lacan, 1892.

Pour autant, la Déclaration ayant été élevée au rang constitutionnel dans son intégralité, serait-il concevable que le Conseil constitutionnel soit saisi d'une disposition qui serait hypothétiquement non-conforme à ce qu'oblige les auspices de l'Être suprême ? Si la question prioritaire de constitutionnalité ne peut être soulevée qu'à l'encontre d'une disposition législative qui porte atteinte aux droits et libertés que la Constitution garantit – ce qui n'est pas le cas de la mention des « auspices de l'être suprême » – serait-il concevable que le Conseil soit saisi *a priori* par les autorités visées à l'article 61 de la Constitution ? La réponse ne peut être que négative. À certains égards, la constitutionnalisation de la Déclaration dans son intégralité met en contradiction l'Être suprême et le principe de laïcité, à moins de laïciser cette autorité suprême dont nul ne pourrait dire avec certitude de qui il s'agit réellement.

L'objectif de cette contribution consistait à s'interroger sur la réalité de l'effectivité juridique pleine et entière de la Déclaration des droits de l'homme et du citoyen de 1789. Comme nous l'avons souligné, la démystification de la Déclaration sera véritablement amorcée dès la IIIème République pour être parachevée sous la Vème République par son élévation au rang de norme constitutionnelle par le Conseil constitutionnel. Toutefois, la constitutionnalisation de la Déclaration n'implique pas l'effectivité juridique réelle de l'ensemble des droits et principes contenus en son sein.

L'interprétation – restrictive, fidèle ou extensive – des Sages est déterminante concernant un texte aussi évasif que celui de la Déclaration. À cet égard, la mutation du Conseil constitutionnel en un véritable gardien des droits et libertés fondamentaux en quête de légitimité, dont le revers serait un gouvernement des juges, interroge. Par conséquent, la Déclaration des droits de l'homme et du citoyen de 1789 balance entre réalité juridique et incantation. C'est au Conseil constitutionnel que revient le rôle d'aiguilleur.

Bibliographie

ATHIEU B., MACHELON J.-P., MELIN-SOUCRAMANIEN F., ROUSSEAU D., PHILIPPE X. (dir.), *Les grandes délibérations du Conseil constitutionnel 1958-1983*, Paris, Dalloz, 2009.

AULARD A., *Le culte de la raison et le culte de l'être suprême 1793-1794 – essai historique*, Paris, F. Lacan, 1892.

AVRIL P., GICQUEL J., *Lexique du droit constitutionnel*, éd. 13, Paris, PUF, 2013.

AVRIL P., GICQUEL J., « [Note sous décision n° 87-228 DC] », *Pouvoirs*, novembre 1987, n° 43.

BADINTER E., BADINTER R., *Condorcet, un intellectuel en politique*, Paris, Fayard, 1988.

BADINTER R., *in La Déclaration des droits de l'homme et du citoyen et la jurisprudence*, Paris, PUF, 1989, pp. 9-12.

BADINTER R., *in* « Une longue marche "Du Conseil à la Cour constitutionnelle" », *Cahiers du Conseil constitutionnel*, n° 25, août 2009 »

BARTOLONE C., WINOCK M. (Dir.), *Refaire la démocratie, rapport n° 3100, XIVe Législature, Groupe de travail sur l'avenir des institutions*, Paris, Assemblée nationale, 2015.

BLACHER P., « Vers un gouvernement du juge constitutionnel ? », *ADJA*, 2010, pp. 465-467.

BLOCH M., « La lutte pour l'individualisme agraire dans la France du XVIIIème siècle », *AHES*, vol. 2, n° 7, 1930, pp. 329-383.

BLUM E., COMPAYRE G., *La déclaration des droits de l'homme et du citoyen : texte authentique avec commentaire*, Paris, F. Alcan, éd. 4, 1909.

BURKE E., *Réflexions sur la Révolution de France*, Paris, Hachette littératures, 2006.

CARRÉ DE MALBERG R., *Contribution à la théorie générale de l'État*, Paris, Sirey, 1922.

CARRÉ DE MALBERG R., *La loi, expression de la volonté générale : Étude sur le concept de la loi dans la Constitution de 1875*, Paris, Sirey, 1931 ».

CAUDAL S., « Article 14 » *in* CONAC G., DEBENE M., TEBOUL G., *La Déclaration des droits de l'homme et du citoyen de 1789. Histoire, analyse et commentaires*, Paris, Economica, pp. 299-316.

CHAMPEIL-DESPLATS V., « Effectivité et droits de l'homme : approche théorique » *in* LOCHAK D., CHAMPEIL-DESPLATS V. (dir.), *À la recherche de l'effectivité des droits de l'homme*, Paris, Presses universitaires de Paris Ouest, 2008, pp. 11-26.

COMITÉ NATIONAL CHARGÉ DE LA PUBLICATION DES TRAVAUX PRÉPARATOIRE DES INSTITUTIONS DE LA Ve RÉPUBLIQUE, *Documents pour servir à l'histoire de l'élaboration de la Constitution du 4 octobre 1958*, vol. II, Paris, La documentation Française, 1988.

CORNU G. (dir.), *Vocabulaire juridique*, éd. 11, Paris, Quadrige/PUF, 2016.

DEBENE M., « Article 17 » *in* CONAC G., DEBENE M., TEBOUL G., *La Déclaration des droits de l'homme et du citoyen de 1789. Histoire, analyse et commentaires*, Paris, Economica, pp. 343-356.

DUGUIT L., *Traité de droit constitutionnel*, éd. 3, t. III, Paris, Ancienne librairie fontemoing, 1930.

ESMEIN A., *Éléments de droit constitutionnel français et comparé,* t. I, éd. 8, Paris, Sirey, 1927.

GAUDEMET Y., « Constitution et biens publics », *Nouveaux Cahiers du Conseil constitutionnel,* n° 37, 2012, pp. 65-73.

GAZIER F., GENTOT M., GENEVOIS B., « La marque des idées et des principes de 1789 dans la jurisprudence du Conseil d'État et du Conseil constitutionnel », *Études et documents – Conseil d'État,* n° 40, Rapport public, Paris, La documentation française,1988, pp. 151-184.
GUILLAUME M., « L'autorité des décisions du Conseil constitutionnel : vers de nouveaux équilibres ? », *Nouveaux cahiers du Conseil constitutionnel*, n° 30, 2011, pp. 49-75.
HADAS-LEBEL R., *Les 101 mots de la démocratie française*, Paris, Odile Jacob, 2002.
HAMON F., LELIÈVRE J., *L'héritage politique de la Révolution française*, Paris, Presses Universitaire de Lille, 1993.
HAURIOU M., *Précis de droit constitutionnel*, éd. 2, Paris, Sirey, 1929 (Réimpression par C.N.R.S., 1965).
KRIEGEL B., *Les droits de l'homme et le droit naturel*, Paris, PUF, 1989.
LAMBERT E., *Le gouvernement des juges*, rééd. préf. F. MODERNE, Paris, Dalloz, 2005.
LE BOT O., « Contrôles de constitutionnalité a priori et a posteriori en Europe », *Les Nouveaux Cahiers du Conseil constitutionnel*, 2013, n° 40, pp. 117-135.
LEMAIRE F., « À propos du bonheur dans les constitutions », *RFDA*, 2015, pp. 107-116.
LUCHAIRE F., « La lecture actualisée de la Déclaration de 1789 » *in La Déclaration des droits de l'homme et du citoyen et la jurisprudence*, Paris, PUF, 1989, pp. 215-233.
LUCHAIRE. F, - « Le Conseil constitutionnel et la protection des droits et libertés du citoyen *in Le juge et le droit public*, Mélanges offerts à Marcel Waline, Paris, LGDJ, 1989, pp. 563-575.
MAMONTOFF C., *Domaine public et entreprises privées - La domanialité publique mise en péril par le marché*, préf. P. GODFRIN, Paris, L'Harmattan, 2003.
MARTINEZ J.-C., *1789-1989, La révolution fiscale à refaire*, Paris, Litec, 1986.
MAUGÜE C., « La QPC : 5ans déjà, et toujours aucune prescription en vue », *Les Nouveaux Cahiers du Conseil constitutionnel*, 2015, n° 47, pp. 9-25.
MOURGEON J., *Les droits de l'homme,* Paris, PUF, 2003.
PHILLIP L., « La valeur juridique de la Déclaration du 26 août 1789 selon la jurisprudence du Conseil constitutionnel », *in Mélanges Kayser*, t. II, Aix-en-Provence, PUAM, 1979, pp. 317-338.
PIWNICA E., « Le changement de culture opéré par l'arrivée de la question prioritaire de constitutionnalité », *Les Nouveaux Cahiers du Conseil constitutionnel*, n° 58, 2018, pp. 19-41.
POLIDORI M., « La notion de Constitution vivante sous l'angle du constitutionnalisme italien contemporain », *Civitas Europa*, vol. 32, n° 1, 2014, pp. 213-223.
RÉSEAU EUROPÉEN DE RECHERCHE EN DROIT DE L'HOMME, *Le droit au bonheur, actes du colloque des 3-4 décembre 2014*, Issy-les-Moulineaux, Institut universitaire Varenne, 2016.
RIVERO J., Intervention au débat « Contrôle a priori et contrôle a posteriori. Débat à propos de la suppression du contrôle a priori en Espagne », *AIJC*, 1985, pp. 82-91.

ROUSSEAU D., GADHOUN P.-Y., BONNET J., *L'essentiel des grandes décisions du Conseil constitutionnel*, Paris, Gualino-Lextenso, 2017.
SCUBLA L., « Les dimensions religieuses de la Déclaration des droits de l'homme et du citoyen de 1789 », *Ateliers*, n° 27, 2004, pp. 81-108.
TAINE H., *Les origines de la France contemporaine : La révolution*, Paris, Robert Laffont et le Club Français du Libre, 1972.
TROPER M., *in La Déclaration des droits de l'homme et du citoyen et la jurisprudence*, Paris, PUF, 1989, pp. 13-24.
VAN DE KERCHOVE M., « Le sens de la peine dans la jurisprudence du Conseil constitutionnel français », *RSC*, Octobre/décembre 2008, pp. 805-824.
VEDEL G., « La place de la Déclaration de 1789 dans le "bloc de constitutionnalité" », *in La Déclaration des droits de l'homme et du citoyen et la jurisprudence,* Paris, PUF, 1989, pp. 35-64.
VEDEL G., « Le Conseil constitutionnel, gardien du droit positif ou défenseur de la transcendance des droits de l'homme ? », *Pouvoirs*, n° 45, 1988, pp. 149-159.
VERPEAUX M., « Contrôle de constitutionnalité des actes administratifs : normes de références », *Rép. cont. adm.*, 149, 2011.

La Déclaration des droits de l'Homme et du Citoyen : instrument technique du droit privé ?

Ugo MONMARTY

1. En donnant ce titre à la présente contribution, nous avions comme idée préconçue que tout droit fondamental comporte une part de technique, de positivisme à force d'usage. Plus largement que tout pan du droit est concerné par une telle « technicisation ». Après un début d'étude par ce prisme de la technicisation, nous avons commencé à douter du sujet en ne voyant dans les droits issus de la Déclaration de 1789 qu'une fondamentalisation grandissante du droit privé. Finalement, et dans un triptyque thèse, antithèse, synthèse, nous sommes parvenus à la synthèse du sujet proposé. De ce fait, le sujet, initialement titré « La DDHC : instrument technique du droit privé » devrait sans nul doute aujourd'hui se lire comme suit « La DDHC : instrument technique du droit privé ? ». La forme interrogative permettant d'amorcer une analyse sur laquelle il est sans doute trop tôt pour permettre des conclusions fermes et définitives.

Il nous appartiendra donc, non de trouver des réponses, mais de formuler des questions sur le présent et l'avenir de la Déclaration des droits de l'Homme de 1789 et, en miroir d'une technicisation des droits fondamentaux issus d'une telle Déclaration existe une fondamentalisation, sans doute critiquable, des dispositions techniques analysées à la lumière d'une telle partie du bloc de constitutionnalité.

2. Définitions préliminaires. La technique est, dans le langage général « ce qui concerne les applications de la science (…) dans les réalisations pratiques »[1]. La fondamentalisation serait, dans une définition doctrinale, la constatation de « l'influence grandissante des droits fondamentaux »[2]. S'agissant de la première définition et son application au domaine du droit, la technicité concernerait alors la réalisation pratique du droit, que cette réalisation soit amiable ou contentieuse. S'agissant de la seconde, elle s'appliquerait lors de la confrontation de dispositions à la Déclaration de 1789 dans une visée de conformité des premières à la deuxième. Ainsi, comment pourrait alors se présenter notre sujet si nous ne traitions pas, dans cette intervention, de la question prioritaire de constitutionnalité ?

---

[1] Centre National de Ressources Textuelles et Lexicales (CNRTL), V° Technique.

[2] J.-P. Marguénaud, « La fondamentalisation du droit privé », *Revue de droit d'Assas*, 2015, p. 33.

3. Enjeux. Nous sommes en réalité plus habitués aux expressions de « fondamentalisation du droit » ou de « constitutionnalisation du droit », la première expression étant plus large et renvoyant tant au bloc de constitutionnalité qu'à la Convention européenne des droits de l'Homme et à la Charte des droits fondamentaux.

Certains auteurs ont pu estimer, s'agissant de la constitutionnalisation du droit privé, qu'elle était précédée d'une privatisation du droit constitutionnel[3]. Nous avons, à la suite de ces auteurs, pris le biais inverse d'un mouvement plus visible, et donc plus présent en doctrine : celui de la fondamentalisation du droit. C'est dire qu'à ce mouvement ascendant du droit vers les droits fondamentaux, nous estimons qu'il existerait un mouvement descendant de technicisation des droits fondamentaux. En effet, la fondamentalisation du droit implique une judiciarisation des droits fondamentaux[4]. Cette judiciarisation intervient lorsque deux règles de valeur législative ou *infra* législative sont portées à des étages supérieurs de la hiérarchie des normes ou lorsqu'une règle de valeur législative ou *infra* législative se heurte à une règle ou un principe de valeur *supra* législatif. De cette confrontation à un niveau supérieur, les droits fondamentaux se trouvent enrichis de problématiques nouvelles et, bien souvent, techniques[5]. Ainsi, la fondamentalisation du droit vient nécessairement enrichir les droits et libertés fondamentaux de problématiques techniques et, c'est par ce mouvement que, la Déclaration de 1789 perdant de son sacre, elle tend

---

[3] N. Molfessis, *Le Conseil constitutionnel et le droit privé*, thèse, LGDJ, 1997, n° s 8 et 687 : « La jurisprudence du Conseil constitutionnel est donc conservatrice des solutions acquises de droit privé. C'est là le principal effet de la constitutionnalisation du droit privé : comme elle est précédée d'une privatisation du droit constitutionnel, elle consiste, dans la très grande majorité des cas, à sceller dans le marbre de la Constitution, des règles antérieurement de valeur législative » ; M. Gobert, préface à la thèse de N. Molfessis, *préc.*, p. XVI : « Qu'est-ce à dire ? Que le droit privé ne serait plus seulement traité par les juridictions de l'ordre judiciaire mais qu'il l'était aussi, et le serait à l'avenir, par le Conseil constitutionnel ».

[4] F. Chénédé, « Brèves remarques sur la « fondamentalisation » du droit de la famille », *Revue de droit d'Assas*, 2015, p. 41, n° 1.

[5] R. Dumas, *Essai sur la fondamentalisation du droit des affaires*, thèse, L'Harmattan, 2008, n° 21 : « L'élaboration de corpus de règles fondamentales devrait procéder d'un double mouvement. Il serait d'abord souhaitable qu'une impulsion prétorienne se généralise dans cette direction. En effet, le juge d'affaires a démontré ponctuellement par le passé sa capacité à innover, en implantant, voire en remodelant certaines normes fondamentales abstraites au cœur du droit, et ce au gré des circonstances. (…) la généralisation de cette démarche doit être recherchée en vue d'atteindre une finalité particulière : façonner des droits fondamentaux spécifiques aux opérateurs économiques, en faire de véritables règles opératoires dans les cas concrets que les juges auront à trancher. » (termes soulignés par nous).

à devenir, dans sa récente histoire judiciaire, un instrument de plus en plus technique du droit.
Le couple technicisation / fondamentalisation va donc de pair et ce seront donc les deux axes de notre intervention qui ne prétendra pas régler l'ensemble des problématiques mais seulement poser des questions et jeter des points de vue différents au débat.

S'il est utile, et plus aisé, d'exposer le mouvement de fondamentalisation du droit qui ne fait plus débat **(II)**, il conviendra, et la tâche est plus ardue, d'expliquer la technicisation des droits fondamentaux qui reste encore à ce jour à explorer **(I)**.

I. La technicisation en devenir de la Déclaration de 1789

4. Annonce. La technicisation de la Déclaration procède, historiquement, de son admission progressive au rang normatif[6] et, conséquemment, de son influence grandissante en droit interne français[7] (A). Une telle normativisation impliquant, au fur et à mesure de son utilisation par les juges, une technicisation dont les effets se font aujourd'hui d'autant plus ressentir à l'aune de l'admission de la question prioritaire de constitutionnalité (B).

A. La technicisation progressive de la Déclaration

5. A la Révolution. Il ne fait nul doute que le texte adopté le 26 août 1789 était, dans l'esprit des membres de l'Assemblée nationale constituante un texte uniquement déclaratif. Il n'avait pas, en effet, de portée prescriptive et ne devait être que le condensé de principes utiles à la rédaction d'une Constitution qui, quant à elle, aurait une portée prescriptive.
Ensemble de principes, la Déclaration était un texte fondamental, sinon sacré, rendu d'ailleurs sous les auspices de l' « Être suprême »[8].

---

[6] O. Desaulnay, *L'application de la Constitution par la Cour de cassation*, thèse, Dalloz, 2009, n° 57 où l'auteur fait état de l'idée doctrinale selon laquelle la portée normative d'un texte est subordonnée au degré de précision de son énoncé. Nous concluons volontiers avec cet auteur sur le caractère critiquable d'une telle idée, et ce dernier de rajouter au numéro suivant de son ouvrage (n° 58) que le critère du droit est un critère organique et formel et donc que la DDHC a toujours eu portée normative, en potentialité tout du moins.

[7] O. Desaulnay, *op. cit.*, n°s 57-52 ; v. également K. Gozler, *Le pouvoir de révision constitutionnelle*, thèse (dactyl.), Bordeaux, 1995.

[8] Préambule de la DDHC, *in fine :* « En conséquence, l'Assemblée nationale reconnaît et déclare, en présence et sous les auspices de l'Être suprême, les droits suivants de l'homme et du citoyen ». V. également J. Meersman, *supra*.

6. Controverse doctrinale sur la portée de la Déclaration. Au XIXe siècle s'est faite jour une controverse doctrinale sur la portée déclarative ou prescriptive de la Déclaration des droits de l'Homme et du Citoyen. Il n'y a pas lieu de revenir sur un tel débat[9] mais de grands noms comme DUGUIT, ESMEIN, HAURIOU ou CARRE de MALBERG ont pu disserter sur la portée normative ou déclarative de la Déclaration.

7. IVe République. Le Rubicon de cette controverse fût franchi pendant la IVe République. Le préambule de la Constitution de 1946 renvoyait pour la première fois expressément à la Déclaration de 1789[10] qui, combiné avec l'article 81[11] permettait, en théorie du moins, le passage d'une Déclaration à portée descriptive à une Déclaration à portée normative.
Le mariage de la Déclaration et de sa portée prescriptive fût consommé à deux reprises. Le tribunal civil de la Seine a, le 22 janvier 1947[12], considéré que la condition d'un testament olographe fait par une personne qui, dans un *post scriptum,* indiquait que si sa petite-fille épousait un juif, elle révoquait le legs fait à son profit, était réputée non écrite au visa de l'article 900 du Code civil. Le tribunal ne s'est toutefois pas contenté de la seule référence à l'article du Code civil et ajouta que « ce dernier texte [la Constitution de la République française du 27 octobre 1946] a déclaré que le peuple français proclamait à nouveau que tout être humain, sans distinction de race, de religion ou de croyance, possède des droits inaliénables et sacrés ; (...) que la clause susvisée viole tous ces principes et est contraire à l'esprit de notre droit actuel, qui est basé sur l'égalité de tous, sans aucune discrimination ; qu'elle est donc illicite à tous égards ».
Cette première décision fait état, premièrement de l'absence de visa exprès à la Déclaration des droits de l'Homme et du Citoyen mais, par le jeu du préambule et de l'article 81 précités, laisse entendre que, en second lieu, en plus des autres droits et principes garantis par la Constitution de l'époque, la clause litigieuse violait nécessairement les droits et principes contenus dans la Déclaration du 26 août 1789.

---

[9] V. *supra* n° 4 et les notes y afférentes.
[10] Préambule de la Constitution de 1946 : « le peuple français proclame à nouveau que tout être humain, sans distinction de race, de religion ni de croyance, possède des droits inaliénables et sacrés. Il réaffirme solennellement les droits et libertés de l'homme et du citoyen consacrés par la Déclaration des droits de 1789 et les principes fondamentaux reconnus par les lois de la République ».
[11] Art. 81 de la Constitution de 1946 : « Tous les nationaux français et les ressortissants de l'Union française ont la qualité de citoyen de l'Union française qui leur assure la jouissance des droits et libertés garantis par le préambule de la présente Constitution ».
[12] Trib. civ. Seine, 1ère chambre, 22 janvier 1947, *D.* 1947, Jurisprudence, p. 126 et s.

La seconde décision, 10 ans plus tard, du Conseil d'Etat acceptait pour la première fois expressément de confronter la conformité d'une disposition avec celles issues de la Déclaration de 1789[13].
C'est avec l'histoire de la Ve République que, définitivement, la Déclaration de 1789 entrera au corpus des textes de portée normative.

8. Ve République et Conseil constitutionnel. La Constitution du 4 octobre 1958, comme son homologue de 1946, réaffirme dans son préambule le renvoi à la Déclaration de 1789[14]. La question de sa portée prescriptive aurait encore pu être discutée avec une référence textuelle aussi vague. Or, en 1971, le Conseil constitutionnel dans une décision du 16 juillet dite « Liberté d'association »[15], a conféré portée normative à l'ensemble du préambule de la Constitution de 1958[16].
La plus haute autorité constitutionnelle, celle dont les décisions, selon l'article 62, alinéa 3 de la Constitution, « s'imposent aux pouvoirs publics et à toutes les autorités administratives et juridictionnelles » avait tranché pour la normativité des principes issus du « bloc de constitutionnalité »[17].

D'un texte sacré, immuable dans son énoncé et dans son énonciation, entendue comme la préservation de la volonté spécifique des constituants de 1789, la Déclaration des droits de l'Homme et du Citoyen passait ainsi dans le domaine des outils juridiques à la disposition des ordres juridictionnels. La Déclaration était un texte, le premier sans doute à portée universaliste[18], à devenir un instrument pratique de réalisation des droits par les justiciables. Un tel renversement a été d'autant plus amplifié avec la loi introduisant le mécanisme d'exception d'inconstitutionnalité.

---

[13] CE, 7 juin 1957, *RDP* 1958, note M. Waline, rapporté par C. Roulhac, « Les droits de l'homme sans la loi ? », *La Revue des droits de l'homme*, 5/2014, note 53.
[14] Préambule de la Constitution de 1958 : « Le peuple français proclame solennellement son attachement aux Droits de l'homme et aux principes de la souveraineté nationale tels qu'ils ont été définis par la Déclaration de 1789, confirmée et complétée par le préambule de la Constitution de 1946, ainsi qu'aux droits et devoirs définis dans la Charte de l'environnement de 2004 ».
[15] Cons. Const., 16 juillet 1971, Décision n° 71-44 DC.
[16] L. Favoreu et L. Philip, *Les grandes décisions du Conseil constitutionnel*, Dalloz, 14e éd., n° 18-1 et suivants, p. 235, *spéc.* n° ^s 18-14 et s., p. 243 et s.
[17] L. Favoreu et L. Philip, *op. cit.*, n° ^s 18-21 et s.
[18] Notons à cet égard que le préambule de la Constitution des États-Unis débute par ces mots : « *We, the people of the United States (...)* » et que le *Bill of Rights* anglais s'ouvre sur la liste des griefs imputés à Jacques II, le roi d'Angleterre renversé en 1688.

9. D'un instrument à portée normative à un instrument technique à portée normative. C'est donc par l'entremise au départ de la jurisprudence judiciaire, puis de la jurisprudence administrative et, enfin, de la jurisprudence du Conseil constitutionnel que la Déclaration de 1789 est passée d'un texte descriptif à un texte normatif. En effet, comme le souligne le professeur Alain SUPIOT, « moins encore que celle de Loi, l'idée de Droit ne saurait prétendre à l'Universalité. Avec le Droit, la Loi change de nature. De prescription révélée à jamais dans un Texte immuable, elle devient un objet technique, dont le sens procède de l'esprit de l'Homme qui peut la créer ou la réformer. Ainsi défini, le Droit est le fruit d'une longue histoire européenne qui a conduit à reconnaître à l'Homme la maîtrise des lois qui le gouvernent »[19].

L'introduction de la question prioritaire de constitutionnalité parachève donc la lente évolution dans le droit interne français de la Déclaration de 1789 et en fait un outil technique qui, non seulement peut être redéfini dans ses termes par la jurisprudence constitutionnelle tant du Conseil constitutionnel lui-même que de la Cour de cassation et du Conseil d'Etat eux-mêmes, mais également un instrument qui permet au justiciable de contrôler les lois dont il est le sujet et dont il peut, par l'entremise de l'intégration de la Déclaration au bloc de constitutionnalité, en maîtriser l'application.

10. Technicité et fondamentalisation. L'on pourrait objecter, à la lumière des développements précédents que l'histoire contée n'est que celle d'une fondamentalisation progressive. C'est oublier un peu vite, nous semble-t-il, que lorsqu'il y a fondamentalisation des droits, les droits et libertés fondamentaux sont nourris de la technicité des dispositions en cause et que, avant et après la judiciarisation[20] des droits fondamentaux, entendue comme la confrontation à un plus haut degré sur la pyramide des normes, subsiste une technicité nouvellement incarnée dans les droits fondamentaux ainsi judiciarisés. En ce sens, la procédure de question prioritaire de constitutionnalité a amplifié un mouvement préexistant et il nous échoit désormais la démonstration de la technicité de certains principes issus de la Déclaration des droits de l'Homme et du Citoyen. Le principe d'égalité qui y est contenu est d'ailleurs un exemple d'une telle technicisation puisque mentionné au sein de trois articles différents, il serait envisageable qu'il n'existe qu'en un seul bloc dans la perspective d'une unique fondamentalisation. Or, si comme nous le subodorons, il existe en miroir une technicisation, et que le principe d'égalité est d'application différentielle selon la disposition en cause, alors preuve sera faite que le mouvement n'est

---

[19] A. Supiot, « *Homo juridicus.* Essai sur la fonction anthropologique du Droit », Seuil, 2005, p. 283.

[20] F. Chénédé, *art. préc.*

pas uniquement ascensionnel – fondamentalisation – mais également descendant – technicisation.

B. La technicité avérée de la Déclaration de 1789

11. Annonce. La technicité de la Déclaration de 1789 se fait ressentir de plus en plus comme un effet de l'introduction, par la réforme constitutionnelle du 23 juillet 2008, de la question prioritaire de constitutionnalité. En effet, s'il aurait pu être difficile, avant cette réforme de voir opérer des trajectoires différentes de certains principes issus de la Déclaration des droits de l'Homme et du citoyen, il est désormais plus aisé, au vu de l'augmentation du nombre de décisions constitutionnelles – qu'elles aient été rendues par le Conseil constitutionnel lui-même ou par les juridictions du filtre – d'analyser la différenciation des principes issus de cette partie du bloc de constitutionnalité (1) et, de manière prospective, de proposer un éventuel devenir de la technicisation de ces trajectoires par des mécanismes procéduraux (2).

1) Les trajectoires différenciées des principes issus de la DDHC

12. QPC et technicité. Si la technicité purement procédurale de la procédure de question prioritaire de constitutionnalité ne sera pas abordée[21], il conviendra en revanche d'aborder la technicisation des dispositions de la DDHC tant par la procédure de saisine *a priori* qu'*a posteriori*. Pour ce faire, nous ne prendrons qu'un seul exemple mais qui a donné lieu au plus important nombre de décisions depuis l'introduction de la question prioritaire de constitutionnalité : le principe d'égalité. Nous nous permettrons, ensuite, de jeter quelques ponts sur les éventuelles utilisations de certaines dispositions de la DDHC et sur la technicisation possible d'autres principes.

13. Exégèse des dispositions. Le principe d'égalité est énoncé dans trois articles de la Déclaration de 1789 qui emploient le terme « égal » ou des équivalents.
Le Conseil constitutionnel, tant dans les saisines *a priori* qu'*a posteriori*, a fait une application différenciée de ce principe alors que l'exégèse pure des dispositions de la Déclaration des droits de l'Homme ne laissait pas entendre une telle trajectoire.
Ainsi, l'article 1er de la Déclaration est la première disposition à traiter du principe d'égalité. Celui-ci dispose que « Tous les hommes naissent et

---

[21] Nous pensons à la nécessité d'un ministère obligatoire, d'un écrit distinct et motivé, de ce qui est entendu par une « disposition législative », etc.

demeurent libres et égaux » ; l'article 6 énonce, quant à lui, que « [la loi] doit être la même pour tous, soit qu'elle protège, soit qu'elle punisse » ; enfin, l'article 13 dispose qu'une contribution commune – l'impôt au sens large – « doit être également répartie entre tous les citoyens, en raison de leurs facultés ».

La formulation du Conseil constitutionnel[22] et de la Cour de cassation lors de ses décisions QPC[23] est désormais ancrée et, quelle que soit la disposition en jeu, est la suivante : « le principe d'égalité ne s'oppose ni à ce que le législateur règle de façon différente des situations différentes, ni à ce qu'il déroge à l'égalité pour des raisons d'intérêt général pourvu que, dans l'un et l'autre cas, la différence qui en résulte soit en rapport direct avec l'objet de la loi qui l'établit »[24].

Une telle formulation, employée quelle que soit la disposition de la Déclaration sur laquelle se fonde la contestation, ne permet donc pas de faire le départ entre les trajectoires du principe d'égalité. Il faut alors se concentrer sur les domaines pour lesquels les articles de la DDHC sont utilisés et, ensuite, sur les exigences procédurales posées par la Cour de cassation et le Conseil constitutionnel dans la mise en œuvre de la question prioritaire de constitutionnalité.

14. La diversification des domaines du principe d'égalité. Concernant les articles 1 et 6 de la Déclaration des droits de l'Homme, il semble qu'ils pourraient être renvoyés dos à dos puisque, si le premier de ces textes garantit à la naissance et dans la durée l'égalité des droits, le second, quant à lui, consiste à poser un principe selon lequel il ne peut y avoir de lois différentes pour le traitement de personnes placées dans une même situation. En somme, ces articles se rejoignent sur le critère d'application uniforme de la loi à tous les citoyens. Leurs domaines sembleraient donc confondus.

Or, à l'analyse des décisions du Conseil constitutionnel, il semble que ce dernier fasse une différence d'application des deux articles. Il n'est qu'à, de ce point de vue, vérifier l'utilisation de l'article 1er et de l'article 6 pour s'en convaincre.

L'article 1er est sans doute le moins utilisé des textes concernant l'égalité au sein de la DDHC. Le Conseil constitutionnel, s'il a pu affirmer que

---

[22] Par ex. Cons. const., 9 avril 1996, décision DC n° 96-375, § 8. Il convient de noter qu'il s'agit là d'une nouvelle formulation par le Conseil constitutionnel : *comp.* Cons. const., 7 janvier 1988, décision DC n° 87-232, § 10.

[23] Pour un exemple récent en droit pénal s'agissant de la Cour de cassation jouant le rôle de filtre des questions prioritaires de constitutionnalité : Crim., 21 mars 2017, n° 17-90.003.

[24] A cet égard il convient de noter que la Cour de cassation, reprenant la formule du Conseil constitutionnel exerce pleinement son rôle de filtre et, par là même, devient « pré-juge » de la constitutionnalité de la disposition en cause.

« l'égalité devant la loi est une exigence de valeur constitutionnelle prévue [à l'article 1er de la DDHC] »[25] et que s'y appliquent les mêmes principes que ceux des autres articles relatifs au principe d'égalité[26], il semble toutefois l'utiliser, d'après les auteurs, dans une perspective universaliste[27]. En effet, les hypothèses d'application de cet article sont rares et ne concernent que des questions d'égalité de valeurs politiques au sens étymologique de fondation de la *polis* – la cité. Ainsi, il a pu être utilisé concernant l'égalité entre les hommes et les femmes[28] ou s'agissant de défaillances des services de l'état civil[29] ou encore, en matière de question prioritaire de constitutionnalité, de discriminations selon le mode de vie itinérant[30].
Cet article se différencie donc, dans ses hypothèses d'application, de l'article 6 de la même Déclaration puisque ce dernier est sans doute l'article le plus usité dans la jurisprudence *a priori* et *a posteriori* du Conseil constitutionnel[31]. Ce faisant, l'article 6 garantissant l'égalité devant la loi de tous les citoyens. Elle s'applique donc dans des matières nécessairement plus vastes et pour des questions qui n'apparaissent pas, en premier lieu, aussi délicates. Cette divergence de trajectoire se retrouve dans la confrontation des articles 6 et 13 de la Déclaration.

15. Différences entre l'article 6 et l'article 13. L'article 6 garantissant l'égalité devant la loi, et devant la loi fiscale notamment, se différencie-t-il de l'article 13 qui, en termes de contribution publique crée également une règle d'égalité ? Les auteurs sont sur ce point assez clairs quant à la prise en compte de la situation du contribuable. En effet, si l'article 6 implique une appréciation *in abstracto* de la situation fiscale du contribuable, l'article 13 implique, quant à lui, une appréciation *in concreto* d'une telle situation[32].

---

[25] Cons. const., 16 mars 2006, décision DC n° 2006-533, § 12.
[26] Cons. const., 15 novembre 2007, décision DC n° 2007-557, § 6.
[27] Cf. *Code constitutionnel et des droits fondamentaux,* Dalloz, 2018, annotations sous article 1er DDHC.
[28] Cons. const., 16 mars 2006 *préc.*
[29] Cons. const., 15 novembre 2007 *préc.*
[30] Cons. const., 9 juillet 2010, décision QPC n° 2010-13, § 6.
[31] Sur les années 2016 à septembre 2018, non inclus, l'article 6 de la DDHC est cité pas moins de 41 fois dans les décisions du Conseil constitutionnel rendues *a priori* et *a posteriori* contre 13 occurrences pour l'article 13 s'agissant de la même période et de 17 occurrences pour la combinaison des articles 6 et 13. Aucune occurrence, en revanche, n'a été trouvée concernant l'article 1er de la DDHC.
[32] R. Torlet et M. Valeteau, « La jurisprudence du Conseil constitutionnel relative au principe d'égalité depuis l'institution de la question prioritaire de constitutionnalité », *Dr. fisc.*, 26 mars 2015, n° 1 : « Ces textes [les articles 6 et 13 de la DDHC] qui constituent les deux branches du principe d'égalité devant l'impôt conduisent à opérer des analyses de situation en litige différentes. Ainsi, si le

Ainsi, selon que la demande est formée sur l'application de la loi fiscale à une catégorie de personnes uniquement ou que la demande est formée sur l'assujettissement à une imposition spécifique, il sera nécessaire de fonder celle-ci sur un article différent. Le travail du juge du filtre, en premier lieu, puis du Conseil constitutionnel sera alors également différent.

16. Conclusion. En somme, et alors que la portée purement prescriptive d'un texte tel que la Déclaration des droits de l'Homme et du Citoyen aurait eu pour effet d'englober toutes les questions d'égalité au sein de l'article 1er – raisonnement qui, d'ailleurs, en 1947, avait conduit le tribunal civil de la Seine à considérer le préambule de la Constitution et les principes s'y trouvant comme un bloc homogène –, sa transformation prescriptive conduit aujourd'hui à une application différenciée du principe d'égalité selon les mots utilisés par la Déclaration elle-même. La jurisprudence « technicise » alors les droits fondamentaux et les mots du professeur SUPIOT résonnent en faveur de cette technicisation par la différenciation. Une telle différenciation a déjà été, et sera nécessairement, amplifiée par la jeune procédure de question prioritaire de constitutionnalité. Certaines décisions jettent d'ores et déjà les bases d'une technicisation du texte de la Déclaration de 1789 et, par extension, de l'ensemble des dispositions issues du bloc de constitutionnalité.

2) La technicisation de la Déclaration des droits de l'Homme par la procédure de question prioritaire de constitutionnalité

17. Une voie procédurale de technicité. Les décisions processuelles permettant de rendre plus techniques les dispositions du bloc de constitutionnalité et, plus particulièrement, de la Déclaration des droits de l'Homme elle-même ne sont pas pléthores. Les premières décisions de la Cour de cassation en matière de filtrage étaient d'ailleurs peu motivées pour permettre une réelle technicité et semblaient accorder au juge du filtre le pouvoir d'une décision globale[33].

---

principe d'égalité devant la loi fiscale invite à procéder à une comparaison entre la situation de contribuables différents, le principe d'égalité devant les charges publiques invite davantage à apprécier intrinsèquement la situation d'un contribuable prise isolément ».

[33] A titre d'exemple, v. Crim., 31 mai 2010, n° s 05-87.745, 09-86.381, 10-81.098, 10-90.001 à 10-90.020, 10-90.023, 10-90.024 et 10-90.028 : « Attendu qu'il est soutenu que les dispositions des articles 62, 63, 63-1, 63-4, 77 et 706-73 du code de procédure pénale, relatives à la garde à vue, sont contraires aux droits de la défense, au droit à une procédure juste et équitable, au droit à la liberté individuelle, au droit de ne pas faire l'objet d'arrestations d'une rigueur non nécessaire, au droit à l'égalité devant la loi et devant la justice, droits garantis par les principes fondamentaux

Toutefois, deux décisions en particulier nous semblent intéressantes du point de vue de l'influence technique de la procédure sur le droit substantiel[34].

La première décision a été rendue par la chambre criminelle de la Cour de cassation le 4 juin 2010[35]. Dans cette affaire, et à l'occasion d'une question prioritaire de constitutionnalité qui mettait en cause la conformité de l'article 63 du code de procédure pénale[36] tant « aux dispositions de

---

reconnus par les lois de la République, par les articles 1er, 2, 4, 6, 7, 9 et 16 de la Déclaration des droits de l'homme et du citoyen ainsi que par les articles 1er, 34 et 66 de la Constitution ;
Attendu que les dispositions contestées sont applicables aux procédures en cause ;
Qu'elles n'ont pas déjà été déclarées, dans leur intégralité, conformes à la Constitution dans les motifs et le dispositif d'une décision du Conseil constitutionnel ;
Que les questions posées présentent un caractère sérieux en ce qu'elles concernent la garantie de la liberté individuelle et des droits reconnus à la défense ;
D'où il suit qu'il y a lieu de les renvoyer au Conseil constitutionnel ; »

[34] Ce, même si d'autres décisions pourraient se révéler tout aussi intéressantes, notamment la saga relative à la volonté de la Cour de cassation de ne pas soumettre son interprétation jurisprudentielle de dispositions législatives aux fourches caudines du Conseil constitutionnel (Crim., 11 juin 2010, n° 10-81.810) par une interprétation sans doute trop formaliste du texte, et la possibilité mentionnée par le Conseil constitutionnel que l'interprétation de la disposition soit analysée par lui. La DDHC se nourrirait ainsi des interprétations jurisprudentielles des textes et les interprètes devraient alors se conformer aux directives qu'un tel texte serait susceptible de donner dans l'interprétation de normes législatives. En ce sens la Cour de cassation semble d'ailleurs déjà avoir pris le pli : Crim., 24 mai 2016, n° 16-90.007 : « Attendu qu'ainsi, aménagée dans le cadre d'un régime protecteur des libertés conçu conformément aux articles 4 et 5 de la Déclaration des droits de l'homme de 1789 ainsi qu'à l'article 66 de la Constitution, l'enquête de flagrance, dans l'exécution de laquelle prend place l'acte contesté, est assortie, dès son ouverture et tout au long de son exécution, des garanties appropriées comportant, au bénéfice de la personne contrainte, le droit à un recours effectif devant l'autorité judiciaire, à qui il appartient de vérifier la légalité des actes accomplis par les officiers et agents de police judiciaire ;
D'où il suit qu'il n'y a pas lieu de renvoyer la question au Conseil constitutionnel ».

[35] Crim., 4 juin 2010, n° 10-90.033.

[36] Art. 63 CPP : « L'officier de police judiciaire peut, pour les nécessités de l'enquête, placer en garde à vue toute personne à l'encontre de laquelle il existe une ou plusieurs raisons plausibles de soupçonner qu'elle a commis ou tenté de commettre une infraction. Il en informe dès le début de la garde à vue le procureur de la République.
La personne gardée à vue ne peut être retenue plus de vingt-quatre heures. Toutefois, la garde à vue peut être prolongée pour un nouveau délai de vingt-quatre heures au plus, sur autorisation écrite du procureur de la République. Ce magistrat

l'article 6-1 de la Convention européenne des droits de l'homme » qu'aux « droits et libertés garantis par la Constitution », la chambre criminelle a considéré la question irrecevable « en ce qu'elle vise la conformité de la disposition contestée à la Convention européenne des droits de l'homme ». D'apparence anodine, cette décision nous semble utile à la manière de repenser la question prioritaire de constitutionnalité dans ses volets substantiel et processuel de deux façons.

Premièrement, la question posée ne mettait pas uniquement dans la balance la Convention européenne des droits de l'homme puisqu'elle demandait à la Cour de cassation de dire si l'article 63 du code de procédure pénale portait atteinte aux droits et libertés garantis par la Constitution. De ce point de vue, la Cour de cassation essentialise la question sur la mention d'un instrument international qui, effectivement, ne rentre pas dans les critères de recevabilité d'un tel outil juridique[37].

Deuxièmement, et en conséquence, la chambre criminelle de la Cour de cassation se refuse à une requalification de la question posée et semble attendre des parties qu'elles fondent précisément leur argumentaire sur la disposition issue du bloc de constitutionnalité. C'est donc une connaissance précise du bloc de constitutionnalité et de ses interprétations qui est attendue par la plus haute juridiction de l'ordre judiciaire. Dans son rôle de filtre, la Cour de cassation ne reformule pas non plus la question prioritaire de constitutionnalité posée si le risque existe d'une modification de son objet ou de sa portée[38], preuve de surcroît de la nécessité d'une question précise.

---

peut subordonner cette autorisation à la présentation préalable de la personne gardée à vue.
Sur instructions du procureur de la République, les personnes à l'encontre desquelles les éléments recueillis sont de nature à motiver l'exercice de poursuites sont, à l'issue de la garde à vue, soit remises en liberté, soit déférées devant ce magistrat.
Pour l'application du présent article, les ressorts des tribunaux de grande instance de Paris, Nanterre, Bobigny et Créteil constituent un seul et même ressort. »

[37] Art. R. 49-21 CPP : « Conformément aux dispositions de l'article 21-1 de l'ordonnance n° 58-1067 du 7 novembre 1958, (...) la partie qui soutient (...) qu'une disposition législative porte atteinte aux droits et libertés garantis par la Constitution doit, à peine d'irrecevabilité, présenter ce moyen dans un écrit distinct et motivé ».

[38] Pour une décision récente, v. Civ. 2e, 3 mai 2018, n° 18-40.009 : « Que si la question peut être reformulée par le juge à l'effet de la rendre plus claire ou de lui restituer son exacte qualification, il ne lui appartient pas d'en modifier l'objet ou la portée ; que, dans une telle hypothèse, il y a lieu de considérer que la Cour de cassation est régulièrement saisie et se prononce sur le renvoi de la question prioritaire de constitutionnalité telle qu'elle a été soulevée dans le mémoire distinct produit devant la juridiction qui la lui a transmise ».

La seconde décision est plus récente[39] et plus expressément motivée quant à une telle précision. Dans la veine de décisions rendues précédemment[40], la deuxième chambre civile de la Cour de cassation a jugé, dans un arrêt du 10 mars 2016[41] que la question posée, formulée de la manière suivante : « Les dispositions de l'article L. 834-1 du code de la sécurité sociale issues notamment des lois du 16 juillet 1071 n° 71-582, du 30 juillet 1987 n° 87-588, du 13 juillet 2006 n° 2006-872 (article 79-III) et du 24 décembre 2007 n° 2007-1822 (article 135 de la loi de finances pour 2008), applicable avant l'entrée en vigueur de la loi n° 2014-1655 du 29 décembre 2014 de finances rectificative pour 2014 et notamment au titre des années 2008 et 2009, sont-elles susceptibles de porter atteinte aux droits et libertés garantis par la Constitution du 4 octobre 1958 ? », était irrecevable en ce qu'elle n'invoquait, à l'encontre de la disposition législative contestée, la violation d'aucune disposition, règle ou principe à valeur constitutionnelle.

18. Analyse. À la lumière de ces deux décisions, il nous semble que le plaideur doit invoquer une disposition précise du bloc de constitutionnalité. Il doit donc exister, à l'instar de l'article 56 du code de procédure civile, un fondement précis à la demande. S'il s'agit d'un truisme pour les processualistes, il conviendra de nous excuser du suivant. Non seulement le fondement juridique doit être précis pour que la question soit recevable, mais encore doit-il être le bon pour que le juge puisse correctement examiner le bien-fondé de la demande. Ainsi, et sachant que la requalification juridique n'est qu'une faculté pour le juge[42], il conviendrait à l'avenir pour tous les rédacteurs d'une question prioritaire de constitutionnalité de bien vérifier que la disposition, règle ou principe à valeur constitutionnelle est applicable au litige et ce, au vu de la jurisprudence constitutionnelle du Conseil constitutionnel, de la Cour de cassation ou du Conseil d'Etat.
S'agissant du principe d'égalité – et pour ne traiter que du texte qui nous intéresse ici[43] - il faudrait alors différencier le domaine d'application des articles 1er, 6 et 13 de la Déclaration des droits de l'Homme aux fins d'invoquer la disposition la plus pertinente pour contester l'application d'une disposition législative et son interprétation.

---

39 Entre-temps d'autres décisions de la Cour de cassation avaient pu se prononcer sur l'invocation expresse d'une disposition ou d'un principe issu du bloc de constitutionnalité. En ce sens : Crim., 1er février 2011, n° 10-90.121 ; Civ. 2e, 8 février 2012, n° 11-40.107.
40 V. *note précédente.*
41 Civ. 2e, 10 mars 2016, n° 16-40.008.
42 Art. 12 CPC.
43 Sachant que de nombreuses autres dispositions du bloc de constitutionnalité traitent du principe d'égalité.

19. Conclusion. Si, comme vu précédemment[44], la technique juridique est une façon de parvenir à la réalisation des droits par un savoir-faire et par l'acquisition de connaissances, alors à la question de savoir si la Déclaration des droits de l'Homme et du Citoyen revêt depuis l'introduction de la question prioritaire de constitutionnalité dans le paysage juridique français un caractère technique, il nous semble falloir répondre par l'affirmative. En effet, la nécessite d'un fondement précis issu du bloc de constitutionnalité et plus particulièrement de la Déclaration du 26 août induit la connaissance des trajectoires différenciées de certains principes issus du bloc de constitutionnalité : la possibilité de voir un moyen de pur droit qu'est la QPC examiné par le Conseil constitutionnel nécessite alors une connaissance technique de la politique jurisprudentielle de la Cour de cassation ou du Conseil d'Etat, mais également du Conseil constitutionnel.
Encore nous faut-il d'emblée préciser qu'un tel texte à vocation normative revêt une *certaine* technicité, une technicité relative. En effet, parce qu'elle est une condensation de principes à valeur – initialement – politique, c'est-à-dire dans le sens étymologique de valeurs permettant à la *polis* – la cité – de fonctionner le plus correctement possible, la Déclaration de 1789 ne pourra être faite ou interprétée de façon totalement technique, liée ainsi par son ambition de départ et l'inconscient collectif d'un « âge d'or » révolutionnaire.
En conséquence, et parce qu'elle est une vigie quant à l'application des dispositions issues des premiers étages de la pyramide de Kelsen, la Déclaration des droits de l'Homme et du citoyen fait autorité sur ces dernières dont les sujets ont une tendance naturelle à invoquer des valeurs politiques au soutien de la réalisation de leurs droits. C'est la raison pour laquelle en miroir de cette technicité relative existe un mouvement plus visible, parce que plus politique : la fondamentalisation des droits.

II. La fondamentalisation, miroir de la technicisation de la DDHC

20. La fondamentalisation du droit, mouvement plus politique et plus visible que la technicisation des droits fondamentaux implique un mouvement ascendant opéré par le juge qui est, *in fine,* le véritable créateur de cette fondamentalisation. Ainsi, la fondamentalisation implique une modélisation des droits en droits fondamentaux et devient le vecteur d'une véritable coproduction normative.

---

[44] V. *supra n° 2.*

A. La modélisation des droits en droits fondamentaux

21. Droit et modélisation. Toute modélisation implique une approximation. Il faut en effet retrancher, parfois de façon arbitraire, les contingences qui ne semblent pas nécessaires au façonnneur du modèle[45]. Un économiste, PARETO, a pu à cet égard discourir sur une théorie des « approximations successives »[46]. En effet, le Droit lui-même est une modélisation de la réalité de la vie en société, à ceci près que, loin d'être un ordre descriptif, il est un ordre prescriptif. Même alors, il ne reflètera jamais exactement la réalité telle qu'elle est ou qu'elle se vit.
Au sein même du droit, les droits fondamentaux ne pourront jamais représenter entièrement la technicité des droits qui leur sont subordonnés puisqu'ils sont liés par leur ambition politique initiale.
Ainsi, la modélisation des droits en droits fondamentaux comporte une part d'arbitraire et d'approximations nécessaires mais pas inconnue des droits non-fondamentaux[47]. En somme, le façonneur des droits fondamentaux doit éliminer les contingences qui ne semblent pas essentielles afin de dégager l'essence commune entre le droit et le texte de droit fondamental à rapprocher.

22. Droits et droits fondamentaux. La subsomption opérée par la jurisprudence constitutionnelle de droits en droits fondamentaux, si elle semble être complètement justifiée peut parfois laisser un peu sans voix l'observateur par le rapprochement d'un droit fondamentalisé à un texte qui, à l'étude, semblait, sinon l'exclure, du moins ne pas l'inclure. Les développements à suivre, s'ils ont vocation à être circonscrits à la Déclaration des droits de l'Homme et du Citoyen pourraient, avec une analyse plus poussée, être appliqués à d'autres textes garantissant des droits fondamentaux.
Coexistent ainsi à la fois une subsomption évidente vers les articles de la Déclaration de 1789 et une subsomption changeante, c'est-à-dire la migration d'un droit fondamental sous une disposition pour une autre disposition du texte.

---

[45] H. Croze, « Essai de simulation et de modélisation juridiques : apprendre la procédure en jouant aux cartes », *JCP G*, n° 39, 24 septembre 2018, doctr. 997, n° s 5 et 8 à 11.
[46] C. Baldin et L. Ragni, « La rupture du moment machiavélien dans l'économie et la sociologie politique de Pareto : risque d'incohérence pour la méthode des approximations successives », XVe Colloque International de l'Association Charles Gide pour l'étude de la pensée économique, juin 2014, Lyon, disponible sur le site HAL à l'adresse suivante : https://halshs.archives-ouvertes.fr/halshs-01241318
[47] Que l'on songe, par exemple, aux standards juridiques pour lesquels le législateur laisse au juge le soin, par l'usage, de l'investir d'une substance plus technique.

1. Une subsomption évidente

23. Des doublons normatifs. Il est certains textes législatifs qui ne sont *expressis verbis* qu'une redite de la Déclaration du 26 août. À ce titre, la propriété, droit naturel et imprescriptible[48], est un exemple topique.
Il n'est qu'à comparer l'article 545 du Code civil disposant que « Nul ne peut être contraint de céder sa propriété, si ce n'est pour cause d'utilité publique, et moyennant une juste et préalable indemnité » et l'article 17 de la Déclaration qui énonce, quant à lui, que « La propriété étant un droit inviolable et sacré, nul ne peut en être privé, si ce n'est lorsque la nécessité publique, légalement constatée, l'exige évidemment, et sous la condition d'une juste et préalable indemnité ». L'exégèse du texte laisse entendre que les deux règles sont des doublons normatifs. Il semblerait que les légistes de 1804 aient souhaité concrétiser la règle fondamentale de l'article 17 de la Déclaration des droits de l'Homme et du Citoyen. La subsomption est donc ici complètement justifiée, évidente.

24. Des domaines similaires. Des auteurs on pu considérer, même après la loi du 15 juin 2000[49] – et alors que nombre d'ouvrages considèrent que les principes directeurs de la procédure pénale ne sont contenus que dans l'article préliminaire du code de procédure pénale et la Convention européenne des droits de l'Homme[50] – que les articles 7, 8 et 9 de la Déclaration formaient les principes directeurs de la procédure pénale[51]. Est-ce à dire que l'article préliminaire du code de procédure pénale et les articles 7, 8 et 9 de la Déclaration se recoupent totalement ? La lecture comparée des deux textes laisse entrevoir un recoupement des domaines même si chacun des domaines de ces articles dépasse le cadre tracé par l'autre.

En effet, alors que les articles 7, 8 et 9 traitent respectivement de la prévisibilité du droit pénal, de la sanction des actes arbitraires, de la nécessité de coopération de tout citoyen[52] ; de la légalité et la

---

[48] Art. 2 DDHC : « Le but de toute association politique est la conservation des droits naturels et imprescriptibles de l'Homme. Ces droits sont la liberté, la propriété, la sûreté, et la résistance à l'oppression ».

[49] Loi n° 2000-516 ayant inséré un article préliminaire au sein du code de procédure pénale.

[50] B. Bouloc, « Procédure pénale », Précis Dalloz, 26e éd., n° s 112 et s. ; L. Lazerges-Cousquer et F. Desportes, « Traité de procédure pénale », Economica, 4e éd., n° s 222 et s.

[51] O. Desaulnay, *thèse préc.*, n° 269.

[52] Art. 7 DDHC : « Nul homme ne peut être accusé, arrêté ni détenu que dans les cas déterminés par la Loi, et selon les formes qu'elle a prescrites. Ceux qui sollicitent,

proportionnalité des peines[53] ; de la présomption d'innocence et de la proportionnalité des actes de contrainte[54].
L'article préliminaire du code de procédure pénale, quant à lui, et concernant ces domaines traitement également, et uniquement, de la présomption d'innocence et de la proportionnalité des actes de contrainte[55]. Toutefois, et pour exemple, l'article préliminaire expose en outre le principe d'égalité des citoyens devant la loi pénale[56], ce qui ressortit de l'article 6 de la Déclaration de 1789[57].

En tout état de cause, il ne fait pas de doute que les articles 7, 8 et 9 de la Déclaration des droits étaient presque entièrement tournés vers la matière pénale[58]. En effet, ces derniers sont un « tryptique consacré à la loi répressive »[59]. Ainsi, l'article 7 consacre des principes fondamentaux du droit pénal de fond et du droit pénal de forme[60]. L'article 8 également puisqu'il « vise pour la première fois à sauvegarder la dignité humaine du

---

expédient, exécutent ou font exécuter des ordres arbitraires, doivent être punis ; mais tout citoyen appelé ou saisi en vertu de la Loi doit obéir à l'instant : il se rend coupable par la résistance ».

[53] Art. 8 DDHC : « La Loi ne doit établir que des peines strictement et évidemment nécessaires, et nul ne peut être puni qu'en vertu d'une Loi établie et promulguée antérieurement au délit, et légalement appliquée ».

[54] Art. 9 DDHC : « Tout homme étant présumé innocent jusqu'à ce qu'il ait été déclaré coupable, s'il est jugé indispensable de l'arrêter, toute rigueur qui ne serait pas nécessaire pour s'assurer de sa personne doit être sévèrement réprimée par la loi » ; v. également Cons. const., 11 août 1983, décision DC n° 93-326.

[55] Art. préli., III, al. 1 à 3, CPP : « Toute personne suspectée ou poursuivie est présumée innocente tant que sa culpabilité n'a pas été établie. Les atteintes à sa présomption d'innocence sont prévenues, réparées et réprimées dans les conditions prévues par la loi.
Elle a le droit d'être informée des charges retenues contre elle et d'être assistée d'un défenseur.
Les mesures de contraintes dont cette personne peut faire l'objet sont prises sur décision ou sous le contrôle effectif de l'autorité judiciaire. Elles doivent être strictement limitées aux nécessités de la procédure, proportionnées à la gravité de l'infraction reprochée et ne pas porter atteinte à la dignité de la personne ».

[56] Art. préli., I, al. 2, CPP.

[57] V. pour une consécration antérieure à la création de l'article préliminaire du code de procédure pénale : Cons. const., 23 juillet 1975, décision DC n° 75-76.

[58] G. Conac, M. Debene et G. Teboul (dir.), « La déclaration des droits de l'homme et du citoyen de 1789 », Economica, 1993, p. 159-208.

[59] E. Michelet, « Article 7 », *in* G. Conac, M. Debene et G. Teboul (dir.), *op. cit.*, p. 163.

[60] E. Michelet, *op. cit.*, p. 163-164.

coupable »[61], « établit en creux le principe de légalité des peines »[62] et « précise (...) les limites qui s'imposent au droit de punir »[63]. Enfin, l'article 9 de ce texte consacre la présomption d'innocence chère à BECCARIA[64].

C'est la raison pour laquelle ces textes se sont vus mobilisés concernant la convocation en enquête préliminaire[65], la qualification d'une amende fiscale ou de la déchéance de nationalité[66] ou, enfin, que la présomption d'innocence a été considérée comme un principe constitutionnel[67].
Les questions pénales ressortissent donc naturellement du domaine de ces articles. La fondamentalisation des questions répressives sous des dispositions de direction de la politique criminelle participe donc d'une subsomption évidente.
Il n'en est pas de même pour toutes les dispositions de la DDHC.

2. Une subsomption changeante

25. Deux exemples permettront d'illustrer que la fondamentalisation peut présenter un certain risque d'insécurité juridique lié aux approximations nécessaires auxquelles elle donne lieu : le droit de propriété et le droit à la vie privée.

26. Droit de propriété. La protection du droit de propriété s'est faite, un temps[68], sur le fondement de l'article 4 de la Déclaration. Cet article, dont les termes sont pour le moins généraux, a permis au Conseil constitutionnel d'y subsumer le droit de propriété, en ce exclue l'expropriation pour cause d'utilité publique, ainsi que sous l'article 2 de la Déclaration du 26 août.
Toutefois, l'article 4 n'est plus mentionné dans les décisions du Conseil

---

[61] M. Caverivière, « Article 8 », *in* G. Conac, M. Debene et G. Teboul (dir.), *op. cit.*, p. 173.
[62] *Ibidem.*
[63] *Ibidem.*
[64] Cesare de Beccaria, « Des délits et des peines », Flammarion, Paris, 1979, §XII, p. 71 et 72.
[65] Cons. const., 18 juin 2012, décision QPC n° 2012-257, § 7 (à propos de l'article 7 DDHC).
[66] Respectivement Cons. const., 29 décembre 2003, décision DC n° 2003-489 et Cons. const., 23 janvier 2015, décision QPC n° 2014-439 (à propos de l'article 8 DDHC).
[67] Cons. const., 8 juillet 1989, décision DC n° 89-258 (à propos de l'article 9 DDHC).
[68] Cf. *Code constitutionnel et des droits fondamentaux,* 2018, annotations sous art. 4 DDHC.

constitutionnel pour le droit de propriété, à notre connaissance, depuis le mois de juin 2010[69] alors que, depuis 2016, les sages de la rue Montpensier ont été saisis de 10 questions prioritaires de constitutionnalité relatives au droit de propriété[70] et que la seule utilisation combinée des articles 2 et 4 de la Déclaration n'est relative qu'à la liberté d'entreprendre ou à la liberté d'aller et de venir[71].

La subsomption est ici changeante puisque si le droit de propriété a été consacré sur un article de la Déclaration des droits de l'Homme et du Citoyen, il n'en est plus rien aujourd'hui. La norme de contrôle du droit de propriété a donc changé par un « fait jurisprudentiel », c'est-à-dire la volonté du Conseil constitutionnel de protéger le droit de propriété sur le fondement des articles 2 et 17 de la DDHC et non plus de l'article 4 du même texte. La question du changement est d'importance pour la sécurité juridique si l'on veut bien se souvenir que la nécessité d'une question prioritaire de constitutionnalité précise devient un critère de sa recevabilité. Le changement de norme de contrôle induit une insécurité juridique pour le justiciable souhaitant bénéficier d'une protection constitutionnelle de ses droits.
Parfois en revanche, la subsomption s'opère sur le fondement d'une disposition qui ne la prévoyait pas au départ. C'est donc, non plus à une migration de la norme de contrôle à laquelle on assiste mais à un véritable changement de la substance même de la norme de contrôle afin d'y inclure le droit pour en faire un droit fondamental selon les particulières nécessités du temps. C'est ce qui a été opéré avec le droit à la vie privée.

27. Droit à la vie privée. La vie privée n'a, à l'époque de la Déclaration, quasiment aucune existence[72]. En effet, la notion est à peine en germes et ne se concrétisera que plus tard.
Dans ces conditions, la Déclaration de 1789 ne comporte aucun

---

[69] Cons. const., 10 juin 2010, décision DC n° 2010-607, §9 ; 18 juin 2010, décision QPC n° 200-5, § 5.
[70] C. de Gaumont, « Question prioritaire de constitutionnalité : liste des décisions du Conseil constitutionnel », *Rép. Admin.*, Dalloz, n° s 453 – 622.
[71] V. Cons. const., 22 décembre 2015, décision QPC n° 2015-527. V. également C. Girault, « Contrôles et vérifications d'identités », *Rép. Pén.*, Dalloz, n° 5 ; Cette mobilisation des articles 2 et 4 DDHC a été reprise par le Conseil d'Etat concernant les étrangers, v. CE, 11 avril 2018, n° 418027, *Recueil Lebon* 2018 : « La liberté d'aller et venir, composante de la liberté personnelle protégée par les articles 2 et 4 de la Déclaration des droits de l'homme et du citoyen, constitue une liberté fondamentale au sens de l'article L. 521-2 du code de justice administrative ».
[72] B. Beigner et J. Antippas, « La protection de la vie privée », *in* R. Cabrillac (dir.), « Libertés et droits fondamentaux », Dalloz, 22e éd., p. 221 et s.

article garantissant la protection de la vie privée. Héritière du « siècle des médias »[73], la vie privée ne sera consacrée que par une décision du Tribunal civil de la Seine[74] intégrée plus tard à la première loi sur la presse du 11 mai 1868.

Etendue par la suite, elle n'avait que valeur législative[75] et c'est en 1995 que le Conseil constitutionnel la rattache à la liberté individuelle[76]. Elle aurait alors pu être protégée au titre de l'article 1er, de l'article 2 ou de l'article 4 de la Déclaration de 1789, pour ne citer que ces articles. Un auteur de doctrine ayant participé à l'élaboration de la Constitution de 1958 et ayant siégé 9 ans au Conseil constitutionnel a d'ailleurs pu considérer que la protection de l'intimité découlait naturellement des articles 1er de la Déclaration des droits et de l'article 66 de la Constitution[77]. En 1999, le Conseil constitutionnel la rattachera toutefois à l'article 2 de la Déclaration des droits de l'Homme et du Citoyen[78]. Ce faisant, et sans se positionner sur l'opportunité du rattachement à un tel article[79], il faut noter qu'un tel fondement pourrait faire débat[80] et que si le rattachement est par principe à l'article 2, le Conseil constitutionnel mobilise parfois d'autres textes du bloc de constitutionnalité pour affiner, au sein du droit à la vie privée, qui le droit à une vie familiale normale par le préambule de la Constitution de 1946[81], qui, alors que l'affinage était simplement fait avec l'article 2 de la Déclaration des droits

[73] B. Beigner et J. Antipass, *op. cit.*, n° 323, p. 223.

[74] Trib. civ. Seine, 18 juin 1858, *DP* 1858, p. 62.

[75] Le Conseil constitutionnel ne l'avait d'ailleurs pas consacrée, v. N. Molfessis, *Le Conseil constitutionnel et le droit privé*, thèse, LGDJ, 1998, n° s 157 et s., spéc. n° 161.

[76] Cons. const., 18 janvier 1995, décision DC n° 94-352, § 3.

[77] F. Luchaire, « La protection constitutionnelle des droits et des libertés », Economica, 1987, p. 92 : « Ce principe [droit à la vie privée] pourtant doit s'imposer au pouvoir législatif d'abord parce que c'est la conséquence de l'articler 1er de la Déclaration de 1789, ensuite parce que c'est un élément de la liberté individuelle réaffirmée par l'article 66 de la Constitution ».

[78] Cons. const., 13 juillet 1999, décision DC n° 99-416, § 45 ; confirmation par Cons. const., 9 novembre 1999, décision DC n° 99-419, § 73 ; 21 décembre 1999, décision DC n° 99-422, § 52.

[79] Non considéré comme de bon aloi par le professeur Molfessis, v. N. Molfessis, *thèse préc.*, n° 158 : « La même conclusion est confirmée dans cette décision, puisque le Conseil constitutionnel reconnait conformes à la Constitution les dispositions relatives à la publicité de l'impôt, bien que le droit au respect de la vie privée – cette fois fondé à tort sur l'article 2 de la Déclaration de 1789 – ait été à nouveau invoqué » (termes soulignés par nous).

[80] V. F. Luchaire, *préc.* et N. Molfessis, *préc.*

[81] Cons. const., 24 mai 2016, décision QPC n° 2016-543.

de l'Homme et du Citoyen[82], le Conseil constitutionnel mobilise un autre article pour y parvenir[83].

28. Conclusion. Ainsi, la subsomption des droits en droits fondamentaux fait vivre les seconds de façon autonome et crée une certaine insécurité quant à leur domaine qui peut être changé par la jurisprudence du Conseil constitutionnel[84] ou bien être rattaché à une disposition de la Déclaration qui ne prévoyait, ni historiquement, ni dans l'exégèse, une telle possibilité.
Est-ce à dire que la fondamentalisation nécessite des articles que l'on pourrait qualifier de « fourre-tout » ? Il semblerait qu'il s'agisse du pendant nécessaire de la technicité des textes fondamentaux à force d'usage : l'existence d'un ou plusieurs articles dont la généralité des termes permet, dans une perspective résiduelle, d'inclure les droits à consacrer nouvellement selon les exigences particulièrement nécessaires à la période historique[85]. À cet égard, les articles 4 et 16 de la Déclaration sembleraient parfaitement coller à une telle définition puisque le premier de ces textes, par la généralité de ses termes[86], permettrait de garantir des droits n'ayant pas de siège propre *a priori* tandis que le second de ces textes constitue la condition même de l'existence et l'exercice des autres droits contenus dans la même Déclaration[87] et, de ce fait, ses potentialités sont considérables. Faut-il pour autant en conclure que les droits fondamentaux sont des droits « fourre-tout » ? La crainte presque viscérale des auteurs pourrait le laisser croire[88]. C'est toutefois méconnaître les exigences processuelles de la question

---

[82] Cons. const., 21 octobre 2016, décision QPC n° 2016-590, à propos du droit au respect de la vie privée et au secret des correspondances.
[83] Cons. const., 21 juillet 2017, décision QPC n° s 2017-646 et 2017-647, mobilisant, en sus, l'article 4 DDHC à propos du droit au respect de la vie privée et au secret des correspondances alors que la combinaison des articles 2 et 4 de la DDHC est classiquement utilisée s'agissant de la liberté d'aller et venir.
[84] Et, plus largement, par la jurisprudence constitutionnelle, qu'elle émane du Conseil lui-même ou du Conseil d'Etat et de la Cour de cassation.
[85] Il semblerait à cet égard que l'article 8 de la Convention EDH permette d'inclure tant le respect de la vie privée (exégèse du texte), que le droit à un environnement sain (qui aurait pu être tout autant subsumé sous l'article 2, le droit à la vie). Il semble en être de même des articles 4 et 16 de la DDHC.
[86] Art. 4 DDHC : « La liberté consiste à pouvoir faire tout ce qui ne nuit pas à autrui : ainsi, l'exercice des droits naturels de chaque homme n'a de bornes que celles qui assurent aux autres Membres de la Société la jouissance de ces mêmes droits. Ces bornes ne peuvent être déterminées que par la Loi »
[87] Cf. *Code constitutionnel et des droits fondamentaux*, commentaire sous article 16 DDHC.
[88] J-P. Marguénaud, « La fondamentalisation du droit privé », *préc.*, p. 33 ; J. Carbonnier, *Droit et passion du droit sous la Ve République*, Flammarion, 1994, p. 47 et s.

prioritaire de constitutionnalité et créées par la jurisprudence qui nécessitent un fondement précis à la constitutionnalisation du droit.
La fondamentalisation implique en revanche, comme esquissé dans les développements précédents, une prise de pouvoir des juges qui peut légitimement faire craindre le « gouvernement des juges ». Cette lame de fond de retour au juge est d'ores et déjà visible avec la Cour européenne des droits de l'Homme qui sollicite, par la procédure de l'arrêt-pilote, des modifications normatives aux Etats pour être en conformité avec le texte européen. Le juge devient – mais n'a-t-il pas toujours été ?[89] – un coproducteur de norme et il convient dorénavant de l'aborder.

B. La Déclaration de 1789 : vecteur de coproduction normative ?

29. Droits fondamentaux et source jurisprudentielle du droit. L'élaboration d'un corpus de droits fondamentaux implique nécessairement l'érection de la jurisprudence en source de droit[90]. Le débat ayant agité la doctrine afin de savoir si la jurisprudence était une source de droit, entre postulat pluraliste/réaliste et moniste/juridique, cristallisait des positions inconciliables et circulaires[91]. Il ne nous appartiendra pas ici de théoriser la place de la jurisprudence dans l'ordre juridique[92], mais seulement de prendre acte du pouvoir normatif de la jurisprudence à l'heure actuelle[93]. Nous considérerons donc, à la suite d'un auteur, que la jurisprudence est une source de droit[94] puisque, par exemple, la Cour de cassation se hisse elle-même[95], et est hissée[96] au rang de source du droit.

30. Droits fondamentaux et création normative équivalente à la loi. La jurisprudence peut, dans ses décisions, dégager un certain nombre de principes. La Cour de cassation a d'ailleurs déjà pu opérer par un certain nombre de visas de principe des interprétations *contra legem* de dispositions législatives. Ainsi, la normativisation de l'adage *fraus omnia corrumpit* permet de neutraliser complètement le bénéfice d'un droit à un individu

---

[89] D. Mazeaud, « Le nouvel ordre contractuel », *RDC*, octobre 2018, p. 295 et s.
[90] R. Dumas, *thèse préc.*, n° 29.
[91] P. Morvan, « En droit, la jurisprudence est une source du droit », *RRJ*, 2001-, p. 77 et s, n° s 2 – 4.
[92] V. H. Kelsen, « Théorie pure du droit », pour la modélisation en pyramide ; v. P. Morvan, *préc.*, n° s 51 et s., pour la théorie dite « des trois plans ».
[93] D. Lanzara, L*e pouvoir normatif de la Cour de cassation à l'heure actuelle*, thèse, LGDJ, 2017, n° 1.
[94] P. Morvan, *préc.*
[95] P. Morvan, *préc.*, n° 10.
[96] Cour EDH, *Sunday Times*, Série A, n° 30, §47 ; P. Morvan, *préc.*, n° s 13 et s.

ayant opéré dans des visées contraires à ladite institution[97]. De même en est-il, plus techniquement, de la théorie dite « de l'apparence »[98] qui, sous la justification de la sécurité juridique[99], permet de conférer ou d'évincer un droit au profit d'une personne. Dans ses conséquences, un tel principe permet par exemple de rendre l'assureur garant d'un risque alors qu'il n'y a pas eu rencontre effective des volontés mais seulement apparence, pour le souscripteur, de rencontre des volontés[100]. Parfois même, la doctrine sollicite de la Cour de cassation d'opérer un jugement contraire aux dispositions expresses de la loi pour des raisons d'opportunité économique : la condamnation de la possibilité d'agréger les dispositions du droit commun du gage et du gage sur stock en est un exemple topique[101].

En matière de droits fondamentaux, il n'est donc pas rare que la jurisprudence sollicite les droits fondamentaux européens pour en déduire la conformité d'une procédure[102]. La jurisprudence peut ainsi considérer une disposition inconventionnelle et les juges l'écarter dans le litige à eux amené et, comme vu précédemment, s'ils pouvaient auparavant interpréter librement la Constitution[103], les juridictions inférieures au Conseil constitutionnel ne sont aujourd'hui que juges de la constitutionnalité positive des disposition législatives, ce qui ne les empêcherait pas, à notre sens, de construire une interprétation de la norme constitutionnelle tant qu'une telle interprétation ne conduit pas à déclarer une norme inconstitutionnelle.
En somme, que l'on considère que l'interprétation jurisprudentielle s'incorpore au texte – thèse moniste – ou que celle-ci soit le lien entre le plan du droit et celui du fait – thèse des trois plans -, la jurisprudence possède, dans le premier cas la faculté de naviguer sur la pyramide des normes selon le fondement juridique de sa décision et ainsi de pouvoir annuler ou éconduire une disposition de rang inférieur ; soit, dans le second

---

[97] P. Morvan, *préc.*, n° 21.
[98] V. entre autres A. Benabent, « Droit des obligations », Montchrestien, 16e éd., n° s 492 et s.
[99] *Ibidem.*
[100] L. Mayaux, « Contrat d'assurance », *Rép civ.*, Dalloz, n° 12 ; v. également Civ. 1ère, 21 novembre 2006, n° 05-13.582.
[101] Com., 19 février 2013, n° 11-21.763 ; T. de Ravel d'Esclapon, *Dalloz Actualités*, 22 février 2013 : « La solution doit être discutée. Il faut dire que la doctrine majoritaire se prononçait en sens contraire [de l'arrêt commenté] et avait généralement approuvé la solution de la cour d'appel de Paris [décision censurée] ».
[102] V. par exemple Crim., 17 janvier 2012, *Bull. crim.* n° 15, sur l'impossibilité pour le prévenu ayant renoncé à l'assistance d'un avocat de se prévaloir des dispositions de l'article 6 de la Convention EDH ; v. également CE, 6 avril 2006, *AJDA* 2006. 1463, pour un exemple de mobilisation de l'article 6 de la Convention EDH quant à la conformité du mécanisme d'arrêt de l'exécution provisoire.
[103] Trib. civ. Seine, 1ère ch., 22 janvier 1947, *préc.*

cas, faisant le lien entre le plan du droit et celui du fait, elle peut évincer une norme sur le plan du droit au profit d'une autre grâce à la jonction qu'elle opère entre ces plans. Cette idée est accentuée avec les droits fondamentaux qui, pour certains auteurs, sont des droits « hors norme »[104].
Dans les deux cas, l'existence de droits fondamentaux d'une valeur juridique supérieure implique une prise de pouvoir du juge qui, coproduisant la norme fondamentale, peut se situer sur un pied d'égalité avec les autres sources formelles du droit. La question de la place du juge est alors occultée au profit d'une approche moins superficielle[105], celle de l'arbitrage politique[106] opéré par le juge et d'une éventuelle résurgence des arrêts de règlement.

31. Droits fondamentaux et arbitrage politique. L'exemple d'un arbitrage politique du juge des droits fondamentaux est patent avec la question de la gestation pour autrui. Initialement condamnée par l'article 16-7 du Code civil, non encore abrogé à ce jour, la première chambre civile de la Cour de cassation avait très justement condamné les conventions de mère porteuse dans les arrêts du 6 avril 2011[107]. Saisie à nouveau de la transcription au profit du seul père biologique[108], la même chambre mobilisera la théorie de la fraude pour refuser la transcription[109]. Suite à l'arrêt *Mennesson contre France*[110] condamnant l'interdiction d'un lien de droit entre l'enfant et le père biologique et la circulaire du 25 janvier 2013 enjoignant à ne pas refuser la transcription à l'état civil sur des seuls soupçons de convention de mère porteuse, l'Assemblée plénière de la Cour de cassation a, par décision du 3 juillet 2015 décidé de s'aligner[111] sur la jurisprudence de la Cour européenne. La Cour de cassation opère ici un revirement politique déjà amorcé dans les discours de son premier président depuis 2014[112]. La question résolue est ici celle d'une conformité politique à la jurisprudence de la Cour européenne puisque, en effet, l'article 16-7 du Code civil est

---

104 E. Picard, « L'émergence des droits fondamentaux en France », *AJDA*, 1983, p. 6.
105 F. Chénédé, « Légitimation et efficience de la garantie des droits constitutionnels par le juge judiciaire : une protection des droits contre l'intérêt général esquivée ? », *in* S. Mouton (dir.), *Le régime représentatif à l'épreuve de la jurisprudence constitutionnelle*, Actes du colloque des 9 et 10 octobre 2014, Toulouse, LGDJ, 2016, p. 283 et s., *spéc.* p. 284.
106 *Ibidem.*
107 Civ. 1ère, 6 avril 2011, *Bull. civ. I*, n° s 570, 571 et 572.
108 Civ. 1ère, 13 septembre 2013, n° s 12-18.315 et 12-30.138.
109 F. Chénédé, *préc.*, pp. 294-296.
110 Cour EDH, 26 juin 204, *Menesson c/ France*, req. n° 65192/11.
111 F. Chénédé, *préc.*, p. 296.
112 *Discours de M. le premier président Louvel* (16 juillet 2014), disponible sur le site de la Cour de cassation.

toujours en vigueur à ce jour. Plus globalement, l'application des droits fondamentaux, valeurs politiques, par le juge, lui fait apprécier « un arbitrage politique au nom de valeurs que le législateur a déjà dû concilier, non seulement entre elles, mais également avec l'intérêt général »[113]. Un tel arbitrage est toutefois limité par le Conseil constitutionnel qui, pour le sujet qui nous intéresse, et dans ses décisions *a priori* et *a posteriori*, refuse « de juger du bien-fondé de l'appréciation du législateur »[114].

En tout état de cause, l'application des droits fondamentaux et de la Déclaration du 26 août 1789 plus spécifiquement pose également un problème relatif à la résurgence éventuelle des arrêts de règlement. Nous terminerons donc sur un questionnement : l'article 62 de la Constitution selon lequel les décisions du Conseil constitutionnel s'imposent à toutes les autorités n'est-il pas un avatar moderne des arrêts de règlement ? La coproduction normative deviendrait alors un coup d'Etat normatif et le juge, constitutionnel ou européen, dans l'arbitrage politique résultant de l'application des droits fondamentaux supplanterait le législateur. Le « gouvernement des juges » refusé par les constituants et les révolutionnaires referait alors surface par l'instrument même de sa mise à distance : la Déclaration des droits de l'Homme et du Citoyen. Le paradigme fondamental au sens étymologique de « modèle fondamental »[115] tendrait alors à devenir une hégémonie fondamentale. Espérons que, comme à l'heure actuelle, la jurisprudence procède avec parcimonie dans l'immixtion des droits fondamentaux et qu'elle préserve l'équilibre entre technicisation et fondamentalisation.

---

[113] F. Chénédé, *préc.*, p. 284.

[114] F. Chénédé, « Le droit à l'épreuve des droits de l'homme », *in Mélanges G. Champenois*, Defrénois, 2013, p. 139 et s., n° s 4 et 5.

[115] L. Guilbert, R. Lagane et G. Niobey (dir.), « Grand Dictionnaire des Lettres », Larousse, p. 3954.

La promotion des droits des populations autochtones vivant dans les forêts d'Afrique centrale à l'épreuve de la Déclaration des droits de l'homme et du citoyen de 1789

Eléazar Michel NKOUE

La Déclaration des droits de l'homme et du citoyen de 1789 est un texte essentiel issue de la Révolution française, qui énonce un ensemble de dispositions favorables à l'émergence et à la protection des droits naturels inhérents à la personne humaine, ainsi qu'aux modalités de leur mise en œuvre. Cette Déclaration peut être considérée aujourd'hui comme un instrument universel comportant des principes qui constituent l'une des bases de l'arsenal juridique des droits fondamentaux de la personne humaine dans plusieurs États du monde en général et en Afrique centrale en particulier.

Les États de l'Afrique centrale regorgent de vastes étendues de forêts où se trouvent des populations qui ont un mode de vie assez différents des autres populations locales. Il s'agit des populations autochtones[116]. Ces populations sont essentiellement minoritaires au sein des États. L'une des définitions conventionnelles des populations autochtones reconnue par les Nations Unis est qu'ils sont des « *descendants de ceux qui habitaient dans un pays ou une région géographique à l'époque où des groupes de population de cultures ou d'origine ethniques différentes y sont arrivés et sont devenus par la suite prédominants, par la conquête, l'occupation, la colonisation, et d'autres moyens* »[117]. Elles ont des « *modes spécifiques de production ou d'accès aux ressources* »[118]. Ainsi, l'on retrouve au sein de ces populations des chasseurs, des cueilleurs, des nomades, des pasteurs, etc. Les forêts leur fournissent principalement des moyens de subsistance et des avantages environnementaux directs ou indirects. En Afrique centrale ce

---

[116] Au Cameroun l'on dénombre les Mbororos, les Pygmées (bagyèlis, bakas, Bakolas, Bedzangs). Au Congo, l'on rencontre les Pygmées (Babongos, les Babis, Bakola les Mikayas, les Mbenzeles, les Bagombes, les Bakas). Au Gabon l'on trouve les Pygmées (les Bakas, Bakowas, Bambongos, Barimbas, Bekuis, Babingas).

[117] Voir Haut-commissaire aux droits de l'homme, Les droits des peuples autochtones, fiche d'information, n° 9.

[118] GUIGNIER (A.), *Le rôle des peuples autochtones et des communautés locales dans le développement durable : Figurants ou acteurs ? Le droit international de l'environnement, entre respect des droits de l'homme et nécessité du développement*, mémoire de DEA en droit de l'environnement et de l'urbanisme, université de Limoges, 2002, p. 14.

sont des milliers de personnes qui sont tributaires des écosystèmes forestiers. Mais aujourd'hui, les forêts sont gravement menacées. Les pressions sur les forêts restantes et les populations autochtones qui s'y trouvent s'intensifient sous l'effet de l'exploitation forestière, de l'agriculture commerciale, des industries extractives, des projets énergétiques et du développement des infrastructures. Les rapports avec les autres populations locales ne sont pas toujours paisibles.

L'objectif premier de cette présentation est de voir l'impact de la Déclaration des droits de l'homme et du citoyen de 1789 dans la promotion des droits des populations autochtones vivant dans les forêts des républiques du Cameroun, Congo et Gabon. Autrement dit, les populations autochtones vivant dans les forêts des États sus-évoqués se portent-elles mieux, ou alors toujours mal depuis la mise en application de certains instruments juridiques qui intègrent la Déclaration des droits de l'homme et du citoyen de 1789 ?

En tenant compte de toutes les actions entreprises par les États de l'Afrique centrale pour les populations autochtones, l'on soutiendra que la promotion des droits des populations autochtones vivant en forêt est perceptible (**I**). Mais malheureusement, les résultats escomptés ne sont pas toujours atteints du fait de la persistance de certains obstacles, toute chose qui justifie la perfectibilité des mesures (**II**).

I. Une promotion perceptible des droits des populations autochtones vivant dans les forêts d'Afrique centrale au regard (ou l'aune) de la Déclaration des droits de l'homme et du citoyen de 1789

Il s'agira ici de présenter les différents éléments de perceptibilité de la promotion des droits des populations autochtones vivant dans les forêts d'Afrique centrale à travers la consécration des dispositions de la Déclaration des droits de l'homme et du citoyen de 1789 par les constitutions des États de l'Afrique centrale (A) d'une part. D'autre part, l'on analysera l'intégration des dispositions de la Déclaration des droits de l'homme et du citoyen de 1789 dans les normes juridiques des États de l'Afrique centrale en faveur de la promotion des droits des populations autochtones vivant dans les forêts (B).

A. La consécration de la Déclaration des droits de l'homme et du citoyen de 1789 par les constitutions des États de l'Afrique centrale

Les préceptes de la Déclaration des droits de l'homme et du citoyen de 1789 ont été intégré dans les constitutions de plusieurs États de l'Afrique centrale.

C'est ainsi qu'au Cameroun, la loi constitutionnelle[119] a intégré certains aspects de la déclaration de 1789 au niveau de son préambule. Il faut souligner que cette constitution précise que le préambule fait partie du corpus constitutionnel. Dans ce préambule l'État du Cameroun affirme son attachement aux libertés fondamentales de la personne humaine à travers le respect de certains principes[120] qui sont propres à la déclaration de 1789. Allant dans le même sens, le préambule de la Constitution du 11 octobre 2000 au Gabon précise que cet État « *...affirme solennellement son attachement aux droits de l'homme et aux libertés fondamentales tels qu'ils résultent de la Déclaration des droits de l'homme et du citoyen de 1789 et de la Déclaration universelle des droits de l'homme de 1948, consacrés par la Charte africaine des droits de l'homme et des peuples de 1981* ». La Constitution du Gabon précise que tous les citoyens sont égaux devant la loi en son article premier en ces termes : « *La République gabonaise reconnaît et garantit les droits inviolables et imprescriptibles de l'homme, qui lient obligatoirement les pouvoirs publics :*
1- Chaque citoyen a droit au libre développement de sa personnalité, dans le respect des droits d'autrui et de l'ordre public. Nul ne peut être humilié, maltraité ou torturé, même lorsqu'il est en état d'arrestation ou d'emprisonnement... ».

---

[119] La loi n° 96/06 du 18 janvier 1996 portant révision de la constitution du 02 juin 1972, elle-même modifiée par loi n° 2008/001 du 14 avril 2008.
[120] Notamment :
- tous les hommes sont égaux en droits et en devoirs. L'État assure à tous les citoyens les conditions nécessaires à leur développement ;
- la liberté et la sécurité sont garanties à chaque individu dans le respect des droits d'autrui et de l'intérêt supérieur de l'État ;
- tout homme a le droit de se fixer en tout lieu et de se déplacer librement, sous réserve des prescriptions légales relatives à l'ordre, à la sécurité et à la tranquillité publics ;
- nul ne peut être contraint de faire ce que la loi n'ordonne pas ;
- nul ne peut être poursuivi, arrêté ou détenu que dans les cas et selon les formes déterminées par la loi ;
- la loi ne peut avoir d'effet rétroactif. Nul ne peut être jugé et puni qu'en vertu d'une loi promulguée et publiée antérieurement au fait punissable ; etc.

B. L'intégration des dispositions de la Déclaration des droits de l'homme et du citoyen de 1789 dans les normes juridiques des États de l'Afrique centrale en faveur de la promotion des droits des populations autochtones vivant dans les forêts.

La Déclaration des droits de l'homme et du citoyen de 1789 place l'être humain au cœur du développement des sociétés post modernes. Elle donne à la personne humaine toute sa dignité longtemps bafouée par les régimes monarchiques despotes. Cette déclaration de 1789 pose pour sacro-saint principe que les droits des populations ne peuvent être déterminés que par la loi. En cela, elle fait de la loi une garantie pour la personne humaine afin de mettre un terme contre l'arbitraire de l'Etat, d'une autorité ou d'un tiers. Par conséquent, les pouvoirs publics doivent assurer la liberté de tous les citoyens. Les droits et libertés de la personne humaine sont inhérents en elle. Ils sont inaliénables, car ne peuvent pas être retiré à la personne humaine sous aucun prétexte. Ils ne doivent pas être achetés ou gagnés. Ils appartiennent aux êtres humains parce qu'ils sont des Hommes. Des créatures faites à la nature et à la ressemblance de l'être transcendant. Ces droits et libertés sont universels, ils sont les mêmes pour tous les êtres humains sans considération de race, de sexe, de religion, d'ethnie, etc. C'est en cela que cette déclaration de 1789, reste un texte qui inspire l'ordre juridique de plusieurs Etats en général, et ceux de l'Afrique centrale en particulier.

Les populations autochtones, étant considérées comme des personnes à part entière dans ces Etats, bénéficient de la même protection offerte par cette déclaration. Ainsi, plusieurs instruments tant internationaux que nationaux ont contribué à intégrer l'esprit et la lettre de la déclaration de 1789 dans les normes juridiques en vigueur au Cameroun, Congo et Gabon.

Le 13 septembre 2007, l'ONU a adopté la Déclaration des Nations Unies sur les droits des peuples autochtones. Les Républiques du Cameroun, Congo et Gabon étaient parmi les 143 pays ayant voté en faveur de cette Déclaration. Il faut indiquer que « *les plus importants parmi les États ayants ces populations ont voté contre, notamment les États-Unis, le Canada, la Nouvelle-Zélande et l'Australie. La France l'a acceptée, dans le cadre du respect de son droit constitutionnel, et en la limitant à l'Outre-mer* »[121]. L'adoption de cet instrument international, qui est certes non contraignant,

[121] HERMITTE (M-A.), « La convention sur la biodiversité biologique et les droits intellectuels des peuples autochtones : une lacune française », in : *Revue Juridique de l'Environnement*, numéro spécial, 2007. Le droit de l'environnement en Nouvelle-Calédonie, états des lieux et perspectives, p. 192.

représente un grand espoir pour environ 370 millions de populations autochtones à travers le monde. Cette déclaration est une étape importante dans le renforcement du cadre normatif international de la protection des droits des populations autochtones en les reconnaissant comme des entités spécifiques. En signant la Déclaration des Nations Unies sur les droits des peuples autochtones du 13 septembre 2007, l'État du Cameroun a exprimé un réengagement pour la reconnaissance, la promotion et le respect des droits des peuples autochtones, déjà amorcé de manière éparse dans la loi forestière et dans d'autres textes réglementaires[122]. Au rang des droits qui leur sont accordés, il y a notamment la reconnaissance des droits d'usage, la protection de leurs personnes et de leurs biens contre les animaux sauvages, des droits résultant de l'exploitation forestière.

C'est ainsi que dans les forêts du domaine national, il est reconnu aux populations autochtones « les droits d'usage »[123] à l'exception des zones mises en défens et celles où des règlements sont pris par le ministre chargé des forêts, ou le ministre chargé des mines[124]. De sorte qu'elles ont le droit d'exercer dans ces forêts leurs activités traditionnelles, telles que « *la collecte des produits forestiers secondaires, notamment le raphia, le palmier, le bambou, le rotin ou les produits alimentaires et le bois de chauffage* »[125]. L'abattage des arbres pour des besoins liés aux chauffages et aux constructions leur est permis, mais la commercialisation ou l'échange de ce bois est interdit. C'est ce qui justifie la saisie de ce bois lors des contrôles forestiers par l'administration. Toujours dans la perspective du respect des droits d'usage, il leur est permis, pour les besoins de construction, d'extraire du sable, du gravier ou de la latérite à l'intérieur des forêts du domaine national. La chasse traditionnelle est autorisée pour les rongeurs, les petits reptiles, les oiseaux et d'autres animaux de la classe C[126]. Les produits issus

---

[122] Le décret n° 95-466-PM du 20 juillet 1995 fixant les modalités d'application du régime de la faune, le décret n° 95/531/PM du 23 août 1995 fixant les modalités d'application du régime des forêts, l'arrêté n° 0518/MINEF/CAB du 21 décembre 2001 fixant les modalités d'attribution en priorité aux communautés villageoises riveraines, etc.

[123] Article 36 de la loi n° 94-01 du 20 janvier 1994 portant régime des forêts, de la faune et de la pêche.

[124] Article 26, al. 3 du décret n° 95/531/PM.

[125] Article 26, al. 1er du décret n° 95/531/PM du 23 août 1995 fixant les modalités d'application du régime des forêts.

[126] Dont la liste et le quota fixés par arrêté du ministre chargé de la faune, voir article 24, al. 2 du décret n° 95-466-PM du 20 juillet 1995 fixant les modalités d'application du régime de la faune.

de cette chasse sont uniquement consacrés à un « but alimentaire et ne peuvent, en aucun cas, être commerciales »[127].

La protection de la personne et des biens des populations autochtones contre les animaux sauvages doit être assurée par l'administration et/ou ces populations elles-mêmes. Ainsi, les agents des services des forêts et de la faune peuvent, lorsque certains animaux protégés constituent « *un danger pour les personnes et/ou les biens ou sont de nature à leur causer des dommages* »[128], procéder à des battues. De même, tous les individus en général et un ressortissant des populations autochtones en particulier ne peuvent être sanctionnés pour avoir commis un acte de chasse d'un animal protégé en vue de sauvegarder sa vie, ainsi que celle de son bétail domestique et/ou celle de ses cultures.

Dans un souci de promouvoir le développement des communautés locales, la législation forestière a prévu que les peuples autochtones puissent « *profiter des fruits issus de l'exploitation des écosystèmes forestiers* »[129]. Il en est de même de toutes les populations riveraines aux forêts. Une partie des revenus tirés de la vente des produits forestiers issus de ces forêts du domaine national doit être reversée au profit des communautés riveraines. Ainsi, l'exploitation des ressources forestières permet aux populations autochtones de bénéficier du « partage juste et équitable des avantages qui découlent de leur utilisation »[130]. Ces droits ne devraient « recevoir aucune autre affectation »[131] et doivent consister à la réalisation des œuvres sociales, telles que les routes, les écoles et les dispensaires. Elles peuvent aussi participer à la gestion des écosystèmes forestiers pour leur propre compte dans le but de promouvoir le développement durable soit par le biais des forêts communautaires, soit à travers les zones d'intérêt cynégétique à gestion communautaire.

En République du Congo, c'est la loi n° 5-2011 du 25 février 2011 portant promotion et protection des droits des populations autochtones qui encadre les différentes prérogatives civiles, politiques et sociales de ces individus. Cette loi dispose en son article premier que les populations

---

[127] Article 24 al. 3 du décret n° 95-466-PM du 20 juillet 1995.

[128] Article 82 de la loi n° 94-01.

[129] TALLA TENE (M. R), *Le droit positif camerounais face aux impératifs de conservation de la faune sauvage et de promotion des populations autochtones,* thèse de Doctorat en sciences économiques, université de Versailles-Saint Quentin en Yvelines, 2008, p. 140.

[130] Instrument juridiquement non contraignant concernant tous les types de forêts, Résolution 62/98 adoptée par l'Assemblée générale le 17 décembre 2007.

[131] Article 68 al. 3 de la loi n° 94-01 du 20 janvier 1994 portant régime des forêts, de la faune et de la pêche.

autochtones sont « l*es populations qui se distinguent des autres groupes de la population nationale par leur identité culturelle, leur mode de vie et leur extrême vulnérabilité* ». Ainsi, l'État garantit le droit de citoyenneté des populations dites autochtones[132]. Les actes de tortures ou autres peines ou traitement cruels, inhumains et dégradants, l'atteinte à l'intégrité physique et morale sont interdits. Ces actes sont punis par l'article 309 du code pénal Congolais. L'État congolais garantit le droit d'accès, sans discrimination, des enfants autochtones à tous les niveaux et à toutes formes d'enseignement relevant du systèmes éducatif national[133]. Cette loi dispose qu'il est interdit toute forme de discrimination à l'égard des populations autochtones, dans l'accès à l'emploi, les conditions de travail, la formation professionnelle, la rémunération et la sécurité sociale[134]. Le législateur a prévu à l'encontre des populations autochtones un droit collectif et individuel à la propriété, à la possession, à l'accès et à l'utilisation des terres et ressources naturelles qu'elles occupent ou utilisent traditionnellement pour leur subsistance, leur pharmacopée et leur travail[135]. L'État congolais a pour mission de faciliter la délimitation de ces terres sur la base de leur droit foncier coutumier, en vue d'en garantir la connaissance.

Fort de toutes ces avancées qui œuvrent pour la promotion des droits des populations autochtones dans les régions forestières d'Afrique centrale, l'on note cependant que de nombreux obstacles entravant leurs prises en compte effective.

II. Les obstacles de la prise en compte effective des droits des populations autochtones au regard de la Déclaration des droits de l'homme et du citoyen de 1789

L'existence des mesures légales permettant la promotion des populations autochtones au Cameroun, au Congo et au Gabon est dans une certaine mesure indéniable. Cependant, malgré les efforts déployés par les pouvoirs publics de ces différents États de l'Afrique centrale pour améliorer les conditions des populations autochtones vivant dans les forêts. Il semble qu'on soit encore loin de ce qui devrait être fait. Leur vécu est une succession d'expérience traumatisante. La marginalisation fait partie de leur mode de vie. L'on se penchera sur les obstacles d'ordre juridique (A) et d'ordre socio-culturel (B).

---

[132] Article 4 de loi n° 5-2011 du 25 février 2011 portant promotion et protection des droits des populations autochtones.
[133] Article 17 de loi n° 5-2011 du 25 février 2011.
[134] Article 27 de loi n° 5-2011 du 25 février 2011.
[135] Article 31 de loi n° 5-2011 du 25 février 2011.

A. Les obstacles d'ordre juridique

En dehors de la République du Congo, avec la loi n° 5-2011 du 25 février 2011 *portant promotion et protection des droits des populations autochtones*, aucun autre pays d'Afrique n'a de lois spécifiques prévoyant la protection des droits des peuples autochtones[136].

Au Cameroun, un projet de loi sur les populations marginales a été élaboré, toutefois, ce projet de loi ne reconnaît pas spécifiquement les peuples autochtones ni n'aborde certaines de leurs principales préoccupations. L'intégration et la consécration de la protection des droits des populations autochtones dans le préambule de la constitution pose un problème juridique, dans la mesure où le Cameroun n'intègre pas encore la définition du terme : « populations/peuples autochtones » qui soit harmonisée avec le droit international. Cela se vérifie par le contenu des débats parlementaires portant sur la révision constitutionnelle du 18 janvier 1996, qui renvoie à une conception de l'autochtonie dans le sens d'être né dans une zone, par opposition aux étrangers, ou encore, par opposition à ceux qui ne sont pas natifs d'une zone[137]. Cette compréhension néocoloniale de cette notion est hautement problématique car selon celle-ci tous : « *les camerounais seraient autochtones et la protection spéciale accordée aux peuples autochtones, tels que les Baka, Bagyéli et Mbororo, serait nulle* »[629].

B. Les obstacles d'ordre socio-culturel

Les populations autochtones vivant dans les forêts du Cameroun, Congo et Gabon souffrent principalement d'un accès restreint aux services de base (santé, éducation, justice…), et d'un taux élevé d'analphabétisme, ce malgré les efforts de divers acteurs tant nationaux, qu'internationaux.
Au Cameroun, comme les campements des Pygmées et Mbororo sont généralement très distants des villages, il leur est difficile de bénéficier pleinement des œuvres sociales des villages, fruits des forêts communautaires.

Les populations autochtones subissent une non reconnaissance de leurs droits, qui se manifestent quotidiennement par le dénigrement, le rejet, et l'asservissement. En ce qui concerne le domaine de l'emploi, l'on se rend aussi compte d'une certaine discrimination. Le travail ou la prestation

---

[136] BAD, Série sur les sauvegardes et la durabilité, volume 2, publication 2 août 2016, p. 11.
[137] CED et al, Les droits des peuples autochtones au Cameroun, Rapport supplémentaire soumis suite au troisième rapport périodique du Cameroun 54ème session ordinaire, octobre 2013, Banjul, Gambie, p. 9.

fournie par un autochtone n'est pas considéré à sa juste valeur, ou encore, l'autochtone est astreint à fournir une prestation non rémunérée. C'est ainsi qu'on pratique au Congo des « *formes traditionnelles d'esclavage, de pratiques analogues à l'esclavage et des travaux forcés sur les peuples autochtones* »[138]. Cette situation persiste en raison de la discrimination très ancienne qui est encore ancrée dans les mentalités des populations Bantoues. Certains Bantous considèrent les populations autochtones comme faisant partie de leur patrimoine successoral. Lorsqu'un bantou se dit « propriétaire » d'un Pygmée, cette relation de vassalité se transmet de génération en génération, à tel point que dans l'esprit des Pygmées, cela devient une situation naturelle et normale. Au Congo il n'est pas rare d'entendre « *Ce sont mes pygmées* »[139]. Les populations autochtones représentaient un bien précieux de la famille qu'il faut conserver. C'est une source de main d'œuvre domestique non-rémunérée et leur apport dans l'agriculture ne peut être négligé[140]. Bien que légalement proscrite sur le plan international que national, la pratique perdure. Cet état de chose sclérose l'esprit de la Déclaration des droits de l'homme et du citoyen de 1789 et dégrade la dignité de la personne humaine qui est sacrée.

Au Gabon, l'on constate que certains « Pygmées » sont sous le contrôle des « maîtres Bantous » et ne possèdent pas de terres pour construire ni pour cultiver. Les terres qu'ils occupent sont les propriétés des Bantous et ils peuvent être expulsés à tout moment. Les populations autochtones de MINVOUL sont dans cette situation[141].

De plus, les populations autochtones ne jouissent pas du même droit à la citoyenneté que le reste de la population gabonaise[142], camerounaise ou congolaise. L'éloignement des campements Pygmées, les formalités administratives requises, leur analphabétisme, etc., sont autant de facteurs qui font que les enfants des populations autochtones n'ont pas toujours accès aux actes de naissance et par conséquent aux autres documents légaux. Bien que tous les citoyens soient obligés d'avoir une carte nationale d'identité, la réalité est que très peu parmi les populations autochtones du Cameroun,

---

[138] BOUKA OWOKO (R.), N'ZOBO (R. E.), Les peuples autochtones de la république du Congo : discrimination et esclavage, novembre 2011, p. 5.

[139] *Ibid.*, p. 11. Ainsi, lorsque dans un village, pour pouvoir rendre visite à une communauté autochtone, il faut d'abord passer par « les propriétaires » de ces autochtones et obtenir leur « autorisation » pour avoir accès à ces derniers.

[140] *Ibid.*, p. 29.

[141] CADHP, IWGIA, Rapport du groupe de travail de la commission africaine sur les populations / communautés autochtones. Visite de recherche et d'information en république du Gabon 15-30 septembre 2007, p. 10.

[142] *Ibid.*, p. 10.

Congo et Gabon, en possèdent une, ce qui les empêchent de jouir de plusieurs services publics au même pied d'égalité que le reste de leurs concitoyens. L'absence de carte nationale d'identité a de sérieuses conséquences sur la vie politique de ces populations autochtones. À cause du manque de cartes d'électeurs, plusieurs pygmées ne votent pas lors des scrutins municipal, législatif et présidentiel. Les Pygmées sont minoritaires au Gabon, par conséquent ils éprouvent souvent des difficultés à s'organiser en partis politiques ou en associations politiques pour se présenter aux élections législatives et municipales.

Les Etats d'Afrique centrale n'assurent pas la participation effective des peuples autochtones vivant dans les forêts dans la gestion des affaires publiques. Au Cameroun par exemple, ces populations n'ont pas été impliquées dans la rédaction du projet de loi forestière. Pourtant la forêt est leur principal biotope. Au niveau des campements et des villages, les populations autochtones demeurent absentes dans la prise de décisions les concernant. Il en est de même pour le cas des ressources naturelles. Le Cameroun ne garantit pas les droits des populations autochtones de participer et de donner leur consentement à la prise de décision qui concernent leurs ressources, terres et territoires forestiers.
Le consentement libre, préalable et éclairé devrait également être un droit pris en compte chaque fois que les pouvoirs publics cherchent à limiter ou restreindre les droits des populations autochtones. Cela implique également le droit à participer de façon significative à travers des représentants que les populations autochtones ont désignés conformément à leurs propres coutumes et processus décisionnels. Malgré ce droit qui est promu par la déclaration de 1789, plusieurs dispositions de loi forestière ne respectent pas ces exigences, et sont donc discriminatoires à l'égard des populations autochtones. C'est au vu de toutes ces situations que RABIATOU AHMADOU[143] a affirmé qu' « *on est toujours considéré par les autres communautés comme des étrangers. C'est donc un problème qui est ancré dans la société camerounaise* »[144].

Dans la plupart des pays de l'Afrique centrale, les lois n'assurent pas l'accès à la justice pour les populations autochtones affectés par des violations de leurs droits à leurs ressources, terres et territoires forestiers. Compte tenu de leur niveau d'instruction limité, ces populations n'accèdent pas à la justice. Aucune loi, ne contient de procédure spéciale de plainte ou

[143] Il est un ressortissant du peuple autochtone « Mbororo » et par ailleurs membre de Mboscuda (Mbororo Social And Cultural Development Association).
[144] Voir, www.cedcameroun.org, consulté le 21 janvier 2018.

de réclamation qui pourrait être utilisée par des populations autochtones lésées par des actions ou omissions des tiers.

Les pygmées vivant dans les forêts du Cameroun et Gabon font aussi face à l'insécurité juridique qui affecte leurs terres ancestrales. Ce problème foncier est dû essentiellement à la non reconnaissance par les pouvoirs publics de ces États de leur mode de vie nomade, qui a pour conséquent l'absence d'une protection juridique de leurs terres ancestrales. Les lois foncières de ces deux pays consacrent l'État comme le seul et l'unique propriétaire du sol et du sous-sol. Il ne reconnaît que l'occupation et l'usage visible de la terre. Seuls les titres de propriété privés enregistrés sont protégés. Autrement dit, les terres non visiblement occupées et utilisées sont considérées comme vacantes et reviennent automatiquement à l'État qui peut les affecter à divers usages, notamment à la conservation et l'exploitation forestière. L'exploitation forestière se fait souvent sans tenir compte des populations autochtones. Les projets étant conçus avec l'accord du gouvernement, propriétaire des forêts et de la terre[145]. L'avis de ces populations n'est pas pris en compte dans les décisions portant sur les concessions des territoires dont elles dépendent essentiellement pour vivre. Les populations autochtones subissent et rencontrent des difficultés résultant du mépris de leurs droits fonciers légitimes. Ainsi, John NELSON dénonçait déjà en 2002 l'expropriation des Pygmées *bagyélis* et la restriction des droits des autres communautés locales au Cameroun au bénéfice de la construction d'un pipeline qui facilitera l'acheminement du pétrole des champs pétrolifères de Doba dans le Sud du Tchad vers les côtes camerounaises de la région de Kribi[146]. Par ailleurs, ces populations ne tirent généralement aucun bénéfice de l'exploitation forestière industrielle sur leur territoire.

En guise de conclusion, il parait évident que les populations autochtones vivant dans les forêts du Cameroun, Congo et Gabon subissent certaines discriminations dans les domaines liés à l'accès à l'éducation, à la santé et à l'emploi. La participation des populations autochtones aux affaires politiques, culturelles et socio-économiques dans ces États demeurent limitée. Tous ces manquements à la protection des droits fondamentaux des populations autochtones vivant dans les forêts d'Afrique centrale démontrent en même temps, l'effectivité et l'efficacité partielle de la Déclaration des droits de l'homme et du citoyen de 1789 sur lesdites populations.

---

[145] CADHP, IWGIA, Rapport du groupe de travail de la commission africaine sur les populations / communautés autochtones. Visite de recherche et d'information en république du Gabon 15-30 septembre 2007, p. 32.

[146] Nelson (J.), « Les bagyeli essaient de se faire entendre », *Bulletin du WRM*, n° 62 septembre 2002, p. 40.

Bibliographie

Loi n° 5-2011 du 25 février 2011 portant promotion et protection des droits des populations autochtones ;
Loi n° 96/06 du 18 janvier 1996 portant révision de la constitution du 02 juin 1972, modifiée par loi n° 2008/001 du 14 avril 2008 ;
Constitution du 11 octobre 2000 de la République du Gabon ;
Loi n° 94-01 du 20 janvier 1994 portant régime des forêts, de la faune et de la pêche ;
Décret n° 95-466- PM du 20 juillet 1995 fixant les modalités d'application du régime de la faune ;
Décret n° 95/531/ PM du 23 Août 1995 fixant les modalités d'application du régime des forêts ;
Arrêté n° 0518/MINEF/CAB du 21 décembre 2001 fixant les modalités d'attribution en priorité aux communautés villageoises riveraines ;
Déclaration des droits de l'homme et du citoyen de 1789 ;
BAD, Série sur les sauvegardes et la durabilité, volume 2, publication 2, août 2016, 32 pp ;
BOUKA OWOKO (R.), N'ZOBO (R. E.), Les peuples autochtones de la république du Congo : discrimination et esclavage, novembre 2011, 68 pp ;
CADHP, IWGIA, Rapport du groupe de travail de la commission africaine sur les populations / communautés autochtones. Visite de recherche et d'information en république du Gabon 15-30 Septembre 2007, 40 pp ;
CED, OKANI, RACOPY, MBOSCUDA, IWGIA, FPP, Les droits des peuples autochtones au Cameroun, Rapport supplémentaire soumis suite au troisième rapport périodique du Cameroun 54ème session ordinaire, Octobre 2013, Banjul, Gambie, 57 pp ;
GUIGNIER (A.), *Le rôle des peuples autochtones et des communautés locales dans le développement durable : Figurants ou acteurs ? Le droit international de l'environnement, entre respect des droits de l'homme et nécessité du développement,* mémoire de DEA en droit de l'environnement et de l'urbanisme, université de Limoges, 2002, 167 pp ;
Haut-commissaire aux droits de l'homme, Les droits des peuples autochtones, fiche d'information n° 9 ;
HERMITTE (M.-A.), « La convention sur la biodiversité biologique et les droits intellectuels des peuples autochtones : une lacune française » ; in *Revue Juridique de l'Environnement,* n° spécial, 2007, Le droit de l'environnement en Nouvelle-Calédonie, états des lieux et perspectives. pp. 191-213 ;
Nelson (J.), « Les bagyeli essaient de se faire entendre », Bulletin du WRM, n° 62 septembre 2002 ;
TALLA TENE (M. R.), *Le droit positif camerounais face aux impératifs de conservation de la faune sauvage et de promotion des populations autochtones,* thèse de Doctorat en sciences économiques, université de Versailles-St Quentin en Yvelines, 2008, 342 pp ;
www.cedcameroun.org

Troisième partie

Applications sectorielles des dispositions de la Déclaration

Les droits d'inspiration individuelle de la Déclaration de 1789 à l'épreuve des droits d'inspiration collective portés par la Charte de l'environnement

Lucrezia MOTHERE

1 - La société se définit comme « *la réunion d'hommes ayant les mêmes usages et les mêmes lois* »[147]. L'individu est quant à lui, défini au regard de sa qualité d'être personnel « *par opposition à l'Etat ou à la société* »[148]. Les individus font vivre la société par leur présence et par leur volonté et la société permet aux individus de se protéger, de protéger leurs droits et de protéger leurs biens. Les *individus* ont donc autant besoin de la *société* qu'elle a besoin d'eux pour exister. Toutefois, même si la société et les individus ont le même objectif, les intérêts de la société ne sont pas les mêmes que ceux des individus. Des droits différents protègent les intérêts de la société et ceux des individus. Or ces droits peuvent parfois se contredire. Au fil des époques, la question de savoir s'il fallait faire prévaloir les intérêts de la société ou ceux des individus a bien évolué.

2 - Les intérêts des individus ont été principalement consacrés en droit français par la Déclaration des droits de l'Homme et du Citoyen de 1789. Ces droits gravitent principalement autour de l'égalité, la liberté, la sûreté et la propriété. Il s'agit de droits d'inspiration individuelle, propres à la personne humaine. L'Etat est limité par le droit[149] au profit de l'individu. Néanmoins, la seule recherche des intérêts individuels ne peut suffire à préserver la vie en société. Après avoir consacré les droits individuels, il est devenu nécessaire de consacrer des droits de nature différente, d'inspiration collective. Ainsi, le Préambule de la Constitution de 1946 a consacré des droits collectifs sociétaux comme le droit à l'éducation, le droit social, le droit à la santé. Ces droits sont susceptibles de porter atteinte aux droits purement individuels mais sont toutefois respectés par les individus car ils portent des intérêts dont le bénéfice individuel est immédiat. Dominique Rousseau remarque que la Déclaration de 1789 « *essentiellement individualiste* » et « *d'inspiration libérale* » s'oppose aux droits collectifs et particulièrement à ceux proclamés dans le Préambule de 1946

---

[147] *Le nouveau petit Littré de la langue française*, 2009, Le livre de poche, p. 1957.
[148] *Le nouveau petit Littré de la langue française*, 2009, Le livre de poche, p. 1049.
[149] P. SEGUR, « La dimension historique des libertés et droits fondamentaux », *in* R. CABRILLAC, M.-A. FRISON-ROCHE, T. REVET, (sous la dir.) *Libertés et droits fondamentaux*, Dalloz, 16ème édition, p. 15.

« *essentiellement collectiviste* » et « *d'inspiration socialiste* »[150]. Néanmoins, les droits collectifs ne sont pas portés que par le Préambule de 1946. En 2005, issue du constat de l'urgence écologique, la Charte de l'environnement a consacré des droits collectifs universels d'une autre nature, gravitant autour du droit à un environnement équilibré et respectueux de la santé. Malgré sa légitimité juridique indiscutable, ces droits collectifs peinent bien plus que les droits du Préambule de 1946 à se créer une légitimité sociale à cause de leur non-immédiateté et de l'idée fausse mais globale que les conséquences de l'urgence écologique ne toucheront que les générations futures.

3 – Naturellement, les principes collectifs - et particulièrement les principes environnementaux - ont vocation à entraver les principes individuels. En effet, comment espérer concilier des droits individuels tels que le droit de propriété ou la liberté d'entreprendre au devoir de préservation de l'environnement ou au principe de précaution. Malgré cela, les principes d'inspiration individuelle de la Déclaration de 1789 et les principes universels d'inspiration collective de la Charte de l'environnement ont la même valeur juridique[151]. En effet, la société française est organisée autour d'un texte à valeur suprême qui a été adopté par le suffrage des individus qui la composent : la Constitution. Or, le préambule de la Constitution reconnaît la valeur constitutionnelle de textes et de principes parmi lesquels figurent la Déclaration de 1789 et la Charte de l'environnement de 2004.

4 - Sont ainsi protégés de manière égale des droits d'inspiration individuelle et des droits d'inspiration collective dont la nature est parfois tout à fait antagoniste (**I**). Compte tenu de leur valeur juridique mais aussi des enjeux qu'ils comportent, il y a lieu de se demander s'il existe une manière d'articuler ces principes afin de respecter à la fois les intérêts individuels et les intérêts collectifs (**II**).

---

150 D. ROUSSEAU, P.-Y. GAHDOUN, J. BONNET, *Droit du contentieux constitutionnel*, LGDJ, 11ème édition, p. 267.

151 La Déclaration des droits de 1789 est mentionnée dans le préambule de la Constitution du 4 octobre 1958 avec le préambule de 1946 et depuis 2005, la Charte de l'environnement. Le préambule de la Constitution du 4 octobre 1958 a la même valeur que la Constitution car il a été soumis au vote au même titre que le texte Constitutionnel lui-même. Néanmoins, compte tenu du caractère philosophique des libertés proclamée dans la Déclaration de 1789, certains continuaient de lui prétendre une valeur uniquement déclaratoire. La valeur constitutionnelle de la Déclaration de 1789 a finalement été confirmée par le Conseil Constitutionnel dans la décision DC 71-44 du 16 juillet 1971.

I. L'antagonisme des principes

5 - L'antagonisme entre les principes consacrés par la Déclaration de 1789 et la Charte de l'environnement tient principalement de leur extraordinaire hétérogénéité (A) et prend la forme d'une opposition conflictuelle (B).

A. L'hétérogénéité des principes

6 - Les droits-libertés d'inspiration individuelle proclamés par la Déclaration de 1789 - Les droits de l'individu ont toujours été défendus. Néanmoins, ils n'ont pas toujours été ceux que l'on connaît aujourd'hui[152]. En 1789, l'Assemblée nationale constituante rédige un texte déterminant les droits naturels fondamentaux de l'individu dans lequel l'égalité, la liberté, la sûreté et la propriété sont désignés comme les droits naturels de l'individu et constituent les principes sur la base desquels naissent les droits de la Déclaration de 1789. D'inspiration libérale, cette Déclaration proclame des droits-libertés au profit des individus et au détriment du pouvoir de l'Etat. La liberté prescrite par la Déclaration de 1789 suppose une « *autonomie individuelle vis-à-vis de l'Etat* »[153]. Elle se décline en plusieurs libertés différentes, par exemple, la liberté du commerce et de l'industrie dont la

[152] Dès l'Antiquité, les hommes ont cherché à protéger leurs « *droits naturels* » qui découlaient selon eux de l' « *état naturel des choses* » qui pouvaient être la force ou l'instruction. Après quoi, la pensée chrétienne a exclu certains des « *droits naturels* » reconnus par les penseurs de l'Antiquité au profit de droits axés autour de l'existence de Dieu. Au XVIème siècle, portés par les premiers doutes sur l'existence de Dieu, les « *droits naturels* » d'inspiration chrétienne se sont laïcisés et ont laissé place à l' « *état de nature* ». Ce mouvement remet particulièrement en cause l'interdiction du divorce (Barbeyrac) et de la polygamie (Pufendorff). Portée par Grotius et l'Ecole de droit naturel, cette théorie prévoyait que « *chaque être humain est doté de certaines propriétés naturelles* ». Puis, les philosophes des lumières, inquiets de la vulnérabilité de ces droits naturels ont mis en œuvre la théorie du contrat social qui visait à restreindre volontairement certaines libertés individuelles au profit de l'Etat en échange de sa protection. La société n'est à partir de là plus considérée comme préexistante aux individus. Avec le contrat social, la société s'individualise et c'est bel et bien l'individu qui décide de « *se lier avec d'autres et de faire société* » (Voir en ce sens S. MESURE, P. SAVIDAN (dir.), *Le dictionnaire des sciences humaines*, PUF, 1ère éd., p. 623.). Notamment les « *droits individuels illimités, inhérent à l'état de nature* ». Enfin, c'est paradoxalement le contrat social qui donnait un grand pouvoir à l'Etat et voit émerger les prémices de l'individualisme. Voir J. IMBERT, *Les principes de 1789*, Presses Universitaires d'Aix-Marseille, 1989, p. 16.
[153] *Ibid.*, p. 14.

reconnaissance est attribuée à la Révolution française[154] où la liberté d'aller et de venir que la doctrine rattache à l'article 4 de la DDHC[155].

7 - Les principes, droits et devoirs d'inspiration collective affirmés par la Charte de 2004 - La Charte de l'environnement a été pensée et rédigée par la Commission dite « *Coppens* » en 2004. Puis, en 2005 elle a été « *adossée* » au préambule de la Constitution[156]. La Charte de l'environnement est riche en principes d'action, droits subjectifs et devoirs tendant tous à la préservation du droit à un environnement équilibré. Elle consacre des *droits procéduraux :* les droits d'information et de participation (article 7) qui avaient déjà été consacrés à l'international et des *droits substantiels :* le droit à un environnement équilibré et respectueux de la santé (article 1er), le devoir de protection de l'environnement (articles 2, 3 et 4), le principe de précaution (article 5) et le principe de conciliation adaptation du principe d'intégration.

B. Les conflits entre les principes

8 - Compte tenu de leurs origines et de leur objectifs, les principes portés par la Déclaration de 1789 et la Charte de l'environnement sont hétérogènes. Ils peuvent parfois se compléter et parfois s'opposer fermement. Tel que le remarque Dominique Rousseau, « *la Charte de l'environnement contient des principes qui heurtent sans doute la liberté d'entreprendre ou le droit de propriété* »[157]. Certains antagonismes sont particulièrement frappants.

9 - La liberté du commerce et de l'industrie et le principe d'intégration - Dans une étude parue sous la direction d'Emmanuel Cartier, Manuel Gros et Thomas Delanlssays ont énuméré certaines contradictions de principes constitutionnels issus de la Déclaration de 1789 et de la Charte de l'environnement[158]. À ce titre, ils opposent la liberté du commerce et de

---

[154] D. FERRIER, « La liberté du commerce et de l'industrie », *in* R. CABRILLAC, M.-A. FRISON-ROCHE, Th. REVET (sous la dir.), *Libertés et droits fondamentaux*, Dalloz, 16ème éd., p. 725.

[155] X. PHILIPPE, « La liberté d'aller et de venir », *in* R. CABRILLAC, M.-A. FRISON-ROCHE, Th. REVET (sous la dir.), *Libertés et droits fondamentaux*, Dalloz, 16ème éd., p. 340.

[156] Loi constitutionnelle n° 2005-205 du 1er mars 2005. Puis, la décision du 19 juin 2008 a confirmé que l'ensemble des droits et devoirs qu'elle énonce ont valeur constitutionnelle et la décision du 07 mai 2014 a confirmé que son préambule avait la même valeur.

[157] *Op. cit.*, p. 267.

[158] E. CARTIER (sous la dir. De), *La QPC, le procès et ses juges : l'impact sur le procès et l'architecture juridictionnelle*, Dalloz, Méthodes du droit, 2013, p. 358.

l'industrie et le principe d'intégration[159] en prenant l'exemple du droit des ICPE[160]. En effet, le principe d'intégration veut que les préoccupations environnementales soient adaptées à tous les secteurs de la société et dans toutes les politiques publiques. Avant d'être consacré dans la Charte sous la forme d'un principe de conciliation, ce principe avait été consacré à l'international. Procèdent donc de ce principe toutes les règlementations des activités commerciales. Les réglementations ICPE en sont le parfait exemple. Consistant à soumettre à autorisation préalable ou à contrôle certaines activités en raison de leur potentiel de pollution, le droit des ICPE constitue un frein considérable à la liberté du commerce et de l'industrie.

10 - Le droit de propriété et les principes de précaution et de réparation - Les auteurs opposent également le droit de propriété (article 2 et 17 DDHC) et les principes de précaution (article 5 CDE) et de réparation (article 2, 3 et 4 CDE). L'antagonisme de ces principes est flagrant. Le droit de propriété suppose la réunion de trois attributs au bénéfice du propriétaire : *l'usus*, le *fructus* et *l'abusus*, à savoir les capacités à user, bénéficier des fruits et détruire le bien objet de la propriété. Or, les principes de précaution et de réparation peuvent diminuer les attributs du droit de propriété. D'une part, le principe de réparation s'oppose à ce que le propriétaire dispose d'un exercice absolu sur son bien en affectant, s'il le souhaite, la biodiversité. D'autre part, le principe de précaution peut quasiment lui retirer son droit de jouissance en cas de risque de dommage. Or, selon la Déclaration de 1789, le droit de propriété serait « *inviolable et sacré* ».

11 - L'absence actuelle de hiérarchie - Une partie de la doctrine est convaincue que tous les principes n'ont pas la même valeur constitutionnelle[161]. Toutefois, même si des éléments du bloc de constitutionnalité se contredisent, il n'y a pas lieu d'en faire prévaloir un au seul motif qu'il serait plus important que l'autre. En effet, tous ont été intégrés au bloc de constitutionnalité par le biais du Préambule de 1958 approuvé par référendum et la valeur de ce préambule a été confirmée par décision du Conseil constitutionnel le 16 juillet 1971 de telle sorte qu'il n'y

---

[159] Article 6 Ch. de l'environnement : « *Les politiques publiques doivent promouvoir un développement durable. À cet effet, elles concilient la protection et la mise en valeur de l'environnement, le développement économique et le progrès social* ».

[160] Le droit des ICPE (installations classées pour la protection de l'environnement) applique une règlementation plus sévère aux activités comportant un danger pour l'environnement. La liste de ces activités est répertoriée dans une Nomenclature.

[161] Voir en ce sens, F. GOGUEL, « Objet et portée de la protection des droits fondamentaux », *Cours constitutionnelles et droits fondamentaux*, Economica, 1982, p. 236.

a pas lieu de faire prévaloir l'un sur l'autre[162]. Cela ne signifie pas pour autant que la question sera systématiquement éludée par le Conseil en cas de conflit. En situation de conflit, le Conseil Constitutionnel doit procéder à une « *mise en balance* » des principes. Guillaume Drago précise à ce sujet que « *l'interprétation seule permet, selon les espèces et selon les normes en cause, de faire varier le degré de protection constitutionnelle* »[163].

II. L'articulation des principes

12 - Certains principes contenus dans la Déclaration de 1789 et dans la Charte de l'environnement sont donc d'apparence profondément contradictoires. Dans la mesure où ces textes ont la même valeur, le Conseil constitutionnel saisi sur un éventuel conflit entre eux devra arbitrer les normes (A). Néanmoins, il y a lieu de se demander si la conciliation demeure la solution la plus durable ou s'il ne conviendrait pas de mettre en œuvre une hiérarchie de certains principes pour la préservation de tous (B).

A. L'arbitrage réalisé par le Conseil constitutionnel

13 – Les techniques de conciliation - Pour rappel, le rôle du Conseil constitutionnel est de vérifier la conformité des textes législatifs à la Constitution et aux principes qu'elle protège. Il peut être saisi avant l'entrée en vigueur de ces textes ou après. Il arrive que le texte contrôlé ait été pris en application d'un principe et en méconnaisse un autre. Afin de statuer, le Conseil doit donc dans ces cas, le temps d'une espèce, faire prévaloir un principe sur un autre. À cette fin, il doit avoir recours à divers outils relatifs aux faits, aux moyens soulevés, à la doctrine, au contexte politique et aux réactions prévisibles. Pour cette raison, il peut, selon les cas d'espèces faire preuve de complaisance, de sévérité, et parfois de « *préférence* » selon l'expression choisie par Dominique Rousseau[164]. Cette méthodologie tendant à articuler les principes antagonistes entre eux est désignée différemment selon les auteurs. Dominique Rousseau y voit un « *arbitrage permanent* »

---

[162] « *Il n'existe pas de principes plus constitutionnels que d'autres : tous les textes composant le bloc de constitutionnalité bénéficient d'une égale valeur constitutionnelle* », D. ROUSSEAU, P.-Y. GAHDOUN, J. BONNET, *Droit du contentieux constitutionnel*, LGDJ, 11ème éd., p. 270.

[163] G. DRAGO, « La conciliation entre les principes constitutionnels », *D.* 1991, p. 265.

[164] D. ROUSSEAU, P.-Y. GAHDOUN, J. BONNET, *Droit du contentieux constitutionnel*, LGDJ, 11ème éd., p. 277. Il ne faut, malgré cela, pas confondre une tendance à la « *préférence* » selon les faits pour certains principes constitutionnels avec l'exercice d'une « *prévalence* » qui supposerait de systématiser la favorisation d'un principe sur l'autre.

alors que Guillaume Drago appelle cela une « *conciliation* » des principes constitutionnels. Plusieurs méthodes ont été proposées pour concilier les principes. Le Doyen Vedel a proposé trois solutions permettant d'éluder les difficultés de conflit entre normes constitutionnelles : constater que les principes ont des champs d'application différents, constater qu'ils peuvent s'appliquer cumulativement et « *actualiser* » la norme la plus ancienne[165]. Guillaume Drago reprend quant à lui l'analyse de René Bonnard qui propose au juge constitutionnel de contrôler la proportionnalité exercée par le législateur dans le cadre de l'élaboration du texte. Ainsi, il doit examiner l'exercice du pouvoir discrétionnaire du législateur et analyse consécutivement les motifs, l'objet et le but de l'acte[166]. Plus récemment, Manuel Gros et Thomas Delanlssays ont proposé trois hypothèses de mise en perspective de normes contradictoires dans le cadre de QPC environnementales. Entre autres, ils proposent, comme l'avait fait le Doyen Vedel de remplacer la « *vieille règle devenue désuète* » par une nouvelle norme[167]. Enfin, en écartant volontairement toute idée de grille méthodologique appliquée systématiquement par le Conseil constitutionnel aux cas de conflits de normes de même valeur, Dominique Rousseau précise que le Conseil statue au différemment selon chaque espèce en tenant compte d'une multitude de points, allant de la forme et des moyens de la saisine, à sa propre jurisprudence, en passant par le droit comparé, le contexte politique, la doctrine, la société et son opinion et n'hésitant pas à « *limiter* » au besoin certains principes constitutionnels au profit d'autres dans certaines espèces[168].

14 - Sans entrer dans l'appréciation de la méthodologie du juge constitutionnel, nous retiendrons ici qu'afin de « *concilier* » ou d' « *arbitrer* » les principes constitutionnels et les droits garantis qui entreraient en conflit dans le cadre d'une espèce, le Conseil statue au cas par cas en fonction de l'importance de l'atteinte portée par le texte au principe. En effet, il ne doit pas empiéter sur les compétences du législateur. Afin d'éviter de confronter expressément les principes et de limiter la portée de sa jurisprudence, il ne les cite pas nécessairement. Il reste que le Conseil peut, ainsi qu'en témoignent ces trois décisions, « *favoriser* » les droits individuels

---

[165] G. VEDEL, « La place de la Déclaration de 1789 dans le bloc de constitutionnalité », in *La Déclaration des droits de l'Homme et du citoyen et la jurisprudence*, PUF, 1989, p. 57.
[166] G. DRAGO, « La conciliation entre les principes constitutionnels », *D.* 1991, p. 265.
[167] E. CARTIER (sous la dir. De), *La QPC, le procès et ses juges : l'impact sur le procès et l'architecture juridictionnelle*, Dalloz, Méthodes du droit, 2013.
[168] D. ROUSSEAU, P.-Y. GAHDOUN, J. BONNET, *Droit du contentieux constitutionnel*, LGDJ, 11ème éd., p. 277.

de 1789 (a), les droits collectifs environnementaux (b) ou en affaiblir un sans véritablement faire prévaloir l'autre (c).

a - Décision 2008-564 DC 19 juin 2008 OGM :

Dans cette affaire, il était demandé au Conseil constitutionnel de vérifier la conformité à l'article 5 de la Charte de l'environnement (principe de précaution) de certains articles de la Loi relative aux organismes génétiquement modifiés conditionnant leur mise en œuvre. Même si elle n'est pas citée, la liberté du commerce et de l'industrie est manifestement confrontée au principe de précaution. Le Conseil constitutionnel relève que le législateur a pris des mesures de contrôle pour prévenir les risques et en déduit que le principe de précaution n'est pas violé.

b - Décision 2013-346 QPC 11 octobre 2013 Gaz de schiste[169] *:*

Dans cette décision, une société de production d'énergie soulève l'atteinte à la liberté d'entreprendre résultant de l'interdiction de recourir à des forages suivis de la fracturation hydraulique de la roche. Le Conseil constitutionnel écarte la prétendue méconnaissance de la liberté d'entreprendre au motif que le législateur a *« poursuivi un but d'intérêt général de protection de l'environnement »* et que la restriction apportée tant à la recherche qu'à l'exploitation des hydrocarbures ne revêt pas un caractère disproportionné au regard de l'objectif poursuivi.

c - Décision 2014-394 QPC 7 mai 2014 :

Dans cette affaire, le requérant sollicite le contrôle des articles 673 et suivants du Code civil permettant à un individu d'exiger de son voisin la taille des végétaux plantés à moins de deux mètres de la limite de propriété et ce au regard du devoir de préservation de l'environnement. Dans cette affaire, le Conseil constitutionnel relativise le caractère sacré du droit de propriété en admettant la légitimité des servitudes mais écarte le moyen tiré de la méconnaissance de la Charte de l'environnement en précisant que les conséquences sur l'environnement ne sont pas substantielles « *eut égard à l'objet et à la portée* » des articles.

B. La complémentarité des principes

15 – Dans d'autres cas, le Conseil constitutionnel a pu retenir une solution différente : la complémentarité des principes de 1789 et de la Charte de l'environnement lorsqu'ils sont opposés. Dans la décision QPC du 8 avril 2011[170], les requérants ont sollicité le contrôle de l'article L. 112-16 du CCH

---

[169] D. ROUSSEAU, P.-Y. GAHDOUN, J. BONNET, *op. cit.*p. 749.

[170] Décision QPC n° 2011-116 du 8 avril 2011.

qui exonère les exploitants d'une activité agricole, artisanale, commerciale ou aéronautique de toute obligation de réparer le dommage causé par ces nuisances aux personnes installées après que l'activité dont il s'agit a commencé à être exercée. Ils déploraient la violation des articles 1er à 4 de la Charte de l'environnement. Afin de ne pas « *départager* » les principes, le juge Constitutionnel les articule de manière à ce que sa solution n'en contredise aucun. Il construit son raisonnement en trois étapes. Tout d'abord il rappelle le principe de responsabilité introduit par l'article 4 de la DDHC[171]. Puis il rappelle le droit à un environnement équilibré et respectueux de la santé et le devoir général de vigilance environnementale (*articles 1er à 4 de la Charte*). Il déduit de la combinaison de ces trois principes une obligation générale de responsabilité pour dommage causé à l'environnement et rejette la QPC au motif que cet article ne fait pas obstacle à la mise en œuvre régime dégagé de responsabilité pour faute. Dans cette hypothèse, les principes anciens, individuels de 1789 sont bien articulés avec les principes nouveaux et collectifs de la Charte de l'environnement de telle sorte qu'aucun principe n'est « *favorisé* ».

16 – Il peut être déduit de cette analyse une véritable complémentarité de fond des principes individuels de 1789 et de ceux collectifs de 2004. Dans son discours prononcé aux participants du colloque de la Cour de Cassation sur la Charte constitutionnelle de l'environnement en date du 20 juin 2005 Jacques Chirac a lui-même minimisé la différence entre ces principes en affirmant que « *les articles de la Charte consacrent un nouveau droit individuel, celui de vivre dans un environnement équilibré et favorable à la santé* » et qu'il y avait lieu de réagir « *collectivement et individuellement* » pour diminuer les atteintes portées à l'environnement[172]. Plus nuancés, certains auteurs mettent en avant l'idée que ces principes sont parfaitement complémentaires sur le fond en ce que les droits collectifs nouveaux portés par la Charte de l'environnement viseraient en réalité à assurer la préservation à terme des droits individuels anciens de la DDHC. Manuel Gros et Thomas Delanlssays expliquent que les principes issus de la Charte de l'environnement visent en réalité à préserver *de facto* les droits

[171] Article 4 DDHC : « *La liberté consiste à faire tout ce qui ne nuit pas à autrui et en déduit que tout fait quelconque de l'homme qui cause à autrui un dommage oblige celui par la faute duquel il est arrivé à le réparer* ».
[172] Message de M. Jacques CHIRAC, Président de la République Aux participants du colloque de la Cour de Cassation sur la Charte constitutionnelle de l'Environnement, Palais de Justice de Paris, le 20 juin 2005, disponible sur le site de la Cour de Cassation à l'url suivant :
https://www.courdecassation.fr/IMG/File/message_pdt_chirac.pdf

individuels sur le long terme[173]. En définitive, il faut comprendre de ce discours que si les principes de 1789 ont été consacrés afin de protéger les intérêts des individus de la menace d'autres individus, il reste que **la menace pourrait avoir changé de nature**. Aujourd'hui, la menace au droit de propriété ne serait plus le voisin dont la construction empiète sur le terrain mais plutôt la montée des mers et des océans, l'augmentation de la fréquence des incendies ou la pollution des sols. Tous ces phénomènes sont susceptibles de déposséder un propriétaire de ses biens, bien plus qu'un empiètement immobilier. Ce raisonnement est applicable au droit à la sûreté qui se trouverait menacé en cas de manque de matières premières ou en cas de dégradation de la salubrité du fait de la pollution de l'air, ou à la liberté d'entreprendre qui est menacée dès que les objets d'exploitation sont affectés.

17 - L'ensemble de ces constats participe à la remise en question de l'absence de hiérarchie entre les principes de valeur constitutionnelle. Pour Michel Prieur, compte tenu de l'urgence écologique et de l'ampleur que devrait prendre le contentieux QPC de l'environnement dans les prochaines années le Conseil constitutionnel va devoir « *affronter la question de la hiérarchie des droits fondamentaux* »[174]. Selon lui, « *la conciliation des droits s'appuie sur leur hiérarchie qui doit tenir compte de l'histoire et des enjeux sociétaux de chaque droit, et l'environnement par sa spécificité et son lien avec l'avenir de l'humanité, devrait bénéficier d'une certaine prééminence liée à son caractère à la fois universel, transversal, individuel et collectif* »[175]. Cette prééminence constitutionnelle non encore effective pourrait éventuellement être consacrée par le principe de non-régression. Ce principe signifie que le droit de l'environnement entre dans la catégorie des « *règles juridiques intangibles et non abrogeables au nom de l'intérêt commun de l'humanité* »[176] et que « *la protection de l'environnement, assurée par les dispositions législatives et réglementaires relatives à l'environnement, ne peut faire l'objet que d'une amélioration constante, compte tenu des connaissances scientifiques et techniques du moment* »[177]. Sa valeur constitutionnelle a été d'ores et déjà consacrée dans plusieurs pays

---

[173] E. CARTIER (sous la dir. De), *La QPC, le procès et ses juges : l'impact sur le procès et l'architecture juridictionnelle*, Dalloz, Méthodes du droit, 2013, p. 361.
[174] M. PRIEUR, « Promesses et réalisations de la Charte de l'environnement », *Nouveaux Cahiers du Conseil constitutionnel* n° 43 (Le Conseil constitutionnel et l'environnement) - avril 2014.
[175] *Ibid.*
[176] M. PRIEUR, *Droit de l'environnement*, Dalloz, 7ème éd., p. 108.
[177] Article L. 110-1 al. 9 du Code de l'environnement dans sa rédaction issue de la loi n° 2016-1087 du 8 août 2016 sur la reconquête de la biodiversité, de la nature et des paysages.

(notamment la Belgique et l'Espagne[178] mais également l'Equateur ou le Bouthan[179]). Néanmoins, en France, sa consécration est un peu plus laborieuse. La loi n° 2016-1087 du 8 août 2016 pour la reconquête de la biodiversité, de la nature et des paysages a proposé de définir et d'insérer le principe de non-régression au sein de l'article L. 110-1 du Code de l'environnement. L'Assemblée Nationale et le Sénat se sont farouchement opposés à cette proposition et ont saisi le Conseil constitutionnel afin d'entraver cette démarche. Les députés et sénateurs requérants soutenaient que ce principe aurait pour effet de restreindre la liberté du pouvoir législatif et du pouvoir réglementaire, méconnaîtrait la « *liberté de légiférer* » protégée par l'article 2 de la Déclaration de 1789 et serait contraire à la hiérarchie des normes. Dans sa décision n° 2016-737 DC du 4 août 2016 le Conseil constitutionnel a balayé l'argumentation soulevée d'un revers de main et a confirmé la conformité du principe de non-régression aux principes protégés par la Constitution[180]. Ainsi, sans constitutionnaliser le principe de non-régression, la décision du 4 août 2016 « *conforte son fondement, tiré de ce que le législateur a une obligation de ne pas introduire de restrictions aux droits fondamentaux acquis en matière de droit de l'environnement* »[181]. Selon Michel Prieur, le principe de non-régression pourrait, s'il était érigé en principe constitutionnel, consacrer la prévalence des principes collectifs environnementaux sur les principes individualistes de la DDHC et donc introduire une hiérarchie des principes constitutionnels au bénéfice de tous. Néanmoins, cette hypothèse semble à ce jour encore bien lointaine et peu réaliste.

18 - Pour conclure, si l'antagonisme entre les principes individuels et collectifs proclamés par la DDHC et la Charte de l'environnement apparaît clairement dans le contentieux constitutionnel, il y a lieu de se demander s'il ne s'agirait pas d'une illusion en ce que les principes environnementaux viseraient tous *à terme* à préserver les principes individuels de 1789. En ce

---

[178] Cour constitutionnelle belge, décision n° 135/2006 et 137/2006 du 14 septembre 2006 et Tribunal suprême espagnol, arrêt du 23 février et du 29 mars 2012, cités par M. PRIEUR dans son article « Promesses et réalisations de la Charte de l'environnement », *Nouveaux Cahiers du Conseil constitutionnel* n° 43 (Le Conseil constitutionnel et l'environnement) - avril 2014.

[179] H. RAIMANA LALLEMANT MOE, « La non-régression en droit français : mythe ou réalité ? », *RJE*, 2018/2, Vol. 43, p. 230.

[180] Au prix d'une limitation de sa portée : J. DELLAUX, « La validation du principe de non-régression en matière environnementale par le Conseil constitutionnel au prix d'une redéfinition *a minima* de sa portée », *RJE*, 2017/4, Vol. 42, p. 200.

[181] B. PEIGNOT, C. HERNANDEZ-ZAKINE, M. FALQUE, « Le principe de non-régression saisi par le droit de l'environnement », *Droit rural* n° 457, novembre 2017, étude 30.

sens, il conviendrait alors de comprendre qu'il est d'intérêt individuel de se préoccuper des intérêts collectifs environnementaux et d' « *actualiser* », tel que le suggérait le Doyen Vedel, la notion ancienne, ici les droits individuels de 1789, au regard de leur menace actuelle, ici l'urgence écologique.

Les droits fondamentaux de la société, personne morale, et les limites de leur application

Anne-Laurice ANDRE

Sans s'attarder sur des questions notionnelles, le thème des « *droits fondamentaux de la société, personne morale* » nécessite que l'on définisse les éléments essentiels à l'analyse suivante. Aussi, si la « *personne morale* » peut se définir comme tout « *groupement doté (...) d'une personnalité juridique (...) titulaire de droits et d'obligations* »[1], dans la discussion ne seront concernées que les personnes morales de droit privé et plus particulièrement les sociétés civiles ou commerciales, dans la mesure où l'étude repose sur l'application des droits et principes généraux de la Déclaration de 1789 en droit des sociétés.

S'agissant des « *droits fondamentaux* », ils constituent « *une prérogative primordiale, prééminente (...) et dotée d'une valeur supérieure à ce qui s'y appuie* »[2]. Selon le Doyen Favoreu, ils peuvent se définir comme l'« *ensemble des droits et libertés reconnus aux personnes physiques comme aux personnes morales (de droit privé et de droit public) en vertu de la Constitution, mais aussi de textes internationaux et protégés tant contre le pouvoir exécutif que contre le pouvoir législatif par le juge constitutionnel*[3] ». Cependant, au regard de la thématique du colloque, les droits fondamentaux dont l'application aux personnes morales est envisagée seront entendus restrictivement comme ceux protégés par la Déclaration de 1789.

Ces précisions apportées, le droit des affaires, tout comme son nom l'indique, est édicté pour répondre aux besoins et contraintes de la vie des affaires, et des acteurs qui la composent. Cette « *branche du droit faiblement constitutionnalisée*[4] » comme le souligne Jean-Eric GICQUEL, a plus d'attrait pour les enjeux privés auxquels il répond que pour ceux d'intérêt général rencontrés en droit constitutionnel. De son côté, la Déclaration Des Droits de l'Homme et du Citoyen de 1789 (ci-après « DDHC ») est un texte

---

[1] G. Cornu, *Vocabulaire juridique*, PUF 2011, p. 753.
[2] *Ibid.*, G. Cornu, p. 463.
[3] L. Favoreu, *« L'élargissement de la saisine du Conseil constitutionnel aux juridictions administratives et judiciaires »* : RFD const. 1990, pp. 581-588.
[4] J.-E. Gicquel, *« Droit constitutionnel et droit des affaires : La convergence juridique encouragée par la QPC »*, LPA 29 septembre 2011, n° 194, p. 3.

par essence individualiste, édicté pour veiller au respect des droits fondamentaux des Hommes, personnes physiques, dont ils sont les bénéficiaires privilégiés. Pourtant, plusieurs des droits et libertés fondamentaux touchent directement la sphère économique, la plupart étant proclamés par la Déclaration de 1789. La société en tant que personne juridique devait pouvoir se prévaloir de droits et libertés fondamentaux tels que le droit de propriété (DDHC, art. 2 et 17), la liberté d'entreprise ou encore la liberté contractuelle (DDHC, art. 4), indispensables dans le monde des affaires.

C'est d'abord le droit de l'Union européenne qui a reconnu à la personne morale le bénéfice de certains droits en lui ouvrant un droit de recours devant la Cour européenne des droits de l'homme. Ont suivi la reconnaissance de différents droits et libertés, tels que le droit au procès équitable[5] ou à la protection du domicile[6], principes pourtant réservés initialement à l'Homme, personne physique. Cette reconnaissance désormais étendue devant les juridictions internes[7], les acteurs de la vie des affaires n'hésitent plus à s'appuyer sur des droits et principes constitutionnels dans le cadre de leurs litiges privés. Aussi, la question de la titularité de droits fondamentaux de la société personne morale ne semble plus faire débat à ce jour.
Pourtant, malgré ce phénomène de « *fondamentalisation du droit des affaires* »[8], le droit des sociétés soulevait encore peu de débat constitutionnel.

C'est sous le prisme de la question prioritaire de constitutionnalité (ci-après « QPC ») que les interrogations sur la constitutionnalisation du droit des affaires ont resurgi.
Issue de la réforme constitutionnelle du 23 juillet 2008, la QPC introduit un contrôle de constitutionnalité de la loi *a posteriori*, pouvant être initié par tout justiciable, en cours d'instance, dans la mesure où la question posée est suffisamment motivée, qu'elle présente un caractère sérieux et qu'elle n'a

---

[5] CEDH, 27 février 1992, Sté Stenuit c/ France, Série A, n° 232.
[6] CEDH, 16 avril 2002, Sté Colas Est c/ France.
[7] Sur le principe fondamental de liberté contractuelle voir Cons. const., déc. 2002-465 DC, 13 janvier 2003 : JO 18 janvier 2003, p. 1084 : « *le législateur ne saurait porter aux contrats légalement conclus une atteinte qui ne soit justifiée par un motif d'intérêt général suffisant, sans méconnaître les exigences résultant des articles 4 et 16 de la Déclaration des droits de l'homme et du citoyen de 1789* ».
[8] H. Marton, *Les droits de la personnalité des personnes morales de droit privé* : LGDJ, Faculté de Droit et des Sciences sociales de Poitiers, 2011 – R. Dumas, *Essai sur la fondamentalisation du droit des affaires* : éd. L'Harmattan, 2008.

pas d'ores et déjà fait l'objet d'une décision antérieure, sauf circonstances nouvelles.
La création de ce nouveau levier constitutionnel devant permettre de confronter une disposition législative aux « *droits et libertés que la Constitution garantit* », certains auteurs espéraient un rapprochement entre droit des affaires et droits et libertés fondamentaux[9]. De même, la QPC apparaissait également comme un moyen offert au défenseur-personne morale d'apporter une dimension constitutionnelle au procès.
Pourtant, huit ans après son entrée en vigueur, le droit des affaires semble s'opposer à un double filtre de recevabilité particulièrement restrictif et sévère à son égard. Très peu des questions prioritaires posées parviennent jusqu'à la rue Montpensier, et quasiment aucune ne touche le droit des sociétés, contrairement à d'autres domaines comme le droit de la concurrence, le droit des entreprises en difficulté[10] ou les baux commerciaux[11], qui ont été plus fréquemment soumis au contrôle *a posteriori.*

Pour autant, cela ne veut pas dire que le droit des sociétés est une matière hermétique à toutes considérations constitutionnelles. Le nombre de QPC posées, accompagnées de leurs décisions de non-transmission, l'accroissement du contentieux de la Convention européenne des droits de l'homme, sont autant de facteurs qui démontrent l'existence d'interactions sous-jacentes fortes entre cette matière affairiste et les droits et libertés fondamentaux garantis par la Déclaration de 1789 (et plus généralement le bloc de constitutionnalité).

Dès lors, il ne s'agira pas ici d'énumérer les différents symptômes et causes de la difficile coexistence entre droit des affaires et droit constitutionnel. Plutôt, en restreignant l'objet d'étude qui nous intéresse au droit des sociétés, nous nous interrogerons sur les raisons de cette faiblesse constitutionnelle ? Et sur les capacités du droit des sociétés a s'ouvrir à la norme constitutionnelle ?

---

[9] D. Rousseau, « *La question prioritaire de constitutionnalité ou l'argument constitutionnel dans le droit des affaires* », BJS 2010, p. 216.
[10] P. Roussel Galle, « QPC et procédures collectives » : LPA 29 septembre 2011, p. 66.
[11] C. Lachièze, « QPC et fonds de commerce » : LPA 29 septembre 2011, n° 194 p. 37.

Aussi, après avoir appréhendé les raisons inhérentes au droit des sociétés conduisant à sa « *quasi-absence* » dans le domaine constitutionnel (**I**), nous apprécierons, la portée des timides rapprochements d'ores et déjà opérés entre les deux matières, ainsi que leurs perspectives d'interactions (**II**).

I. Un droit des sociétés « *quasi-absent* » du domaine constitutionnel

Cette difficile imbrication entre les principes relevant du droit des sociétés et ceux dégagés de la Déclaration de 1789 semble liée à une incompatibilité de forme et de fond entre les deux matières. L'incompatibilité de forme relèverait de l'origine des sources du droit des sociétés (A). De même, tout comme chacun relève respectivement du droit public et du droit privé, les intérêts protégés par la norme constitutionnelle et le droit des sociétés semblent diverger et constituer ainsi une incompatibilité de fond (B).

A. Les motifs tenant à l'origine normative du droit des sociétés

L'une des particularités du droit des sociétés pouvant justifier les limites de ses interactions avec la norme constitutionnelle, et les droits fondamentaux qu'elle protège, est son importante dimension jurisprudentielle. Malgré l'intervention du législateur en 1966[12] puis en 2000[13], les principes généraux du droit des sociétés demeurent principalement non écrits puisque d'origine prétorienne[14].
Ce phénomène résulte, d'une part, du caractère parfois incomplet des textes sociétaires, le juge étant alors contraint de créer un concept palliant cette carence[15]. D'autre part, cet afflux jurisprudentiel est lié au rôle confié au juge en la matière. Ce dernier est en effet particulièrement influencé par les mutations sociétales et fait évoluer en conséquence ces règles non écrites afin de répondre aux attentes édictées par l'ordre social libéral[16]. Ce processus de création jurisprudentielle s'avère plus rapide que le processus classique de création de la loi, et assure au droit des sociétés une certaine rapidité et réactivité attendues par les agents économiques.

---

[12] Loi n° 66-537 du 24 juillet 1966 sur les sociétés commerciales.

[13] Ord. n° 2000-912, 18 septembre 2000.

[14] P. Le Cannu et B. Dondero, Droit des sociétés, LGDJ, 2015.

[15] A titre d'illustrations, nous pouvons citer les principes jurisprudentiels dégagés en matière d'abus de majorité et de minorité, ou encore la notion de faute détachable des fonctions du dirigeant.

[16] A. Couret, « *L'état du droit des sociétés, 50 ans après la loi du 24 juillet 1966* », BJS 06/07/2016 – n° 07-08, p. 433.

La question de la place réservée aux normes constitutionnelles en droit des sociétés ressurgit lorsque ces principes jurisprudentiels promulguent ou portent atteinte à un droit ou une liberté fondamentale. Auquel cas, le justiciable lésé peut-il attaquer ces règles prétoriennes ? La réponse semble être double[17] :

Il est maintenant admis par les Hautes juridictions que s'agissant d'une jurisprudence *secundum legem*, le texte interprété, et *a fortiori* l'interprétation elle-même, pourront être soumis au contrôle *a posteriori* des sages du Conseil constitutionnel[18]. L'une des illustrations les plus récentes en la matière est l'examen de l'interprétation jurisprudentielle de l'article 1843-4 du Code civil. Ces dispositions, telles qu'interprétées par la jurisprudence constante, conduisent à retenir la date la plus proche du remboursement pour évaluer le prix des droits sociaux de l'associé exclu, et non la date de la perte de la qualité d'associé. Selon le requérant de l'espèce, il en résultait une méconnaissance des droits de propriété et du principe d'égalité devant la loi, protégés respectivement par les articles 2/17 et 6 de la DDHC. Le Conseil constitutionnel n'a pas suivi ce raisonnement. Par décision du 16 septembre 2016[19], il a déclaré que l'interprétation jurisprudentielle du texte était conforme au bloc de constitutionnalité, preuve qu'une règle prétorienne peut être soumise au contrôle de constitutionnalité au même titre qu'une loi. Nous reviendrons par ailleurs ultérieurement sur les critiques qu'a suscitées cette décision.

S'agissant de jurisprudences *praeter legem*, la réponse ne semble pas aussi clairement tranchée. Pour mémoire, la question prioritaire de constitutionnalité doit reposer sur une « *disposition législative* »[20]. Aussi, par principe, sans le support d'une loi une QPC ne devrait pas pouvoir être posée. Or dans ce cas de figure, la jurisprudence a justement créé une règle là où la loi est restée lacunaire. Dès lors, ce sont autant d'interrogations et de doutes qui persistent : le justiciable lésé peut-il attaquer la règle jurisprudentielle alors même qu'elle n'est rattachée à aucun texte ? Ou bien parce qu'elle n'est justement pas rattachée à une disposition législative, ce même justiciable pourrait-il reprocher au législateur de ne pas avoir épuisé la

[17] Sur cette distinction voir Myriam Roussille, *infra*, n° 35.

[18] Cons. const. 6 octobre 2010, n° 2010-39 QPC : JO 7 octobre 2010 : « *qu'en posant une question prioritaire de constitutionnalité, tout justiciable a le droit de contester la constitutionnalité de la portée effective qu'une interprétation jurisprudentielle constante confère à cette disposition* ».

[19] Cons. const. 16 septembre 2016, n° 2016-563 QPC.

[20] Art. 61-1 Const.

plénitude de sa compétence[21], d'autant que par principe il lui revient de déterminer les principes fondamentaux « *des obligations civiles et commerciales* » ?[22]
Un des éventuels remèdes à cette incompatibilité de forme serait de faire entériner ces principes jurisprudentiels par l'intervention du législateur. Quelle pourrait alors être la portée d'une codification à droit constant de la jurisprudence du droit des sociétés, à l'instar de la récente réforme du droit des obligations ? Bien que générateur de stabilité juridique, un tel processus n'aboutirait-il pas à une remise en cause de ces règles jurisprudentielles constantes ?
En entrant dans le champ des « *dispositions législatives* » le justiciable serait plus enclin à soumettre cette norme jurisprudentielle au contrôle du juge constitutionnel. Or, en cas de décision de non-conformité, cela pourrait aboutir à la disparition de cette norme jurisprudentielle, créant ainsi une instabilité juridique, effet opposé à celui recherché.

La construction du Code de commerce peut être soumise à la même critique : sa partie réglementaire ne relève pas des « *dispositions législatives* », au sens littéral du terme, condition primordiale à la présentation d'une QPC. Pourtant ce sont bien ces dispositions réglementaires qui viennent fixer les modalités d'application des dispositions législatives auxquelles elles se rattachent.
À ce titre, une QPC qui serait posée sur la base d'un texte relevant de la partie législative du Code, mais qui viserait en réalité à interroger les juges constitutionnels sur la conformité d'un texte appartenant à la partie réglementaire, serait irrecevable[23].

Enfin, il semble qu'en aval de ce processus de création prétorienne, le juge du droit des sociétés n'a pas plus « *fondamentalisé* » les droits et

[21] J-E. Gicquel, « *Droit constitutionnel et droit des affaires : La convergence juridique encouragée par la QPC* », LPA 29 sept. 2011, n° 194, p. 3 - Sur l'incompétence négative du législateur : Cons. const. 18 juin 2010 n° 2010-5 QPC, SNC Kimberly Clark qui reconnaît la possibilité de soulever une incompétence négative dans le cadre d'une QPC « *dans le cas où est affecté un droit ou une liberté que la Constitution garantit* ».
[22] A titre d'exemple, la règle purement jurisprudentielle créée en matière de révocation du dirigeant impose le respect du contradictoire. Un dirigeant vexé par les conditions de sa révocation pourrait être tenté de reprocher l'absence de garantie de ses droits à la défense par les textes en vigueur. Encore que, les conditions et modalités de révocation variant d'un type de société à l'autre, ce même dirigeant pourrait alors se défendre d'une rupture du principe d'égalité (art. 6 DDHC).
[23] I. Parachkevova, « *Le non-renvoi des QPC* » (dir. N. Droin et A. Fautré-Robin), Institut Universitaire Varenne, Coll. Colloques et Essais, 2018, 103.

principes qu'il protège. En s'interrogeant sur la nature du droit de vote de l'associé, on constate que le juge n'a pas apporté à ce droit une dimension fondamentale.

Le droit de vote réservé à l'associé est absent de la Déclaration de 1789 et aucun des textes économiques proclamant des droits et libertés fondamentaux n'affirme son caractère sacré. Pourtant, le droit de vote est une « *prérogative essentielle*[24] » de la qualité d'associé.

Dans son célèbre arrêt *Château d'Yquem*, la Cour de cassation a reconnu à tout associé « *le droit de participer aux décisions collectives et de voter* »[25]. Pour autant, la Cour ne hisse pas le droit de vote au rang de droit fondamental. Dans son arrêt *de Gaste*[26], elle tempère en effet ce principe au visa de l'article 1844 du Code civil et énonce que si un nu-propriétaire peut être privé de son droit de vote, il ne peut en revanche être privé de son droit à participer aux assemblées.

L'importance du droit de participer a ensuite été réaffirmée à de nombreuses reprises, conduisant ainsi à reconnaître à ce droit une valeur plus importante qu'au droit de vote lui même. Le droit de vote est alors présenté comme un « *attribut du droit fondamental de l'associé sur ses droits sociaux (...) le droit de vote serait l'usus du droit de propriété sur les droits sociaux (...). C'est donc en tant qu'attribut du droit réel sur une chose (les droits sociaux) que le droit de vote de l'usufruitier est protégé* »[27]. En d'autres termes, si le droit de vote n'est pas en lui-même un droit fondamental, c'est en tant qu'attribut du droit de propriété, a valeur fondamentale certaine, qu'il est protégé par la Déclaration de 1789 (DDHC, art. 2 et 17).

Au-delà de ce premier obstacle lié au processus de normalisation du droit des sociétés, c'est sa finalité même qui semble constituer sa faiblesse constitutionnelle. Le droit des sociétés est par essence tourné vers le monde des affaires et répond en conséquence à des besoins parfois éloignés de l'intérêt protégé par les normes constitutionnelles.

---

[24] M. Cozian, A. Viandier et F. Deboissy, Droit des sociétés : Lexisnexis, 2013 n° 363.

[25] Cass.com. 9 février 1999, n° 96-17.661, P. *Château d'Yquem c/ de Chizelle*

[26] Cass.com. 4 janvier 1994, n° 91-20.256, P+B, *de Gaste c/ de Gaste :* « *Attendu qu'en statuant ainsi, alors que si selon l'article 1844, alinéa 4, du Code civil, il peut être dérogé à l'alinéa 3 du même article qui est relatif au droit de vote, et qu'il était donc possible aux statuts litigieux de prévoir une dérogation sur ce point, aucune dérogation n'est prévue concernant le droit des associés et donc du nu-propriétaire de participer aux décisions collectives tel qu'il est prévu à l'alinéa 1er dudit article, la cour d'appel a violé le texte susvisé* ».

[27] M. Roussille, « *Le droit de vote de l'associé, droit fondamental ?* », Droit des sociétés n° 7, juillet 2014, Dossier n° 3, Anniversaire des 65 ans de la revue.

B. Les motifs tenant à l'intérêt protégé par le droit des sociétés

En droit constitutionnel, lorsque le juge constate qu'une disposition législative porte atteinte à un droit ou une liberté fondamentale, avant de la condamner, il vérifie si cette atteinte n'est pas justifiée « *par un motif d'intérêt général* ». La légitimité de cette atteinte par la reconnaissance d'un intérêt général trouve du mal à s'appliquer en droit des sociétés.
L'intérêt général est défini par le Professeur Cornu comme « *ce qui est pour le bien public, à l'avantage de tous* »[28]. Cependant, cette notion semble difficilement transposable et peut diverger une fois analysée sous l'angle du droit des sociétés.

Les difficultés rencontrées sur la sémantique de la notion « *d'intérêt général* » en droit des sociétés sont appréhendées par le Professeur Myriam Roussille qui rappelle que : « *le droit des sociétés ne fait pas souvent place à l'intérêt général : dans les groupements, les conflits d'intérêts mettent en jeu l'intérêt individuel de certains (l'associé, le dirigeant) contre l'intérêt d'une collectivité (collectivité des associés, ou collectivité des personnes composant l'intérêt social). Si de nombreuses règles ont pour finalité la protection de l'intérêt de la société, cet intérêt social n'est évidemment pas assimilable à l'intérêt général. L'intérêt social est au mieux un intérêt transcendant celui des associés mais il reste en tout état de cause purement privé, puisque c'est celui de la société* »[29].
En d'autres termes, le droit des sociétés protège l'intérêt social de la société personne morale puisqu'il fait primer « *le bon fonctionnement de la société* » sur les intérêts particuliers de ses acteurs (associés, dirigeants)[30]. Cet intérêt social semble éloigné de la conception de l'intérêt général, pouvant justifier une atteinte raisonnable aux droits et libertés fondamentaux.
Cependant, en appliquant le raisonnement du juge constitutionnel au droit des sociétés, nous devrions considérer que les atteintes faites au droit de propriété, protégé par les articles 2 et 17 de la DDHC, en matière d'exclusion ou de retrait d'un associé, ne peuvent pas être justifiées par un intérêt général, mais par un intérêt social, celui du bon fonctionnement de la société.

À ce titre, revenons plus amplement sur la décision du 16 septembre 2016 relative à l'interprétation jurisprudentielle de l'article 1843-4 du Code civil, et sur les deux fondements textuels du droit de propriété. Selon la

---

[28] G. Cornu, *Vocabulaire juridique*, PUF, 2002, p. 482.
[29] M. Roussille, « QPC et droit des sociétés », LPA 29 septembre 2011, n° 194, p. 41.
[30] Sur un juste de motif de révocation du dirigeant pour atteinte au bon fonctionnement de la société, voir CA Versailles, 4 mars 2004, 10/2004.

jurisprudence constante du Conseil constitutionnel : « *La propriété figure au nombre des droits de l'homme consacrés par les articles 2 et 17 de la Déclaration de 1789. Selon son article 17 :* « La propriété étant un droit inviolable et sacré, nul ne peut en être privé, si ce n'est lorsque la nécessité publique, légalement constatée, l'exige évidemment, et sous la condition d'une juste et préalable indemnité ». *En l'absence de privation du droit de propriété au sens de cet article, il résulte néanmoins de l'article 2 de la Déclaration de 1789 que les atteintes portées à ce droit doivent être justifiées par un motif d'intérêt général et proportionnées à l'objectif poursuivi* »[31]. Aussi, lorsque la privation de propriété exige une juste et préalable indemnité (DDHC, art. 17), les atteintes à l'exercice du droit de propriété peuvent être justifiées par un motif d'intérêt général et sont admises, sous réserve qu'elles soient proportionnées à l'objectif poursuivi (DDHC, art. 2)[32].

Dans l'espèce du 16 septembre 2016, le requérant estimait que l'interprétation jurisprudentielle de l'article 1843-4 n'était pas conforme aux articles 2 et 17 de la DDHC et portait atteinte à son droit de propriété, en ce qu'elle conduit à retenir la date la plus proche du remboursement pour évaluer les droits sociaux, et non la date de son exclusion. Selon le requérant, entre les deux dates, la valeur de ses titres s'était dépréciée sans qu'il puisse intervenir, ce dernier étant dépourvu de ses droits politiques.
Le Conseil constitutionnel n'a pas suivi son raisonnement et a d'abord commencé par écarter la confrontation du texte à l'article 17 de la Déclaration de 1789, puisque les griefs en présence n'entraient pas dans son champ d'application (privation de propriété)[33].
Le juge a ensuite reconnu que le délai s'écoulant entre les deux dates d'exclusion et de remboursement : « *est susceptible d'entrainer une atteinte au droit de propriété de l'associé cédant, retrayant ou exclu* ». Pour autant, parce que l'associé exclu conserve ses droits patrimoniaux, ainsi que la possibilité d'intenter une action en responsabilité contre ses anciens associés en cas de dévaluation, « *les dispositions contestées ne portent donc pas une atteinte disproportionnée au droit de propriété* ».

---

[31] Cons. const. 10 mai 2016, n° 2016-540 QPC, *Société civile Groupement foncier rural Namin et Co*.
[32] G. Lecuyer - M. Roussille, « La question prioritaire de constitutionnalité et le droit des affaires », JurisClasseur Commercial, Fasc. 32, n° 20.
[33] Paragr.7 QPC n° 2016-563, 16 sept. 2016 : « *En premier lieu, les dispositions contestées, telles qu'interprétées par la jurisprudence, ne prévoient pas en elles-mêmes, la possibilité d'exclure un associé ou de la forcer à céder ses titres ou à se retirer. Elles se bornent à déterminer la date d'évaluation de la valeur des droits sociaux. Elles n'entrainent pas en conséquence de privation de propriété au sens de l'article 17 de la Déclaration de 1789.* »

Certains auteurs, comme le Professeur Antoine Trados, ont reproché au juge constitutionnel de s'être référé exclusivement à la condition de proportionnalité à l'objectif poursuivi, en écartant la notion « d'intérêt général » qui commande en principe l'atteinte au droit de propriété. En d'autres termes, une fois la confrontation à l'article 17 de la Déclaration de 1789 écartée, l'atteinte portée au droit de propriété aurait dû être justifiée par « *un motif d'intérêt général* » conformément à la jurisprudence du juge constitutionnel. Cette décision illustre la difficulté que rencontre le juge constitutionnel à rattacher la notion d'intérêt général à une matière telle que le droit des sociétés[34].
Cette matière particulière appelle alors à un raisonnement différent pour le juge constitutionnel : la question de l'évaluation n'intéresse que des intérêts privés, savoir la société et les autres associés restants. Aussi, dans l'hypothèse d'une exclusion d'un associé, la société doit faire face à un litige entre ses acteurs qui peut freiner son bon fonctionnement et par conséquent mettre en péril son activité. Il semblerait alors que l'intérêt à protéger, légitimant une atteinte au droit de propriété, soit l'intérêt social de la société dont l'activité économique doit être préservée[35].

Enfin, s'il existe un cas de figure où l'intérêt général, en ce qu'il ne relève pas de l'intérêt purement privé de l'entreprise, devrait être reconnu en droit des sociétés, c'est lorsque l'intérêt d'un tiers à la société est en jeu. Tel est le cas lorsqu'un tiers à la société est victime d'une faute commise par un organe de cette dernière. Pourtant, les principes et constructions du droit des

---

[34] Il semble que cette critique n'a pas à être relativisée par la décision du Conseil constitutionnel du 28 février 2014, rendue en matière de suspension du droit de vote d'un actionnaire de société cotée qui n'a pas déclarée le franchissement à la hausse d'un seuil. Pour mémoire, l'article L. 233-14 du Code de commerce prévoit qu'en matière de société cotée, l'actionnaire qui ne déclare pas le franchissement d'un seuil à la hausse, en droit de vote ou en capital, est privé du droit de vote attaché aux actions excédant la fraction qui n'a pas été régulièrement déclarée, pendant deux ans. Interrogé sur la constitutionnalité de ces dispositions, le Conseil constitutionnel a estimé que les atteintes faites au droit de propriété de l'actionnaire défaillant étaient justifiées par un motif d'intérêt général. En l'espèce, l'intérêt général protégé semble être l'ordre public boursier. La suspension du droit de vote a alors pour objectif de faire : « *obstacle aux prises de participation occultes dans les sociétés cotées afin de renforcer, d'une part, le respect des règles assurant la loyauté dans les relations entre la société et ses membres, ainsi qu'entre ses membres et, d'autre part, la transparence des marchés* ». C'est parce qu'ici l'ordre public boursier est en jeu que l'intérêt général peut plus facilement ressortir des dispositions relatives à la société cotée. En ce sens, Cons. const. 28 février 2014, n° 2013-369, QPC, Société Madag.

[35] A. Trados, « La déconnexion entre la propriété des droits sociaux et la qualité d'associé », RDC 2017, n° 113, p. 142.

sociétés viennent parfois en contradiction avec l'intérêt du tiers. En prenant l'exemple des notions de personnalité juridique distincte de la société et de faute détachable du dirigeant, on constate que le tiers victime d'une faute commise par le dirigeant d'une société dans le cadre de ses fonctions ne pourra se retourner que contre la société elle-même puisqu'il s'oppose à l'écran de la personnalité juridique de la société. Or, s'il s'avère que la société est insolvable et que la faute commise par le dirigeant n'est pas séparable, alors le tiers ne pourra pas, en principe, voir son préjudice réparé. On peut voir dans ce schéma une atteinte au principe de responsabilité et de réparation édicté par l'article 4 de la Déclaration de 1789, qui n'est pourtant pas légitimée par l'existence d'un « intérêt général »[36], qui devrait être, dans ce cas précis, l'intérêt du tiers.

Cependant, bien que le droit des sociétés se heurte à une difficile transposition des droits fondamentaux dans sa matière, il demeure un vivier important de la reconnaissance de ces droits, libertés et principes.

II. Rapprochements et perspectives d'interactions entre droit des sociétés et normes constitutionnelles

Malgré ses faiblesses constitutionnelles, le droit des sociétés semble avoir des perspectives d'interactions, encore inexploitées, avec la Déclaration de 1789, faisant ainsi de la matière un vivier de reconnaissance de droits fondamentaux (A). Par ailleurs, au-delà de ces perspectives, il est d'ores et déjà possible de tirer nombres d'enseignements des décisions de non-renvoi de QPC en la matière (B).

A. Le droit des sociétés, vivier de reconnaissance de droits fondamentaux

Bien que le droit des sociétés ne soit pas le domaine privilégié d'interactions avec le droit constitutionnel, il n'en demeure pas moins un vivier important de potentielles QPC, et par conséquence de confrontation de ses dispositions aux droits et libertés fondamentaux. Rappelons à ce titre que le droit des sociétés est issu des lois du 24 juillet 1966 s'agissant des sociétés commerciales et du 4 janvier 1978 s'agissant de la société civile, qui n'ont pas été soumises à l'appréciation du Conseil constitutionnel. De même, les dispositions afférentes aux sociétés de la loi NRE du 15 mai 2001 n'ont pas été soumises au contrôle *a priori*. La QPC ne devant pas porter sur une disposition d'ores et déjà déclarée conforme par le juge constitutionnel, on

---

[36] Voir M. Roussille, « QPC et droit des sociétés », LPA 29 septembre 2011, n° 194, p. 41.

comprend alors que le droit des sociétés constitue un véritable réservoir pour le contrôle *a posteriori*[37]. Il peut être un moyen de défense efficace pour le justiciable, dans une matière où le contentieux est multiple et dense puisque rattaché au monde des affaires.

Nombre de droits et libertés garantis par la Déclaration de 1789 sont susceptibles d'être invoqués dans une QPC mettant en jeu une disposition législative de droit des sociétés[38].

Du côté du justiciable personne morale, une partie de la doctrine a pu soulever l'existence d'une inégalité, entre société créée et société en cours d'immatriculation, face au droit à un recours effectif protégé par l'article 16 de la Déclaration[39]. En ce sens, jusqu'à la date de son inscription au registre du commerce et des sociétés, la société ne dispose pas de sa personnalité juridique et est par conséquent privée d'une existence juridique distincte de celle de ses membres. En conséquence, l'action en justice intentée pour son compte serait nulle pour irrégularité de fond[40], de même que l'action introduite à son encontre. Qu'en est-il dès lors que la société, en cours d'instance, se voit attribuer son immatriculation et, par conséquent, recouvre sa personnalité juridique ? Les Codes de commerce et de procédure civile étant silencieux à ce sujet, c'est une nouvelle fois vers la jurisprudence qu'il faut se tourner et là il semble y avoir contradiction : lorsque pour la chambre commerciale la nullité ne peut pas être couverte[41], la troisième chambre civile estime quant à elle qu'en cas d'immatriculation avant que le litige soit tranché, la société peut reprendre à son compte l'instance en cours[42]. Or en suivant le raisonnement de la chambre commerciale, privée de sa personnalité juridique, la société peut rencontrer des difficultés à exploiter ses activités. Tel est le cas d'une société en formation qui ne peut pas surenchérir, puisque comme pour toute acquisition ou promesse de vente, la surenchère doit être passée soit par les associés fondateurs soit par la société en formation, sous condition respectivement résolutoire ou suspensive de l'immatriculation de la société[43].

Le justiciable personne morale pourrait alors être tenté de reprocher au législateur de ne pas avoir usé de la plénitude de sa compétence, en ayant

---

[37] *Ibid.*, M. Roussille.

[38] Il s'agit essentiellement du droit de propriété (art. 2 et 17) et de la liberté d'entreprendre (art. 4), mais encore du principe d'égalité (art. 1 et 6), ou du droit à la défense et du principe du contradictoire (art. 16).

[39] *Ibid.*, M. Roussille.

[40] Cass. com., 7 juin 1994 : Bull. Joly 1994, p. 1225.

[41] Cass. com. 30 nov. 1999, n° 1928, RJDA 4/2000, n° 415 – Cass. com,. 20 juin 2006, n° 821, RJDA 10/2006, n° 1023.

[42] Cass. 3e civ., 9 oct. 1996, n° 1589, RJDA 1/1997, n° 54.

[43] Cass. 2e civ., 20 déc. 2007, RJDA 3/2008, n° 272.

omis de fournir à la société en formation un droit à un recours effectif, tel que proclamé par l'article 16 de la DDHC.

Ce sont finalement les acteurs de cette personne morale qui ont le plus d'intérêt à soulever des QPC aux fins de faire valoir leurs droits et libertés fondamentaux. Il semble d'ailleurs que ces derniers soulèvent un litige plus important et plus vif en la matière. À titre d'exemple, pourrait faire l'objet d'un contrôle *a posteriori* de conformité les conditions d'agrément d'un associé, au regard du droit de propriété protégé par les articles 2 et 17 et d'accès au juge protégé par les articles 6 et 16 de la Déclaration de 1789.
En ce sens, que penser de l'associé qui a hérité de parts d'une société à responsabilité limitée ou d'une société civile, et qui se voit pourtant refuser son agrément par les autres associés ? Certes ce dernier peut toujours percevoir les dividendes issus des distributions. Cependant, il est privé de tout pouvoir politique, ce qui à terme, le contraint à céder ses parts. Sachant que l'agrément est une décision discriminatoire, l'associé héritier se trouve privé d'un accès devant la justice.

De même, que penser des clauses statutaires et extrastatutaires d'inaliénabilité privant temporairement un associé de son droit de propriété ? Certes une telle clause, pour être valable, doit répondre à un intérêt légitime et sérieux.
À ce titre, il semble que nous retombions dans les débats précédents relatifs à l'intérêt général par opposition à l'intérêt privé protégé par le droit des sociétés. Si l'on suit le raisonnement des juges constitutionnels, il ne semble pas y avoir de privation du droit de propriété de l'associé puisque la privation est temporaire, et qu'en tout état de cause l'associé n'est pas privé de tous ses autres droits politiques et pécuniaires, le temps de l'application de la clause d'inaliénabilité. Dès lors, il semblerait que cette clause ne devrait pas être considérée comme entrant dans le champ des dispositions de l'article 17 de la DDHC.
Par ailleurs, s'il y a bien une atteinte au droit de propriété du fait de l'inaliénabilité (DDHC, art.2), cette atteinte semble proportionnée[44] puisque temporaire et répondant aux besoins de la société. Les clauses d'inaliénabilité peuvent d'ailleurs avoir une portée limitée, comme par exemple une interdiction de cession à certains types d'associés afin d'éviter tout changement de contrôle de la société, ou dilution de la minorité.
S'agissant de l'intérêt général légitimant l'atteinte temporaire au droit de propriété, sans que cela ne semble pouvoir être dit explicitement par les

[44] Pour mémoire, *« il résulte de l'article 2 de la Déclaration de 1789 que les atteintes portées à ce droit (de propriété) doivent être justifiées par un motif d'intérêt général et proportionnées à l'objectif poursuivi »*. Voir *supra*.

juges constitutionnels, il s'agirait de l'intérêt social de la société de conserver un actionnariat, et par conséquent un capital social, stable sur une durée déterminée. Dès lors, bien que critiquables, il ne semble pas certain que les clauses d'inaliénabilité soient jugées comme non-conformes aux droits et libertés fondamentaux proclamés par la Déclaration de 1789.

Enfin, bien que le droit des sociétés n'ait pas épuisé son contentieux constitutionnel, un certain nombre de décisions de non-renvoi des cours suprêmes, opérant les « filtres » de la QPC, se révèlent être une source de contrôle indirect de conformité de la norme en vigueur, par rapport aux droits et principes garantis par la Constitution.

B. Les effets normatifs indirects des décisions de non-renvoi

Si le droit des sociétés a fait l'objet de peu de décisions du Conseil constitutionnel ces dernières années, cela ne signifie pas pour autant qu'il est imperméable au système de la QPC. Ce dernier, comme toutes les autres matières du droit des affaires, doit d'abord franchir les filtres du contrôle au fond. Le rôle donné aux cours suprêmes est alors essentiel puisqu'en appréciant le caractère sérieux ou non d'une QPC, la Cour de cassation (principalement compétente en matière sociétaire) opère déjà un premier contrôle de constitutionnalité, notamment lorsqu'elle estime que la question n'a pas à être renvoyée devant le Conseil.
En estimant que la QPC posée par un justiciable n'est pas sérieuse, et en ne soumettant pas le texte litigieux au contrôle du juge constitutionnel, la Cour de cassation consolide et légitimise le texte, ce qui se traduit par une plus grande stabilité juridique.

Une des jurisprudences venant illustrer ce phénomène de « *consolidation de la loi* », par le biais des non-renvois de QPC, est la décision de la Chambre commerciale du 8 mars 2011, relative à l'ancien article 1843-4 du Code civil.
Pour mémoire, cet article prévoyait le recours à un expert évaluateur, dans tous les cas où était prévue la cession de droits sociaux d'un associé, et notamment en cas de contestation entre les parties sur la valorisation retenue[45]. À l'époque, l'expert était libre de retenir les critères d'évaluation qu'il jugeait opportuns pour déterminer la valeur des titres. La question était alors de savoir si ces dispositions ne contrevenaient pas aux droits de la

[45] Art. 1843-4 C. civ. en vigueur au 8 mars 2011 : « *Dans tous les cas où sont prévus la cession des droits sociaux d'un associé, ou le rachat de ceux-ci par la société, la valeur de ces droits est déterminée, en cas de contestation, par un expert désigné, soit par les parties, soit à défaut d'accord entre elles, par ordonnance du président du tribunal statuant en la forme des référés et sans recours possible* ».

défense et au principe du contradictoire garantis par les articles 4 et 16 de la Déclaration de 1789.
La Cour de cassation en estimant que la question ne revêtait pas un caractère suffisamment sérieux[46], ne l'a pas renvoyée devant le Conseil constitutionnel et a ainsi « protégé » l'ancien article 1843-4 d'une éventuelle sanction constitutionnelle : il y a bien alors « *consolidation* » de la loi et de son interprétation par l'effet du non-renvoi de la QPC. En estimant non-sérieuse la QPC, elle considère indirectement la disposition législative contestée comme conforme à la Déclaration de 1789 et au bloc de constitutionnalité.

Par ailleurs, au-delà d'être un « filtre », la Cour de cassation est également un garant de la procédure et de la finalité de la QPC. Aussi, elle veille à ce que le justiciable ne se serve pas de la QPC comme d'un moyen utilisé aux fins de faire abroger une disposition législative gênante[47]. Pour cette raison, la Cour est une nouvelle fois une garante de la stabilité juridique du droit des affaires, puisqu'elle s'assure du non-renvoi de question d'opportunité.

Une autre leçon peut également être retirée des décisions de non-renvoi des QPC en droit des sociétés, et elle est directement liée à la nature de ses principes juridiques. Nous l'avons vu, les règles édictées par le droit des sociétés répondent aux besoins de la vie des affaires et du monde économique. En conséquence, elles obéissent à des intérêts privés qui, du point de vue du droit constitutionnel, pourraient être considérées comme portant atteinte à un droit ou une liberté fondamentale, alors même qu'elles répondent aux exigences d'intérêt général du point de vue du droit des affaires. Aussi, là où le droit constitutionnel pourrait voir une atteinte à l'un des droits ou des libertés fondamentaux qu'il protège, le droit des sociétés y voit un intérêt suffisamment important pour commettre des « *entorses proportionnelles au corpus constitutionnel* »[48].
Dès lors, les QPC soulevées sur le fondement de ces règles et principes ne sont généralement pas renvoyées devant le Conseil constitutionnel puisque répondant à des intérêts particuliers de la matière, il convient de leur assurer une certaine sécurité et pérennité juridique.

---

[46] L'expert, tiers estimateur, ne tranche pas une question juridique mais fixe la valeur des titres dans l'unique but de finaliser l'acte de cession des droits sociaux. Il ne dispose pas d'une « *mission juridictionnelle* » et ne peut déjà lors pas être assimilé au juge, qui lui détient un pouvoir de sanction. Ce dernier n'a dès lors pas à respecter le principe du contradictoire et peut, selon la Cour, déterminer librement les critères d'évaluation des titres.
[47] *Ibid.*, I. Parachkevova.
[48] Voir *supra*, sur l'assimilation de l'intérêt social à l'intérêt général en droit des sociétés.

Ce constat rejoint celui qui a été fait un peu plus tôt en matière de clauses d'inaliénabilité : l'atteinte portée au droit de propriété de l'associé pourrait être justifiée par l'intérêt social (général) de la société de conserver un capital social stable[49], intérêt dont la notion est propre au droit des sociétés.
En d'autres termes, les perceptions de la matière sociétaire étant difficilement transposables dans la matière constitutionnelle, la Cour de cassation peut préférer ne pas risquer de voir une disposition être déclarée non-conforme, et ainsi condamnée à disparaitre. Elle préférera en conséquence ne pas renvoyer la question soulevée.

Enfin, s'il peut toujours paraitre surprenant qu'une personne morale se prévale de droits et libertés fondamentaux, pour défendre son « *strict intérêt économique* », la seule invocation de ces droits et libertés par des acteurs autres que personnes physiques contribuent à l'accroissement de leur résonnance[50]. Aussi, le simple fait que des agents économiques se prévalent en justice de droits et principes fondamentaux, même si leurs demandes ne sont pas confirmées par les juridictions, démontre que ces droits et principes parviennent à s'immiscer dans le droit des affaires.

En conclusion, bien que la société personne morale dispose de ressources pour faire valoir l'existence de ses droits et libertés fondamentaux, elle intéresse pourtant peu la matière constitutionnelle.
Ces difficiles interactions entre les deux matières semblent être principalement liées aux objectifs de performances économiques poursuivis par le droit des sociétés, et plus généralement le droit des affaires. Les agents économiques attendent de la norme qui les régule l'assurance d'avoir des relations d'affaires rapides et sécurisées, savoir sans risque de bouleversements juridiques. Le droit des sociétés, en ce qu'il structure et dessine la personnalité morale de l'entité créée pour les relations d'affaires, doit être suffisamment stable et prévisible afin d'assurer la pérennité des affaires. C'est également en raison de ces objectifs de prévisibilité et de sécurité juridique que les filtres de QPC en droit des sociétés sont aussi restrictifs.

Pour autant, ce serait commettre une erreur d'en conclure que le droit des sociétés craint à se constitutionnaliser. Bien au contraire, c'est en se penchant sur l'évolution des principes dégagés ces dernières années en droit des sociétés que transparaissent les impacts effectifs des droits et principes

---

[49] Voir *supra*.
[50] G. Parleani, « *La question prioritaire de constitutionnalité et le droit des affaires de l'Union européenne* », LPA 29 septembre 2011, n° 194, p. 17.

constitutionnels sur la matière. En effet, sans que le législateur n'ait eu besoin d'intervenir, ou bien qu'une question sur la conformité d'une disposition en vigueur n'ait été posée, le droit des sociétés semble s'être autorégulé en édictant des principes jurisprudentiels répondant aux exigences de principes constitutionnels.

Un des exemples les plus marquants est l'évolution du principe de révocabilité *ad nutum* des mandataires sociaux. Lors de la création de ce principe la volonté implicite du législateur était d'assimiler la société anonyme à la démocratie politique[51] : les mandataires sociaux devaient pouvoir être révoqués sans préavis et sans justification dès lors que l'assemblée des actionnaires perdait confiance en leur capacité d'administrer la société. Pourtant, sans que le principe de la libre révocabilité des administrateurs de société anonyme ne puisse être remis en cause, notamment par le biais d'un pacte d'actionnaires[52], cette liberté a été considérablement restreinte par la jurisprudence. La révocation des mandataires sociaux doit répondre à des exigences « *quasi-procédurales* » et respecter le principe du contradictoire en s'assurant que l'administrateur révoqué ait eu connaissance, suffisamment tôt, des motifs de sa révocation, afin de pouvoir s'en défendre le jour de l'assemblée générale votant sur son départ[53]. Cette référence au respect du principe du contradictoire n'est pas sans rappeler les principes du droit de la défense fondés sur la base de l'article 16 de la Déclaration de 1789. Cette mutation du droit des sociétés découle, selon R. Dumas, de « *l'un des objectifs essentiels de la fondamentalisation du droit des affaires (qui) est de permettre la conciliation de règles de droit des affaires très techniques, ici la révocabilité ad nutum, avec un respect effectif des droits fondamentaux des acteurs de la vie des affaires, en l'occurrence le respect de la règle du contradictoire* »[54].

---

[51] *Ibid.*, A. Couret.

[52] Un pacte d'actionnaires ne peut contrevenir à une disposition d'ordre public telle que le principe de révocabilité ad nutum des administrateurs de SA édicté par l'article L. 225-18 C.com. Toute convention tendant à écarter ou à limiter le droit de révocation est par conséquent nulle. En ce sens, Cass. com. 14 mai 2013 n° 11-22.845 : sur un pacte d'actionnaires conditionnant la révocation d'un administrateur à l'autorisation préalable du conseil d'administration, ce qui aurait pour effet « *de limiter le droit de l'assemblée générale des actionnaires de révoquer à tout moment un administrateur* ».

[53] *Cf.* Cass.com. 14 mai 2013, n° 11-22.845, Bulletin 2013, IV, n° 80.

[54] R. Dumas, « Les droits fondamentaux : source nouvelle de la matière commerciale », JurisClasseur Commercial, Fasc. 30, n° 90.

C'est bien là un effet certes indirect mais pour autant pas moins efficace et efficient de la diffusion et de la pénétration de droits et principes constitutionnels dans le droit des sociétés.

L'article 15, de l'énoncé d'un droit de demander compte à un agent public de son administration à la reddition des comptes de l'Administration

Rémi PUIGVENTOS

1. La relation entre le droit administratif et le droit constitutionnel. L'Administration se présente d'abord comme une institution subordonnée au Gouvernement au terme de l'article 20 de la Constitution du 4 octobre 1958. Au-delà de cette seule disposition de la Constitution contemporaine, l'Administration se distingue par la dépendance qu'elle entretient avec le pouvoir exécutif. Si le texte de la Constitution comporte également des éléments déterminants de l'organisation administrative, il dit toutefois peu de choses à propos du droit applicable à l'Administration.

Le développement quantitatif des normes auxquelles une valeur constitutionnelle est reconnue permet de développer le droit constitutionnel intéressant l'activité administrative. Eu égard à la prééminence de ces normes au sein de l'ordre juridique, l'affirmation de leur qualité de sources du droit applicable à l'Administration peut être acceptée. Si le droit constitutionnel en tant que source détermine avant tout « un cadre constitutionnel »[1] au droit administratif, il n'est pas pour autant une base de ce droit[2].

---

[1] P. Delvolvé, « L'actualité de la théorie des bases constitutionnelles du droit administratif », *RFDA*, 2014, p. 1211 et le renvoi par l'auteur au Chapitre « La Constitution », in *Traité de droit administratif*, Dalloz, t. 1, p. 383 s., et spéc. p. 395.

[2] À la suite de Pierre Delvolvé, la distinction suivante peut être retenue : « [...] les sources constitutionnelles contribuent à déterminer le contenu du droit administratif, les bases constitutionnelles sont le socle sur lequel se construit le droit administratif ». Voir. P. Delvolvé art préc., p. 1211. La confusion entre ces deux termes semble néanmoins être entretenue par certains écrits du doyen Vedel ; « le droit administratif, écrit-il, a des bases qui sont la Constitution et les principes dégagés par la jurisprudence du Conseil constitutionnel ». Voir not G. Vedel, « La continuité constitutionnelle en France de 1789 à 1989 », *RFDC*, 1990, n° 1, p. 14. Il reviendra néanmoins sur cette distinction ; G. Vedel, « Préface » à B. Stirn, *Les sources constitutionnelles du droit administratif*, LGDJ, 1999, p. VI.

2. La théorie des bases constitutionnelles du droit administratif. La controverse entre Georges Vedel et Charles Eisenmann autour de la théorie des bases constitutionnelles du droit administratif prend place au sein de la question plus générale du rapport entre la Constitution et le droit applicable de l'Administration. La critique de la théorie, en ce qu'elle cherchait à fonder le régime de l'action administrative - et notamment les prérogatives de puissance publique - sur la dépendance de cette action au pouvoir exécutif, peut être retenue, et la controverse être close sur ce point[3]. Néanmoins, la dépendance au droit constitutionnel du droit administratif en tant qu'il est une « notion de droit positif, et plus précisément une notion du droit constitutionnel » et qu'il « peut varier avec celui-ci » est avérée[4].

La formulation par le Doyen Vedel de la théorie des bases constitutionnelles du droit administratif répond d'une recherche de fondements juridiques à la particularité du droit administratif. Il ne pourrait reposer sur un discours mythologique ni reposer sur la force. Une telle recherche de juridicité correspond *in fine* à une recherche de sens et de légitimité du droit applicable à l'Administration.

3. Axiologie de la Déclaration et de l'article 15. La Déclaration de 1789, pour sa part, doit se voir reconnaître un objectif comparable. Le Préambule de la Déclaration énonce la finalité que ses auteurs attribuent à l'affirmation des droits qu'elle contient, et notamment « que les actes du pouvoir législatif et ceux du pouvoir exécutif, pouvant être à chaque instant comparés avec le but de toute institution politique, en soient plus respectés ».

L'attrait de l'activité administrative dans le champ du droit correspond à la soumission de l'Administration au principe de légalité et à un principe de responsabilité[5]. Il ouvre la voie à une sanction juridictionnelle, forme de comparaison et de confrontation de l'activité de l'Administration au droit. L'intérêt général en particulier constitue la source et la limite de l'action administrative, elle constitue un standard à l'aune duquel peut s'apprécier la nécessité et la régularité de cette action[6].

---

[3] X. Magnon, Commentaire sous « Les bases constitutionnelles du droit administratif, la controverse G. Vedel/Ch. Eisenmann », *Les grands discours de la culture juridique*, 2017.

[4] C. Einsenmann, « La théorie des « bases constitutionnelles du droit administratif » », *RDP,* 1972, pp. 1345-1441, spéc. p. 1348.

[5] Voir sur ces principes, B. PLESSIX, *Droit administratif*, LexisNexis, 2016, pp. 591-654.

[6] Rappr. de l'identification de la bonne administration en tant que « standard d'évaluation du fonctionnement administratif » ; R. BOUSTA, *Essai sur la notion*

Cette présentation implique qu'un contrôle sur les activités des agents publics soit opérable. La lecture de l'article 15 de la Déclaration de 1789 laisse effectivement envisager un tel contrôle, en énonçant que : « La société a le droit de demander compte à tout agent public de son administration ». Les agents de l'Administration apparaissent visés au premier chef, sans qu'il soit possible d'exclure que soient également concernés les membres du Gouvernement ou les titulaires de fonctions électives[7].

4. Valeur constitutionnelle de l'article 15. Pour sa part, le caractère de norme constitutionnelle reconnu à l'article 15 de la Déclaration de 1789 paraît acquis et découle très largement de l'autorité qui doit être reconnue à la décision du Conseil constitutionnel *Taxation d'office*[8]. La capacité de l'article 15, en tant que norme, à constituer le cadre à certains éléments du droit administratif doit donc être tenue pour acquise.

5. Détermination du contenu prescriptif de la norme. La constitutionnalisation du droit en tant que phénomène qui s'accompagne de la reconnaissance de normes de références de rang constitutionnel intervient *a posteriori* de la construction du droit. La référence à l'article 15 de la Déclaration de 1789 par la doctrine a été possible même en dépit de valeur normative reconnue à l'énoncé. La constitutionnalisation du droit est un phénomène dynamique. Dès lors, et au fur et à mesure des interventions du juge de la conformité à la Constitution, le sens de l'article 15 se dévoile et ces discours sur le droit peuvent ainsi se trouver validés ou invalidés par les discours du juge.

Du point de vue du détail, il est patent que l'article 15 n'a pas connu la postérité dont d'autres énoncés de la Déclaration de 1789 ont bénéficié. À l'occasion d'une étude intitulée « Les fondements de l'organisation de l'État définis par la Déclaration de 1789 et leurs prolongements dans la jurisprudence du Conseil constitutionnel et du Conseil d'État »[9], René CHAPUS mit en lumière la distance prise par la jurisprudence

---

de bonne administration en droit public, L'Harmattan, coll. Logiques juridiques, 2010, p. 288 et s.

[7] Conseil constitutionnel, décision n° 2015-471 QPC du 29 mai 2015, *Nathalie K.*

[8] Conseil constitutionnel, décision n° 73-51 DC du 27 décembre 1973, *Loi de finances pour 1974*.

[9] R. Chapus, « Les fondements de l'organisation de l'État définis par la Déclaration de 1789 et leurs prolongements dans la jurisprudence du Conseil constitutionnel et du Conseil d'État », *in* Conseil constitutionnel, *La déclaration des droits de l'homme et du citoyen et la jurisprudence*, PUF, coll. recherches politiques, 1989, pp.181-207.

à l'égard de l'article 15. D'autres auteurs appréhendent l'influence de cette disposition à l'état de « trace dans le droit positif » ou identifient certains « prolongement[s] objectif[s] »[10].

Les prolongements de cette disposition deviennent explicites en droit constitutionnel. L'apparition et l'essor d'un mécanisme de contrôle *a posteriori* de la conformité des dispositions législatives à la Constitution tiennent dans le phénomène d'explicitation des implications de l'énoncé une place significative. L'affirmation et la démonstration de l'existence de « bases constitutionnelles du droit administratif » n'est pas nouvelle et précède le développement du contrôle de constitutionnalité des lois. Toutefois, celui-ci permet que la relation du droit constitutionnel au droit administratif se manifeste dans le droit positif en fournissant des occasions d'en distinguer les incidences.

6. L'article 15 est une norme au sein de l'ordre juridique. Il est donc nécessaire d'envisager ce que cette norme prescrit au sein de cet ordre juridique. L'étude de l'article 15 à partir du discours du juge doit permettre de distinguer, à travers l'étude d'un énoncé à valeur constitutionnelle, un certain discours du droit sur l'Administration et le régime administratif.

7. À ce titre, certaines mobilisations de l'article 15 paraissent particulièrement limitées en ce qui concerne leur performativité. L'article 15, lorsqu'il est mobilisé, ne perturbe pas le droit tel qu'il s'est construit. D'autres fois, la référence à celui-ci paraît essentiellement argumentative. Il est possible d'envisager que ces mobilisations constituent des « interprétations classiques » de l'article 15 (**I**/.). Face à celles-ci, une autre lecture est possible. L'actualité plus récente impose alors d'envisager la capacité de l'article 15 à justifier le mouvement, politique et juridique, de justification de l'Administration. Celui-ci repose essentiellement sur la proposition de la transparence et peut permettre de distinguer les contours d'un droit à la reddition des comptes fondé sur l'article 15 de la Déclaration (**II**/.).

I. Les interprétations classiques de l'article 15

8. L'article 15 ne se trouve que rarement mobilisé pour justifier ou limiter les règles du droit administratif. La capacité de cet article à prescrire apparaît alors peu nettement. Cette disposition a longtemps été mobilisée afin d'expliciter les fondements de la compétence des juridictions

---

[10] M.-A. Latournerie, « Responsabilité publique et Constitution », *Mélanges René Chapus*, Montchrestien, 1992, p. 360.

financières à l'encontre des ordonnateurs et des comptables publics, ou encore à celui de la responsabilité pécuniaire des agents publics. Toutefois l'utilité de l'article 15 de la Déclaration de 1789 en tant que norme à l'aune de laquelle s'apprécie la conformité à la Constitution des différents régimes de responsabilité connus en droit public apparaît des plus limitée. L'article 15 a néanmoins été mobilisé à plusieurs reprises pour fonder certains objectifs ou principes de valeur constitutionnelle.

9. Annonce A la faible portée de l'article 15 au sein des régimes de responsabilité (A.) correspond, de la part du Conseil constitutionnel, un recours régulier à l'article 15 pour justifier des objectifs et principes de valeur constitutionnelle (B.).

A. La faible portée de l'article 15 au sein des régimes de responsabilité

10. En matière de responsabilité publique, Marie-Aimée Latournerie avait mis en perspective « la richesse potentielle de l'article 15, liée à l'ambiguïté de sa formulation, et de son inaptitude radicale à jouer le rôle de source constitutionnelle »[11]. La lettre de l'article 15 entend expressément doter la Société d'un droit qu'elle peut opposer « à tout agent public ». L'Administration étant faite d'agents publics, c'est d'abord sur ceux-ci que le contrôle peut porter. Mais les agents sont en réalité essentiellement les organes de l'Administration, notamment dans une perspective bureaucratique.

11. Responsabilité pécuniaire des agents publics. De la considération qui précède découlent les limites du régime de responsabilité personnelle des agents publics. Lorsqu'un agent public aura causé un dommage, il appartient principalement à l'Administration puis au juge administratif d'envisager si la responsabilité de ce dommage révèle une action administrative, fût-elle mauvaise, ou au contraire, si c'est l'errance strictement individuelle de l'agent qui est mise à jour. Là où l'agent aura été personnellement désigné et qu'une faute pourra lui être attribuée, il y aura la place pour sa responsabilité personnelle. Autrement, c'est l'Administration qui sera tenue de réparer.

12. Conséquences. Dans ce cadre, le droit de demander compte à un agent public de son administration se borne au droit à voir déterminer l'identité de l'auteur d'un dommage à qui la charge de la réparation doit être imputée. À chaque fois il faudra trancher entre l'agent en tant qu'individu,

---

[11] M.-A. Latournerie, *art. préc.*, p. 360.

ou l'agent en tant qu'il accomplissait sa fonction. D'abord, la notion administrative de faute de service implique que l'agent ne puisse être isolé, la personne publique est elle-même responsable du dommage. Ensuite, dans l'hypothèse d'une faute personnelle en lien avec le service, l'agent personnellement sera sans doute coupable, mais sa responsabilité ne sera que rarement engagée et couverte par l'Administration.

13. Absence de mobilisation de l'article 15 sur ce régime. Sur l'ensemble de ces développements du droit de la responsabilité, l'article 15 n'est pas une référence facilitatrice. La référence à la Déclaration de 1789 ne permet que de fonder de manière rétrospective le droit de la responsabilité administrative[12]. L'incapacité de l'article 15 à venir perturber le régime de la responsabilité administrative ainsi construit peut être tributaire de l'absence de décision ayant pu conduire à une mobilisation utile de celui-ci. Elle est essentiellement contingente. À cet égard, l'absence de saisine du Conseil constitutionnel relative à la loi n° 2018-727 du 10 août 2018 pour un État au service d'une société de confiance, n'a pas permis au Conseil de se prononcer sur l'article 73 de celle-ci. Cette disposition reconnaît la compétence exclusive de la juridiction administrative pour connaître des litiges portant sur une faute personnelle, mais non détachable du service ; c'est-à-dire des litiges qui, par nature, portent en fait sur la condamnation pécuniaire de l'Administration. Cette abstention laisse supposer que l'évolution législative considérée n'emporte aucune contrariété manifeste à l'article 15 de la Déclaration ; quand bien même elle limiterait en fait la possibilité de voir un agent déclaré civilement responsable et donc en situation de *rendre compte* par lui-même de son action.

L'article 13 de la Déclaration, en énonçant que « Pour l'entretien de la force publique, et pour les dépenses d'administration, une contribution commune est indispensable : elle doit être également répartie entre tous les citoyens, en raison de leurs facultés », apparaît ainsi plus propice au développement de la responsabilité pécuniaire au sein de l'univers administratif[13].

14. Utilité de l'article 15. L'examen des autres régimes de responsabilité, à propos desquels l'occasion a été donnée au Conseil constitutionnel de se prononcer au regard de l'article 15, n'offre qu'un résultat décevant. Il en ressort que l'article 15 de la Déclaration de 1789

---

[12] H. Belrhali, *Responsabilité administrative,* LGDJ, 1re éd., 2017, spéc. p. 32.

[13] Voir not., la référence exclusive à cette disposition dans la présentation des sources constitutionnelles de la responsabilité administrative *in* P. Gonod, F. Melleray, Ph. Yolka (dir.), *Traité de droit administratif*, Dalloz, 1e éd., 2011, t. II, pp. 636-637.

impose seulement qu'un contrôle soit organisé. Une telle prévention ne comporte, en l'état du droit, aucune plus-value tangible. L'article 15 n'est jamais employé au soutien du développement de la responsabilité des agents publics, quel que soit le type de la responsabilité envisagée.

15. Incapacité de l'article 15 à discriminer entre différentes formes de responsabilité. Les dispositions législatives faisant échapper les membres du Gouvernement et, hors exceptions, les élus locaux à la qualité de justiciable de la Cour de discipline budgétaire et financière ont été déclarées conformes à la Constitution et notamment à l'article 15 de la Déclaration de 1789. A l'occasion de la décision n° 2016-599 QPC, du 2 décembre 2016, le Conseil Constitutionnel adopte une interprétation de cet article 15 qui permet seulement de prescrire l'existence « [de] contrôles ou [d']obligations politiques, administratives ou pénales »[14]. Ainsi, il n'impose pas la forme que la responsabilité doit recouvrir. La décision envisage que l'exclusion de certains élus locaux et des membres du Gouvernement, à l'aune de leur responsabilité devant des assemblées délibérantes, constitue un régime de responsabilité suffisant au regard des exigences de l'article 15.

Au surplus, le moyen tiré de la violation du principe d'égalité inspiré par l'article 6 de la Déclaration de 1789 et destiné à interroger la conformité de l'éviction de certains agents à un principe d'égalité entre agents publics a été écarté.

16. Inopérance de l'article 15 pour étendre les possibilités de saisine des instances disciplinaires. Le Conseil d'État saisi d'une question préjudicielle de constitutionnalité, a connu une occasion de se prononcer sur l'impossibilité faite aux particuliers de saisir l'autorité disciplinaire compétente à l'encontre des agents publics pour les manquements qu'ils auraient commis dans le cadre de leurs fonctions[15].

Le Conseil d'État a pu justifier la non-transmission d'une question prioritaire de constitutionnalité alors que l'article 15 constituait l'une des normes de référence au contrôle qu'il était appelé à exercer. La question portait sur une disposition limitant les possibilités de saisine de la juridiction ordinale de l'ordre des médecins lorsque les praticiens relèvent également de la catégorie des agents publics[16]. Cette disposition exclut la possibilité, pour

---

[14] Conseil constitutionnel, décision n° 2016-599 QPC du 2 déc. 2016, *Sandrine A.*

[15] Conseil d'Etat, 2 octobre 2017, req. n° 409543, *inédit.*

[16] L'article L. 4124-2 du code de la santé publique, dont la constitutionnalité est contestée prévoit que : « Les médecins, les chirurgiens-dentistes ou les sages-femmes chargés d'un service public et inscrits au tableau de l'ordre ne peuvent être traduits devant la chambre disciplinaire de première instance, à l'occasion des actes

les particuliers, d'engager la responsabilité ordinale de certains praticiens au motif qu'ils sont saisis pour des faits commis à l'occasion des fonctions. La décision rejette toute atteinte aux droits et libertés garantis par la Constitution par cette disposition législative au motif que, si la possibilité de saisir la chambre disciplinaire est plus limitée pour ces praticiens que pour les autres, elle existe malgré tout au bénéfice de certaines autorités.

17. La solution constante de la jurisprudence administrative. Le Conseil d'État rappelle que l'inexistence de ce droit de saisir les chambres disciplinaires ne préjudicie pas à l'exercice d'autres mécanismes permettant d'engager la responsabilité de l'agent[17]. La solution est ici tout à fait semblable dans sa motivation aux considérations qui conduisent la juridiction administrative à rejeter toute saisine individuelle des autorités disciplinaires afin d'obtenir d'elle qu'une sanction soit prise à l'encontre d'un agent public[18]. À cet égard, la parenté des motivations impose d'envisager la parenté des solutions en tout point. Si le Conseil d'État avait reconnu que l'article 15 prescrivait que l'instance disciplinaire ordinale dût pouvoir être saisie par un particulier, elle n'aurait pas impliqué que le particulier disposait d'un droit à voir une sanction prononcée[19].

---

de leur fonction publique, que par le ministre chargé de la santé, le représentant de l'État dans le département, le directeur général de l'agence régionale de santé, le procureur de la République, le conseil national ou le conseil départemental au tableau duquel le praticien est inscrit ».

[17] Elle est « sans incidence sur le droit de toute personne qui s'estimerait victime d'un manquement déontologique commis par un de ces praticiens de saisir la juridiction compétente afin d'obtenir réparation du préjudice dont il serait responsable, ou de mettre en mouvement l'action publique si les faits commis par ce médecin sont susceptibles de recevoir une qualification pénale ».

[18] Conseil d'État, 6 avril 2016, *M. Blanc et autres*, req. n° 380570, *R.* p. 119 : « que ce droit n'est d'ailleurs pas davantage reconnu dans le droit français de la fonction publique à une personne à laquelle le comportement d'un fonctionnaire ou d'un agent public aurait porté préjudice ; qu'en effet, d'une part, la décision par laquelle une autorité administrative inflige, dans l'exercice de son pouvoir disciplinaire, une sanction à un agent placé sous son autorité a pour seul objet de tirer, en vue du bon fonctionnement du service, les conséquences que le comportement de cet agent emporte sur sa situation vis-à-vis de l'administration, d'autre part, la victime d'un dommage causé par un agent public dans l'exercice de ses fonctions a la possibilité d'engager une action en réparation, en recherchant, soit la responsabilité de l'administration pour faute de service, soit la responsabilité personnelle de l'agent ».

[19] *Ibid.*

18. Conclusion. Ainsi, la jurisprudence ne permet d'établir, entre le thème de la reddition de compte et la responsabilité des agents publics qu'une relation minimale. L'article 15 n'exclut pas que les agents publics soient responsables dans l'absolu et de manière paradoxale, il justifie les régimes dérogatoires de responsabilité entre agents publics au sens de la Déclaration et entre les agents publics et ceux qui ne relèvent pas de cette catégorie. La rédaction même de l'article 15 le permet, la Société a le droit de demander compte à tout agent public, mais seulement de son *Administration.* L'organisation administrative contemporaine ainsi que les principes qui la sous-tendent font obstacle à ce que l'agent, dont les agissements sont lus au prisme du service ou de la fonction, soit isolé de la personne publique.

L'article 15, de ce point de vue, se présente ainsi comme « [celui] dont les virtualités ont été le moins développée, alors pourtant qu'il constitue un aspect du principe d'égalité [...] »[20]. En revanche, s'agissant des rapports de la Société avec l'Administration, plutôt qu'avec ces seuls agents, l'article 15 semble offrir davantage de potentialités.

B. Le recours à l'article 15 pour justifier des objectifs et principes de valeur constitutionnelle

19. La formulation par le Conseil constitutionnel d'objectifs ou de principes à valeur constitutionnelle offre la possibilité d'interroger la portée de l'article 15. L'énoncé trouve ici plusieurs occasions de permettre le rattachement au texte constitutionnel des normes dégagées dans les décisions rendues par cette institution.

20. La bonne administration de la justice. Le droit public français connaît la notion de bonne administration quand elle est associée à l'organisation ou au fonctionnement des juridictions. Consacrée comme un objectif de valeur constitutionnelle elle est fondée sur la combinaison des articles 12, 15 et 16 de la Déclaration des droits de l'homme et du citoyen[21].

L'article 12 énonce que « La garantie des droits de l'Homme et du Citoyen nécessite une force publique : cette force est donc instituée pour l'avantage de tous, et non pour l'utilité particulière de ceux auxquels elle est confiée » ; l'article 16 qui dispose « toute Société dans laquelle la garantie

[20] L. Richer, Commentaire sous « Article 15 », *La déclaration des droits de l'homme et du citoyen de 1789*, Economica, 1993, pp. 317-330.
[21] Conseil constitutionnel, décision n° 2009-595 DC du 3 décembre 2009, *Loi organique relative à l'application de l'article 61-1 de la Constitution.*

des Droits n'est pas assurée, ni la séparation des Pouvoirs déterminée, n'a point de Constitution ».

L'article 16 relève directement du champ matériel de la bonne administration de la justice, entendue comme l'organisation des voies de droit, quand bien même le Conseil constitutionnel a d'abord considéré qu'il impliquait seulement « l'impartialité et à l'indépendance de la juridiction »[22]. L'article 12, pour sa part, renvoie directement à l'intérêt en vue duquel la force publique est instituée ; son intérêt au sein de la combinaison n'est pas assuré. Il se limite à rappeler l'intérêt général comme source et limite de la puissance publique.

Avant de fonder l'objectif à valeur constitutionnelle de bonne administration de la justice sur cette combinaison, et après ne pas avoir songé à le fonder de quelque manière que ce fut[23], le Conseil constitutionnel a rattaché celle-ci à une association de l'article 15 à l'article 14 à l'occasion de sa décision n° 2006-545 du 28 décembre 2006. La décision énonce, à l'intention du pouvoir réglementaire : « qu'en l'espèce, il lui appartient, sous le contrôle du juge administratif, de fixer les modalités d'indemnisation des conseillers prud'hommes dans l'intérêt du bon emploi des deniers publics et d'une bonne administration de la justice, qui découlent des articles 14 et 15 de la Déclaration de 1789 » [24]. Sur une question pécuniaire, la référence à la bonne administration de la justice peut paraître surabondante, le bon emploi des deniers publics y suffirait. Il est alors possible d'envisager que l'article 15 constituerait la référence à la première partie de ce considérant : « Considérant, par ailleurs, que l'article 37 de la Constitution [...] *n'a pas pour effet de dispenser le pouvoir réglementaire du respect des*

---

[22] Voir Conseil constitutionnel, décision n° 2006-545 DC du 28 décembre 2006, *Loi pour le développement de la participation et de l'actionnariat salarié et portant diverses dispositions d'ordre économique et social*, §. 24 : « qu'en l'espèce, il lui appartient, sous le contrôle du juge administratif, de fixer les modalités d'indemnisation des conseillers prud'hommes dans l'intérêt du bon emploi des deniers publics et d'une bonne administration de la justice, qui découlent des articles 14 et 15 de la Déclaration de 1789, sans porter atteinte à l'impartialité et à l'indépendance de la juridiction garanties par son article 16 ».

[23] Voir Conseil constitutionnel, décision n° 86-224 DC du 23 janvier 1987, *Loi transférant à la juridiction judiciaire le contentieux des décisions du Conseil de la concurrence*, §. 16.

[24] Voir par ex., Conseil constitutionnel, décision n° 2006-545 DC du 28 décembre 2006, Loi pour le développement de la participation et de l'actionnariat salarié et portant diverses dispositions d'ordre économique et social, §. 24.

exigences constitutionnelles [...] »[25]. Alors, la référence à l'article 15 permet de justifier des contrôles opérés sur la manière dont cette intervention du pouvoir exécutif pouvait être réglée.

21. Le défaut de pertinence de l'article 15. La bonne administration de la justice est une notion qui regarde directement l'organisation du service public de la justice. Il suffit pour s'en convaincre de s'intéresser aux hypothèses dans lesquelles cette notion a été mobilisée. Le sujet de la garantie des droits est évident, à la rigueur admettons que « l'avantage de tous » soit recherché, mais qu'il pèse peu dans la construction et l'autonomie de la notion. Quant à la reddition de compte, il est nécessaire d'en retenir une approche constructive, sinon particulièrement extensive.

L'article 15 n'est pas plus nécessaire *a priori*, en ce domaine. On ne voit pas la reddition de compte, sous quelque forme que cela soit lorsqu'il peut être question : du double degré de juridiction ou la possibilité pour le Conseil d'État juge de cassation de régler l'affaire au fond lorsque la solution de l'annulation est retenue[26] ; l'impossibilité de relever le moyen tiré de l'inconstitutionnalité d'une disposition législative devant une cour d'assises[27] ; l'attribution à l'État des biens placés sous main de justice et qui n'ont été réclamés ni pendant toute la durée de la procédure ou de l'enquête ni pendant un délai supplémentaire de six mois à l'issue de celle-ci[28] ; de la rétention pendant vingt heures, dans les locaux du tribunal de grande instance, d'une personne dont la garde à vue a été levée en vue de son défèrement[29] ; éviter et supprimer des divergences qui pourraient apparaître dans l'application et dans l'interprétation du droit de la concurrence[30].

---

[25] Conseil constitutionnel, décision n° 2006-545 DC du 28 décembre 2006, *Loi pour le développement de la participation et de l'actionnariat salarié et portant diverses dispositions d'ordre économique et social*, §. 24.

[26] Article L. 821-2 du Code de justice administrative.

[27] Conseil constitutionnel, décision n° 2009-595 DC du 3 décembre 2009, *Loi organique relative à l'application de l'article 61-1 de la Constitution*, §. 10.

[28] Conseil constitutionnel, décision n° 2014-406 QPC du 9 juillet 2014, *Franck I.*, §. 7.

[29] Conseil constitutionnel, décision n° 2010-80 QPC du 17 décembre 2010, *Michel F.*, §. 6.

[30] Conseil constitutionnel, décision n° 86-224 DC du 23 janvier 1987, *Loi transférant à la juridiction judiciaire le contentieux des décisions du Conseil de la concurrence*, §. 18.

22. La seule hypothèse regardant la justice *lato sensu* qui justifierait l'article 15 serait que la notion permette de fonder la responsabilité personnelle des agents et notamment des magistrats. Le cas de la saisine obligatoire du Conseil supérieur de la magistrature par saisine individuelle en matière disciplinaire. Solution refusée, à raison, par le Conseil d'État[31]. Mais l'on a vu que cela supposerait une évolution significative des régimes de responsabilité, notamment administrative et disciplinaire que l'interprétation actuelle de l'article 15 conforte par ailleurs.

23. Les objectifs de valeur constitutionnelle regardant les finances publiques. À l'inverse, de sa mobilisation dans le cadre de l'objectif de bonne administration de la justice, l'article 15 peut constituer un appui au développement de la « bonne administration » non spécialement qualifiée. Deux combinaisons, celle de l'article 14 et de l'article 15 à l'appui de l'affirmation du principe de « bon usage des deniers publics », d'une part ; et à l'affirmation du principe de sincérité budgétaire doivent être présentées.

24. L'instrumentalisation des énoncés de la Déclaration. La première décision du Conseil constitutionnel à envisager en matière de sincérité des documents budgétaires est la décision n° 82-154 DC du 29 décembre 1982 portant sur la loi de finances pour 1983. Elle mentionne : « que ce principe [d'universalité budgétaire] répond au double souci d'assurer la clarté des comptes de l'État et de permettre, par là même, un contrôle efficace du Parlement »[32].

Cette décision peut être relue à la seule aune de l'article 14 de la Déclaration qui prévoit la participation du peuple ou de ses représentants pour suivre l'emploi de l'argent public, sinon au regard de la formulation du principe d'universalité budgétaire par l'ordonnance du 2 janvier 1959[33]. L'exigence de clarté permettant le contrôle du Parlement envisagée par le Conseil constitutionnel est seulement une déduction[34].

---

[31] Conseil d'État, 6 avril 2016, *M. Blanc et autres*, req. n° 380570, *R.* p. 119

[32] Conseil constitutionnel, décision n° 82-154 DC du 29 décembre 1982, *Loi de finances pour 1983*, §. 20.

[33] Article 18 de l'ordonnance du 2 janvier 1959 : « Il est fait recette du montant intégral des produits, sans contraction entre les recettes et les dépenses. L'ensemble des recettes assurant l'exécution de l'ensemble des dépenses, toutes les recettes et toutes les dépenses sont imputées à un compte unique, intitulé Budget général [...] ».

[34] Conseil constitutionnel, décision n° 82-154 DC du 29 décembre 1982, *Loi de finances pour 1983*, §§. 19-20.

De la même manière, c'est sur l'article 32 de la Loi organique relative aux lois de finances que le regard doit porter pour comprendre la formulation du principe de sincérité des documents budgétaires par la décision précitée du 13 juillet 2006 : « Les lois de finances présentent de façon sincère l'ensemble des ressources et des charges de l'État [...] ». En dépit de la présentation de cette disposition comme un simple rappel de la portée de la combinaison des articles 14 et 15 de la Déclaration de 1789 par la décision, c'est à l'inverse qu'il appartient de conclure. La formulation de ce principe est directement inspirée par le texte de l'article 32 à laquelle le recours aux énoncés de la Déclaration permet seulement de justifier le caractère constitutionnel.

25. L'apport essentiel de l'énoncé de l'article 14. À lui seul, l'article 14 de la Déclaration permet un contrôle de l'emploi de l'argent public par « Tous les Citoyens [...], par eux-mêmes ou par leurs représentants » et notamment en ce qu'il prévoit que ce droit porte sur le consentement et le suivi de cet emploi. À ce titre, l'article 14 devrait seul permettre d'envisager la sincérité des documents budgétaires. Le Conseil constitutionnel saisit de l'examen de la loi portant règlement définitif du budget pour l'année 2005, en a formulé le principe au *visa* des articles 14 et 15 de la Déclaration ; « qu'il résulte de ces dispositions que les ressources et les charges de l'État doivent être présentées de façon sincère »[35]. En matière d'emploi de l'argent public, l'article 14 commande seulement que cet emploi soit conforme aux prévisions budgétaires. Mais cette mobilisation de l'article 14 n'est pas pertinente pour envisager l'exigence nue de bon usage des derniers publics, à l'inverse il peut fonder le principe de sincérité des documents – et des prévisions - budgétaires. Si certains auteurs présentent l'article 15 comme permettant d'envisager l'invocabilité de l'article 14, notamment dans le contentieux constitutionnel[36], cette vue doit être contestée.

26. L'intérêt de l'association de l'article 15. Mais l'article 15 à un intérêt connexe à l'affirmation de cette exigence, plus pertinent et plus fidèle à son sens. S'il fait obligation pour les personnes publiques de rendre compte de l'emploi des deniers publics, il impose, d'un point de vue

[35] Conseil constitutionnel, décision n° 2006-538 DC du 13 juill. 2006, Loi portant règlement définitif du budget 2005, §. 2. Rappr. art. 32 de la Loi organique relative aux lois de finances, « Les lois de finances présentent de façon sincère l'ensemble des ressources et des charges de l'Etat. Leur sincérité s'apprécie compte tenu des informations disponibles et des prévisions qui peuvent raisonnablement en découler ».

[36] Voir en ce sens, L. Richer, *Droit des contrats administratifs*, LGDJ, 7e éd., Paris, 2010, p. 31.

substantiel plutôt que seulement formel, une appréciation sur cet emploi. Si cette opération implique d'abord la sincérité des documents budgétaires comme moyen d'un contrôle, l'intérêt de l'article 15 se trouve dans l'étendue de celui-ci.

27. Conclusion. L'examen de la mobilisation de l'article 15 dans l'entreprise de rattachement textuel d'objectifs ou principes dégagés par le Conseil constitutionnel est essentiellement décevant. Il ne permet pas de distinguer clairement la portée de cette disposition. Néanmoins, il est possible de discerner dans ces matières l'utilité de l'article 15 dans ce qu'il ouvre la porte à un certain contrôle en opportunité. Tel est, à ce stade de l'étude, le rattachement qui peut être réalisé entre une notion de bonne administration, c'est-à-dire « l'adaptation équilibrée des moyens aux fins » et le thème reddition des comptes.

II. Les contours d'un droit à la reddition des comptes fondé sur l'article 15 de la Déclaration

28. Reformulation de l'exigence de reddition des comptes. De l'obligation de demander compte à un agent public de son administration peut émerger la possibilité de la reddition de compte de l'Administration dans ses rapports à la Société.

29. Annonce. Le préalable à tout contrôle en vue d'une reddition de comptes suppose la transparence des opérations administratives. La capacité du contrôleur à disposer de l'information nécessaire à ce contrôle apparaît essentielle. Il faut alors déterminer ce en quoi l'article 15 peut-être un renfort utile à la transparence (A.), pour envisager, ensuite, la reddition des comptes forme de la bonne administration (B.).

A. L'article 15 renfort utile à l'essor de la transparence

30. Le développement de la transparence. Le chemin suivi par le droit public est historiquement celui de l'affirmation des droits de l'individu contre l'État. Il est *a minima* celui de la recherche de légitimité des opérations des corps administratifs. Un tel mouvement suppose une ouverture certaine de l'Administration vers son public[37].

[37] Dans le même sens, voir E. Aubin, « La protection constitutionnelle de la transparence administrative », *Nouveaux cahiers du conseil constitutionnel*, n° 59, 2008, p. 35 et s.

Cet objectif suppose des moyens, tels par exemple le droit à l'information le principe du contradictoire dans le droit des sanctions administratives, le droit à la motivation des actes administratifs. De tels droits ont été reçus dans le système juridique en dehors de la référence à l'article 15 de la Déclaration, mais concourent à une certaine transparence de l'activité administrative. Si Conseil constitutionnel avait déjà pu apprécier que la « transparence des activités publiques ou exercées pour le compte de personnes publiques ne constitue pas en elle-même un principe général à valeur constitutionnelle »' ce raisonnement s'appuie sur le seul article 14 de la Déclaration de 1789[38].

31. De l'accès aux documents administratifs et archives publiques comme liberté publique. Le droit d'accès aux archives du pouvoir exécutif est codifié à l'article L. 213-4 du code du patrimoine. Le droit à l'accès aux documents administratifs a été organisé par la **loi du 17 juillet 1978** ***portant diverses mesures d'amélioration des relations entre l'administration et le public et diverses dispositions d'ordre administratif, social et fiscal.*** Une partie de la doctrine, à l'instar du Président Braibant ou de Jean Lemasurier, s'est abstenue de considérer la relation que ce texte est susceptible d'entretenir avec l'article 15 de la Déclaration des droits de l'homme et du citoyen[39]. Pour d'autres auteurs, en revanche, la parenté est indiscutable. Elle est soit lointaine, Jean-Claude Venezia distingue ici « une référence indirecte » ; soit téléologique, Herbert Maisl distingue explicitement une nouvelle liberté publique[40].

32. La constitutionnalisation par la décision n° 2017-655 QPC. De la reconnaissance d'une liberté publique à celle d'un droit que la Constitution garantit, il n'y a qu'un pas que permet l'article 15 de la Déclaration de 1789. Ce pas a été franchi par le Conseil constitutionnel

---

[38] Conseil constitutionnel, décision n° 93-335 DC du 21 janvier 1994, *Loi portant diverses dispositions en matière d'urbanisme et de construction*, §. 27. À propos de la conformité à la constitution de la disposition qui abroge l'article 51 de la loi n° 93-122 du 29 janvier 1993 relative à la prévention de la corruption et à la transparence de la vie économique et des procédures publiques qui obligeait les collectivités locales, à peine de nullité d'ordre public, à rendre publics leurs projets de ventes de terrains constructibles ou de droits de construire.

[39] J. Lemasurier, « Vers une démocratie administrative : du refus d'informer au droit d'être informé », *RDP*, 1978, p. 1239 ; G. Braibant, « Droit d'accès et droit à l'information », in *Service public et libertés. Mélanges offerts au professeur Robert-Edouard Charlie*r, Éditions de l'Université, 1981, p.103.

[40] H. Maisl, « Une nouvelle liberté publique : l'accès aux documents administratif », in *Service public et libertés. Mélanges offerts au professeur Robert-Edouard Charlier,* Éditions de l'Université, 1981, p.831.

à l'occasion de sa décision n° 2017-655 QPC, du 15 septembre 2017[41] : « Est garanti par cette disposition le droit d'accès aux documents d'archives publiques. Il est loisible au législateur d'apporter à ce droit des limitations liées à des exigences constitutionnelles ou justifiées par l'intérêt général, à la condition qu'il n'en résulte pas d'atteintes disproportionnées au regard de l'objectif poursuivi ».

Depuis l'intervention de cette décision, l'article 15 de la Déclaration peut ainsi être reconnu en tant que fondement du droit à l'accès à certaines archives publiques alors même que son caractère fondateur des législations relatives à la communication des documents administratifs a pu être ignoré de la doctrine.

33. Analyse de la décision. Cette décision constitue une avancée, au sens de l'identification et de la constitutionnalisation d'un droit pensé en dehors de la référence à la Déclaration de 1789. Elle propose également un droit et une liberté que la Constitution garantit au sens son article 61-1[42]. Cette qualité n'est pas reconnue aux l'objectif de valeur constitutionnelle de bonne administration de la justice et de bon emploi des deniers publics[43] qui sont néanmoins opposables au requérant pour justifier la conformité à la Constitution de dispositions législatives[44].

---

[41] Conseil constitutionnel, décision n° 2017-655 QPC du 15 septembre 2017, *François G.* ; *JCP A.* 2017.2265, note M. Verpeaux ; *Constitutions* 2017. 599, note S. Hutier.

[42] Dans le cadre du contrôle de la conformité des lois à la Constitution, l'article 15 est évoqué dans deux décisions. Dans le premier cas, le Conseil n'avait pas eu à se prononcer la disposition litigieuse ayant été censurée pour un autre motif (Conseil constitutionnel, décision n° 86-1986 du 3 juillet 1986, *Loi de finances rectificative pour 1986*, §. 37). Dans un second cas, la saisine soulevait la compatibilité d'une disposition législative à l'article 15 en ce qu'il impose que « l'ensemble des fonctionnaires et agents qui participent à l'instruction des demandes d'agrément et au contrôle des fonds d'épargne retraite ainsi que ceux qui, par délégation des ministres concernés, prennent la décision d'agrément, ne puissent pendant un délai qui pourrait également être de cinq ans, recevoir de rétribution d'un fonds d'épargne retraite ». Le Conseil constitutionnel a estimé que l'article 15 de la Déclaration ne pouvait être ainsi considéré (Conseil constitutionnel, décision n° 97-388 DC du 20 mars 1997 *Loi créant les plans épargne-retraite*, §§. 53-54.

[43] Voir respectivement la décision 2010-77 QPC du 10 décembre 2010, *Barta Z.*, §. 3 et la décision n° 2014-434 QPC du 5 décembre 2014, *Société de laboratoires de biologie médicale Bio Dômes Unilabs SELAS*, §. 7, rendues par le Conseil constitutionnel.

[44] Voir not. Conseil constitutionnel, décision n° 2014-406 QPC du 9 juillet 2014, *Franck I.*, §. 7.

La décision est néanmoins décevante dans ses effets ; le Conseil conclut à la conformité des dispositions contestées aux droits et libertés que la Constitution garantit. Les limites prévues à l'accès à ses documents – à savoir l'intérêt général à conserver ceux-ci secrets – sont d'intérêt général et proportionnées.

La décision ouvre toutefois un horizon de possibles, certes contrarié par le dispositif, mais tel était déjà le cas des décisions relatives à la responsabilité. Mais le principe est néanmoins acquis. Plus encore si l'accès aux archives publiques est resitué au sein d'un ensemble plus vaste ; les droits à la transparence de l'activité administrative. La transparence est une manière d'être de la reddition de compte. La reconnaissance d'un droit à la reddition des comptes fondé sur l'article 15 de la Déclaration en tant que droit que la Constitution garantit assoit, plus qu'elle ne bouscule, les obligations auxquelles le droit administratif soumet l'Administration. Tel était encore le cas des principes et objectifs dégagés sur les combinaisons des énoncés précédemment examinés.

34. Usage et utilité de la transparence. La référence à l'article 15 connaît un succès certain rue Cambon. La Cour des comptes, en effet s'abrite derrière une maxime directement inspirée de l'énoncé de cet article : « S'assurer du bon emploi de l'argent public, en informer le citoyen »[45]. Au-delà des fonctions juridictionnelles à l'occasion desquelles l'institution est le juge des comptes et de leurs comptables, elle détient également des fonctions de contrôle. Cet exercice d'audit, à l'occasion la Cour des comptes demande à des Administrations de rendre compte de l'emploi qu'elles font des fonds publics, permet de rendre compte de l'emploi de l'argent public. La publicité de ces rapports permet une transparence. Cette orientation de l'office de la Cour des comptes s'assoit par ailleurs sur la sincérité nécessaire à l'effectivité de la transparence.

Mais dans cette perspective, c'est la finalité de ce droit qui doit susciter l'intérêt. Le résultat peut être d'autant plus satisfaisant si la transparence est rapprochée d'une autre notion, l'exigence de bonne administration.

[45] https://www.ccomptes.fr/fr

B. La reddition des comptes forme de la bonne administration

35. La notion de bonne administration. Un essai récent de mise en forme de la notion de bonne administration propose de considérer qu'elle signifie « adaptation équilibrée des moyens aux fins »[46] . Si cette définition peut d'abord évoquer chez le juriste la notion de proportionnalité, par exemple connue en matière de police administrative elle s'en distingue néanmoins. En effet, elle s'applique à l'ensemble des opérations des corps administratifs plutôt qu'aux seuls actes administratifs.

36. Une notion descriptive. Appliquée à l'activité administrative, l'idée d'adaptation équilibrée des moyens aux fins peut d'abord être perçue comme un moyen de présenter un état donné du droit public. À chaque moment, il peut être présenté que l'état du droit à un instant donné représente une adaptation équilibrée des moyens aux fins à un instant donné. Un tel usage statique s'accommode d'ailleurs d'une perspective plus dynamique, les développements du droit public répondent dans le temps, d'une adaptation équilibrée des moyens aux fins. Cela suppose de distinguer au sein d'un système juridique un mouvement de perfectionnement. À chaque fois, la notion de bonne administration trouve une utilité dans le domaine du discours sur le droit.

Il est possible d'envisager que l'affirmation des droits des administrés face à l'Administration répond nécessairement d'une évolution du droit qui conteste progressivement la discrétionnalité et l'unilatéralité des compétences de l'Administration. La démocratie administrative, la motivation des actes administratifs, le développement de la transparence peuvent être compris sous ce prisme[47]. Par ailleurs, le Conseil constitutionnel reconnaît depuis sa décision n° 2016-741, « l'amélioration de la transparence des relations entre les représentants d'intérêts et les pouvoirs publics » en temps qu'objectif d'intérêt général[48]. La référence à l'intérêt général permet ici de justifier, du point de vue constitutionnel et en l'absence de rattachement à un texte, le soutien à une certaine politique législative.

---

[46] R. BOUSTA, *Essai sur la notion de bonne administration en droit public*, L'Harmattan, coll. Logiques juridiques, 2010, p. 219.

[47] Voir not. J. Chevallier, « Le mythe de la transparence administrative », *in* CURAPP, *Information et transparences administratives*, PUF, 1988, p. 239 et s.

[48] Conseil constitutionnel, décision n° 2016-741 DC du 8 décembre 2016, *Loi relative à la transparence, à la lutte contre la corruption et à la modernisation de la vie économique*, §. 25.

37. Une notion prescriptive par association à l'article 15. Emprunter ce chemin permet d'envisager que le thème de la reddition de comptes, à propos des agents publics, mais plus largement de l'ensemble de l'activité administrative, soit appelé à prendre une place croissante. À cet égard, la notion de bonne administration peut également disposer d'une « essence objective »[49]. Il intervient alors en qualité de standard permettant d'apprécier l'activité administrative. L'essor possible de l'article 15, dans ses applications, doit pouvoir fournir un moyen à ce contrôle. En effet, la locution « rendre compte » suppose une attitude de justification.

38. Un usage pertinent de l'article 15. L'article 15 de la Déclaration du 26 août 1789 peut alors être compris comme commandant l'exposition de l'Administration. La rationalité bureaucratique de l'Administration se renouvelle par l'apport d'une exigence de transparence, elle est appelée à justifier ses choix en les exposant[50]. Si la mobilisation de la Déclaration des droits de l'homme et du citoyen, et notamment de l'article 15, paraît souvent rhétorique, le développement d'un ou de plusieurs usages de l'article 15 qui seraient plus fidèles à son énoncé ne paraît pas inadmissible. Il permettrait un passage de la notion de bonne administration du discours sur le droit au monde du droit. C'est-à-dire permettre de soumettre l'Administration à une culture d'explicitation, mais aussi de responsabilité. À tous les niveaux, la notion de reddition des comptes met l'Administration face à la Société.

39. Une conception de l'Etat. En même temps que la Déclaration de 1789 reconnaît des droits à l'individu, elle met en forme une conception particulière de l'État. La prospérité attendue du thème de la reddition des comptes doit valoriser la discussion de la légitimité de l'État qui ne peut reposer sur un discours mythologique ni reposer sur la force. Ces mêmes fondements que la théorie des « bases constitutionnelles du droit

---

[49] R. BOUSTA, *Essai sur la notion de bonne administration en droit public*, L'Harmattan, coll. Logiques juridiques, 2010, p. 219.

[50] Sur la rencontre du modèle de la bureaucratie rationalisée et de la transparence comme vecteur d'un renouvellement de la relation de l'Administration aux tiers au prisme de la notion de démocratie administrative, voir not. J.-F. Kerléo., *La transparence en droit. Recherche sur la formation d'une culture juridique*, Mare&Martin, Bibliothèque des thèses, 2015, spéc. p.206 et s.
À propos de la dialectique du secret et de l'information comme élément de légitimation de l'Administration, voir également J. Chevallier, « Figures de l'usager », C.U.R.A.P.P., *Psychologie et science administrative*, PUF, 1985, p. 65 et s.

administratif » a pour fonction d'effacer[51]. Si « la construction du droit administratif s'est faite de manière autonome par le jeu d'une dynamique propre »[52], la constitutionnalisation du droit rattrape ce droit. L'Administration, ce « bras armé de l'État », n'a plus de nécessité à être bureaucratique, la recherche de l'adaptation équilibrée des moyens aux fins peut être perçue comme les moyens d'une critique des résultats des opérations des corps administratifs et nourrir ainsi les critiques à l'encontre de l'Administration. Si une compréhension constructive de la locution « agent public » au sens de cet article devait être retenue, la logique pourrait également être étendue à d'autres acteurs, telles les personnes privées chargées d'une mission de service public. Plus explicitement, et comme cela a déjà été envisagé par un auteur, les sociétés concessionnaires d'autoroutes pourraient se voir reconnaître cette qualité[53].

L'affirmation du droit à la reddition des comptes s'inscrit dans une dynamique contemporaine de la réforme de l'État, organisée autour des exigences d'impartialité, d'efficacité ou d'efficience ; cela suppose la discussion des moyens et du périmètre de son intervention. De cette préexistence, peut résulter l'affirmation constitutionnelle du thème de la transparence et de la reddition des comptes. L'article 15 peut alors être utilisé en tant que renfort argumentatif, mais là où ce renfort était artificiel comme pour la construction de l'objectif de bonne administration de la justice par exemple, il peut à propos de la reddition des comptes être mobilisé afin de susciter des décisions plus conformes à l'application intuitive de l'énoncé.

40. Conclusion. La reddition des comptes appliqués à l'Administration emporte finalement la nécessité de son existence, qui constitue tant une menace – notamment par l'adoption d'une perspective néo-libérale –, qu'un défi : celui d'être, sinon exemplaire, d'être utile. La notion de bonne administration suppose aussi de manière plus qualitative une adaptation équilibrée des moyens aux fins assignées à l'action administrative. L'Administration, et par suite l'État, ne sauraient être à leurs juste place que là où ils sont utiles et dans la stricte mesure de cette utilité. Cette dernière considération se conçoit, pour sa part, dans une perspective

---

[51] Le Doyen Vedel lui oppose ainsi « les pires justifications de la raison d'État ». G. Vedel, « Les bases constitutionnelles du droit administratif », *EDCE*, 1954, n° 8, p. 38.

[52] J. Chevallier, « Le droit administratif entre science administrative et droit constitutionnel » in C.U.R.A.P.P., *Le droit administratif en mutation*, PUF, 1993, p. 17.

[53] L. Griffaton-Sonnet, « Quelle portée pour l'article 15 de la Déclaration des droits de l'homme et du citoyen ? », *RFDC*, 2017, n° 112, pp. 899-918, spéc. p. 906.

libérale qui n'est finalement pas éloignée d'une certaine ambition de la Révolution française ; poursuivre l'intérêt général supposerait à la fois de contraindre les libertés et de soutenir l'idée de Liberté.

Conclusion générale

41. Entre bases constitutionnelles et constitutionnalisation. La place du juge dans l'entreprise d'interprétation du droit a été seulement évoquée de manière critique et notamment à propos des décisions du Conseil constitutionnel. La théorie des bases constitutionnelles veut par elle-même que le droit découle de la Constitution, le propos auquel l'article 15 de la Déclaration de 1789 a été le prétexte a pu également mettre en exergue que la proposition peut être inversée. Dès lors, la constitutionnalisation découlerait au moins autant du droit préexistant que le droit serait le produit de « rapports de logique »[54] entretenus à l'égard de la Constitution. L'objectif de valeur constitutionnelle de bonne administration de la justice est à cet égard révélateur : la volonté de l'asseoir sur certains énoncés de la Déclaration de 1789 est artificielle quand la véracité historico-juridique de la répartition des compétences entre ordres de juridiction permet de le comprendre[55]. S'il faut apprécier que « ce n'est pas dans la Constitution que les notions fondamentales du droit puisent leur existence, c'est la Constitution qui s'enracine dans des notions fondamentales préexistantes »[56]. Les lacunes des énoncés à valeur constitutionnelle sont alors comblées par une référence à un état du droit qui sera ou non apprécié comme satisfaisant. Cette référence permet dans les décisions du Conseil de faire émerger une norme implicite, tels les objectifs de valeur constitutionnelle.

42. À propos de la théorie des bases administratives, Xavier Magnon a sévèrement jugé « la recherche d'un fondement légitime au régime spécial du droit applicable à l'administration [qui] interdit à la science du droit administratif de penser la remise en cause même de ce régime spécial »[57]. Le détour par l'article 15 pour espérer parler de l'Administration et du droit administratif propose à cet égard un résultat partiellement satisfaisant. Dans sa conclusion, il permet d'envisager la critique de ce régime spécial. Toutefois le chemin suivi peut accueillir une critique, celle d'avoir, malgré

---

[54] G. Vedel, *La constitutionnalisation des branches du droit*, Economica, 1998, p. 16.
[55] P. Castéra, *Les professeurs de droit membres du Conseil constitutionnel*, Thèse Bordeaux, 2015, p. 429
[56] G. Vedel, *op. cit.*, p. 15.
[57] X. Magnon. Commentaire sous « Les bases constitutionnelles du droit administratif, la controverse G. Vedel/Ch. Eisenmann ». *Les grands discours de la culture juridique*, 2017

la recherche d'une fidélité à l'énoncé de l'article 15, lu celui-ci à travers un *esprit* de la Déclaration de 1789[58] dont l'actualité pourrait aussi être discutée.

[58] Le Préambule de la Déclaration des droits de l'homme et du citoyen énonce notamment « afin que les actes du pouvoir législatif et ceux du pouvoir exécutif, pouvant être à chaque instant comparés avec le but de toute institution politique, en soient plus respectés ».

L'actualité de la protection du droit de propriété immobilier par le droit public français

Elodie AUDA

Été 1789, un vent de panique souffle sur la France. Soulevés par un élan réformateur, le peuple et ses nouveaux représentants nationaux contestent, chacun à leur manière, la monarchie absolue de droit divin alors en place. Emeutes, saccages et lynchages, bras de fer politiques, négation de l'autorité royale et régénération forcée du système monarchique, un point de non retour est atteint au mois d'août. C'est la fin de l'Ancien Régime. Surfant sur la vague de l'agitation sociale qui submerge Paris et les grandes villes de province, les Constituants réunis en Assemblée se donnent pour mission de réformer l'Etat, afin de le rendre plus égalitaire et libertaire. Inspirés par les grands principes de la philosophie des Lumières, ils adoptent, le 26 août, la Déclaration des Droits de l'Homme et du Citoyen (DDHC). Celle-ci, comme l'indique son préambule, a pour objectif d'énoncer les droits naturels de l'homme, afin d'imposer leur respect par la puissance publique dans le fonctionnement de l'Etat[1].

L'article 2 de cette DDHC fait figurer le droit de propriété parmi ces droits. Il l'érige au rang de droit naturel et imprescriptible[2], dont le caractère inviolable et sacré est mis en exergue un peu plus bas, par l'article 17[3]. Théoriquement défini quelques années plus tard par le Code civil comme « *le droit de jouir et de disposer des choses de la manière la plus absolue* »[4], le droit de propriété constitue un élément clef du système juridique mis en place à la suite de la Révolution française. Incarnation par excellence du caractère individuel et universel des droits consacrés en 1789, retranscription du principe de liberté, il permet à tout sujet de droit de se constituer un patrimoine et de le gérer librement, dans une situation d'individualisme

---

[1] CARBASSE J.-M., *Manuel d'introduction historique au droit*, 7ème édition, PUF, Paris, juillet 2017, pp. 252 s. ; MORABITO M., *Histoire constitutionnelle de la France de 1789 à nos jours*, LGDJ, Paris, août 2018, pp. 23 s.

[2] Art. 2, DDHC, « *Le but de toute association politique est la conservation des droits naturels et imprescriptibles de l'homme. Ces droits sont la liberté, la propriété, la sûreté, et la résistance à l'oppression.* »

[3] Art. 17, DDHC, « *La propriété étant un droit inviolable et sacré …* ».

[4] Art. 544, Code civil, « *La propriété est le droit de jouir et disposer des choses de la manière la plus absolue, pourvu qu'on n'en fasse pas un usage prohibé par les lois ou par les règlements.* »

économique[5]. Marquée par les principes de l'Etat de droit – dont l'un des objectifs affichés est de prémunir les citoyens des dérives d'un pouvoir politique arbitraire et opprimant[6] – la protection du droit de propriété relève, sous la Vème République, des obligations constitutionnelles de la puissance publique[7].

Mais, comme l'article 17 de la DDHC prend immédiatement soin de le souligner, la nécessité publique peut requérir que des atteintes soient portées au droit de propriété par la puissance publique, dans le fonctionnement administratif de l'Etat – l'intérêt général qu'il poursuit étant notoirement reconnu comme supérieur aux intérêts privés, tandis que l'individualisme intrinsèque du droit de propriété ne doit pas confiner à un égoïsme inacceptable en toute société civilisée[8]. Ceci étant, la légitimité de ces atteintes doit impérativement être démontrée sur la base de l'intérêt général, de même qu'il incombe à la puissance publique de les rendre tolérables, selon une logique de proportionnalité[9]. L'une des missions du droit public

---

[5] PORTALIS, *Discours préliminaire au premier projet de Code civil*, Confluences, Paris, 1999, p. 57 ; WALINE M., L'individualisme et le droit, Domat Montchrestien, Paris, 1945, pp. 12 s. ; MORANGE J., *La Déclaration et le droit de propriété*, PUF, Paris, 1988, pp. 101 s. ; FABRE-MAGNAN M., « Propriété, patrimoine et lien social », *RTD civ.* 1997, n° 3, p. 583 ; DROSS W., « Que l'article 544 du Code civil nous dit-il de la propriété ? », *RTD civ.*, 2015, p. 27.

[6] FAVOREU L. et a., *Droit constitutionnel*, 19ème édition, Dalloz, Paris, 2017, pp. 94 s.

[7] Depuis 1789, la DDHC a connu un parcours chaotique. Sa valeur normative a souvent été remise en cause, tandis qu'elle a parfois été complètement occultée du système juridique français. Elle a fini par progressivement acquérir une valeur constitutionnelle sous la Vème République (DUGUIT L., *Traité de droit constitutionnel*, De Brocard, Paris, 1929, p. 144 ; HAURIOU M., *Précis de droit constitutionnel*, Sirey, Paris, 1929, p. 122 ; BOUDON J., *Manuel de droit constitutionnel*, T. 1, PUF, Paris 2015, p. 210 ; CARBONIER J., « Le droit de propriété dans la vision révolutionnaire », in *Flexible droit*, 10ème édition, LGDJ, Paris, 2001, p. 345 ; MEERSMAN J., « La Déclaration des droits de l'homme et du citoyen de 1789 sous la Vème République : incantation ou réalité juridique ? », in *1789 : Postérité et actualité de la Déclaration des Droit de l'Homme et du Citoyen*, Colloque des doctorants de l'IFR, Nice, 4 oct. 2018 ; CC, n° 71-44 DC, 16 juil. 1971, note RIVERO J., *AJDA*, 1971, p. 537 ; CC, n° 81-132 DC, 16 janv. 1982, *Nationalisations 1*, *JO*, 17 janv. 1982, p. 299.

[8] Art. 17, DDHC, « *nul ne peut en être privé si ce n'est lorsque la nécessité publique, légalement constatée, l'exige évidemment* ... » ; PAULIAT H., *Le droit de propriété dans la jurisprudence du Conseil Constitutionnel et du Conseil d'Etat*, T. 1, PUF, Limoges, 1994, pp. 126 s.

[9] Art. 17, DDHC, « *nul ne peut en être privé si ce n'est lorsque la nécessité publique, légalement constatée, l'exige évidemment, et sous la condition d'une juste et préalable indemnité.* » ; CC, n° 81-132 DC, 16 janv. 1982, Nationalisation 1,

est donc d'encadrer les diverses formes d'atteintes potentielles, en recherchant un juste équilibre entre la protection du droit de propriété et sa nécessaire atténuation pour les besoins de l'intérêt général. Cette mission est aujourd'hui constitutionnellement organisée. Le législateur est chargé de déterminer les principes fondamentaux du régime de propriété et d'encadrer les limitations pouvant être apportées aux droits des propriétaires, sous le contrôle du Conseil Constitutionnel[10].

L'article 17 de la DDHC a vocation à garantir la protection de tous les types de droit de propriété, indépendamment de l'objet auquel ils s'appliquent[11]. Cependant, la protection du droit de propriété aujourd'hui assurée par le droit public français en matière immobilière constitue un outil d'étude de l'actualité des principes de 1789 riche d'exemples et de débats. Divers outils de protection du droit de propriété immobilier contre les atteintes pouvant lui être portées par la puissance publique sont envisagés par les différentes branches du droit public. Si l'article 17 de la DDHC ne semble expressément viser qu'une protection contre les privations de propriété[12], les simples limitations de l'exercice du droit de propriété immobilier constituent également une forme d'atteintes et font désormais l'objet d'un contrôle, fondé sur le caractère globalisant de l'article 2 de la DDHC[13]. Dès lors que la puissance publique est dotée de prérogatives lui permettant de limiter

---

op. cit. ; HAMON L. « Les nationalisations devant le Conseil », *Rec. Dalloz*, 1983, p. 79.

[10] Art. 34 al. 4, Constitution du 4 octobre 1958, « *La loi détermine les principes fondamentaux* [...] *du droit de propriété* » ; CC, n° 81-132 DC, 16 janv. 1982, *Nationalisation 1, op. cit.* ; CC, n°2015-718 DC, 13 août 2015, *Loi sur la transition numérique, JO*, 18 août 2015 ; CHEROT, *La protection de la propriété dans la jurisprudence du Conseil constitutionnel*, Mélanges Mouly, T. 1, Litec, Paris, 1998, p. 405.

[11] SUEL M., « L'énigme de l'article 17 sur le droit de propriété : la grammaire et le pouvoir », *RDP*, 1974, p. 1295 ; RIALS S., *La Déclaration de 1789*, Hachette, Paris, 1989, pp. 271 ; CC, n° 81-132 DC, 16 janv. 1982, *Nationalisation 1, op. cit.* ; CC, n° 89-256 DC, 25 juil. 1989, *Loi portant dispositions diverses en matière d'urbanisme et d'agglomérations nouvelles*, *JO*, 28 juil. 1989, p. 9501.

[12] CC, n° 85-189 DC, 17 juil. 1985, *Loi relative à la définition et à la mise en œuvre de principes d'aménagement*, *JO*, 19 juil. 1985, p. 8200.

[13] CC, n° 84-172 DC, 26 juil. 1984, Loi relative au contrôle des structures des exploitations agricoles et au statut du fermage, *JO*, 28 juil. 1984, p. 2496 ; CC, n° 85-198 DC, 13 déc. 1985, Loi modifiant la loi n° 82-652 du 29 juillet 1982 et portant diverses dispositions relatives à la communication audiovisuelle, *JORF*, 14 déc. 1985, p. 14574 ; CC, n° 2010-60-QPC, 12 nov. 2010, M. *Pierre B. (mur mitoyen)*, *Rec. Dalloz*, 2011, p. 652 ; CC, n° 2011-182-QPC, 14 oct. 2011, *M. Pierre T. (Servitude administrative de passage et d'aménagement en matière de lutte contre l'incendie)*, *AJDA*, 2011, p. 1982.

l'exercice de ce droit, voire d'en priver son détenteur de manière dérogatoire, ses pouvoirs sont donc assortis de mesures permettant de garantir les droits des propriétaires. Chaque cas fait l'objet d'un régime juridique dédié, à la recherche d'un équilibre entre protection du droit de propriété et nécessités liées à l'intérêt général. Nous assistons même, depuis 1789, à une démultiplication frappante des régimes juridiques organisant les conditions d'atteinte au droit de propriété immobilier, se développant au gré des évolutions juridiques et sociétales[14]. Or, les règles établies par le droit public et leurs modalités d'application font régulièrement l'objet de débats, tandis que l'effectivité de la protection du droit de propriété et de son caractère inviolable et sacré est parfois sujette à controverse.

L'actualité récente nous inspire un bref état des lieux, non exhaustif, des principaux moyens par lesquels le droit public répond aujourd'hui aux objectifs fixés par la DDHC et protège le droit de propriété immobilier. Sur la base de trois exemples ayant marqué l'année 2018, nous reviendrons sur les outils que certaines branches du droit public instituent afin de prémunir les propriétaires contre des privations (I) et des limitations (II) de leur droit de propriété qui, bien qu'ordonnées par la puissance publique, pourraient s'avérer excessives et arbitraires en l'absence d'encadrement. Ceci nous permettra de nous interroger sur l'efficacité de ces outils. L'appréhension de ces modalités contemporaines de protection du droit de propriété immobilier par le droit public français contribuera ainsi à identifier les instruments juridiques dont l'utilisation actuelle impacte l'effectivité d'un des principes fondamentaux de la DDHC.

I. Des outils de protection contre les privations du droit de propriété à l'efficacité relative

Dès 1789, il est pragmatiquement admis que le fonctionnement administratif de l'Etat puisse parfois conduire la puissance publique à adopter des mesures portant atteinte au droit de propriété immobilier, pour des raisons tenant à l'intérêt général. La poursuite de cet intérêt général peut, par exemple, rendre nécessaire le développement de projets de construction ou d'aménagement d'utilité publique. La réalisation de ces projets peut alors exiger l'acquisition de la propriété d'immeubles par les personnes publiques qui la conduisent. Ces dernières, au titre de leurs missions d'intérêt général, bénéficient pour cela de procédés dérogatoires, conduisant à des privations de propriété. La procédure d'expropriation pour cause d'utilité publique est le principal de ces procédés. Elle est la traduction parfaite de la nuance

[14] NORY J., *Le droit de propriété et l'intérêt général*, Ed. Camille Robbe, Paris, 1923, pp. 25 et 143.

introduite par l'article 17 de la DDHC et représente l'exception par excellence au caractère inviolable et sacré du droit de propriété. En effet, l'expropriation est un mode de transfert de propriété forcé, par lequel les personnes publiques peuvent acquérir de personnes privées la propriété d'immeubles susceptibles de concourir à l'utilité publique. Elle constitue un instrument de mutation forcée ancien, préexistant à la DDHC elle-même[15], aujourd'hui régi par le droit de l'expropriation pour cause d'utilité publique. Se conformant à la lettre de l'article 17, sa forme moderne est strictement encadrée, afin de rendre l'atteinte ainsi portée au droit de propriété la plus tolérable possible et de limiter les risques de dérives auxquelles la puissance publique pourrait se livrer[16]. Elle ne peut être menée à son terme qu'à la condition que l'utilité publique de l'opération soit avérée et démontrée par l'autorité administrative expropriante. Toutefois, la saga très médiatisée de l'expropriation conduite pour la réalisation de l'aéroport du Grand Ouest à Notre Dame des Landes – ayant connu son paroxysme avec l'annonce en 2018 de l'abandon du projet après plus de quinze ans de lutte juridictionnelle et de terrain – démontre que, dans la pratique de la procédure d'expropriation, l'appréciation de l'utilité publique est de plus en plus complexe (A), tandis que les garanties qu'elle est censée assurer aux droits des propriétaires se révèlent contournables (B).

A. Une appréciation de l'utilité publique complexe

La démonstration de l'utilité publique d'un projet justifiant une privation de propriété forcée s'opère durant la phase administrative de l'expropriation. Cette phase constitue le premier outil par lequel le droit de l'expropriation tente de garantir un équilibre entre nécessité publique et droits du propriétaire. Menée sous l'autorité du préfet, cette première étape débouche sur une déclaration d'utilité publique (DUP), qui constate l'utilité publique du projet. Une fois complétée par l'arrêté de cessibilité, identifiant les biens à acquérir ainsi que leurs propriétaires, la phase administrative est suivie de la phase judiciaire de l'expropriation. Celle-ci constitue le second outil d'équilibre, par lequel le juge judiciaire – en sa qualité de garant du droit de propriété[17] – ordonne le transfert forcé de propriété au profit de la personne publique bénéficiaire de l'expropriation et, comme l'exige l'article 17 de la DDHC, fixe la contrepartie attribuée au propriétaire. La procédure

---

[15] MESTRE J.-L., « L'expropriation face à la propriété (du Moyen Age au Code civil) », *Droits*, 1985, n° 1, p. 51.

[16] Ordonnance n° 58-997, 23 oct. 1958, portant réforme des règles relatives à l'expropriation pour cause d'utilité publique, *JORF*, 24 oct. 1958, p. 9694.

[17] CC, n° 85-198 DC, 13 déc. 1985, *Rec.*, p. 78, note FAVOREU L., *RDP*, 1986, p. 395.

d'expropriation prémunit ainsi les propriétaires d'immeubles contre un risque de dépossession arbitraire et non équitable.

Mais, en dépit de cette apparente rigueur, l'expropriation pour cause d'utilité publique est porteuse d'éléments de déséquilibre, relativisant l'effectivité de la garantie des droits du propriétaire que le droit qui lui est consacré est censé organiser face à la puissance publique.
En premier lieu, les modalités d'appréciation de l'utilité publique dans le cadre même de la phase administrative de la procédure d'expropriation sont hasardeuses. L'autorité administrative expropriante dispose, dans ce contexte, de plusieurs outils, lui permettant d'établir l'utilité publique de l'opération susceptible de donner lieu au transfert forcé de la propriété des immeubles qu'elle impacte. Or, l'actualité récente démontre des difficultés d'articulation entre ces différents outils, nuisant à la qualité de l'appréciation de l'utilité publique et, par conséquent, à la garantie des droits des propriétaires. Plus précisément, la démultiplication des outils de consultation du public entrave l'appréciation de l'utilité publique à laquelle elle est pourtant censée concourir. L'affaire Notre Dame des Landes est parfaitement révélatrice de ces difficultés et contribue même à les accentuer.
En effet, la participation du public à l'appréciation de l'utilité publique de projets dans le cadre de la procédure d'expropriation est traditionnellement mise en œuvre via le mécanisme de l'enquête publique. Différents types d'enquêtes peuvent être employés. L'enquête publique de droit commun est obligatoire et systématique pour tous les projets nécessitant une expropriation[18]. Elle peut toutefois être remplacée par l'enquête publique relative aux projets ayant une incidence sur l'environnement[19] ou par l'enquête publique permettant une participation du public aux décisions ayant une incidence sur l'environnement[20]. En dépit d'une consultation régulièrement organisée au sujet de la construction de l'aéroport du Grand Ouest à Notre Dame des Landes, de l'adoption d'une DUP sur cette base[21] et d'une ordonnance d'expropriation procédant au transfert de propriété, le projet et la procédure d'expropriation qui lui était inhérente ont connu une

---

[18] Art. L. 110- 1 s. et R. 111-1 s., Code de l'expropriation.

[19] Art. L. 123-2 s. et R. 121-1 s., Code de l'expropriation.

[20] Art. L. 123-1-A s. et R. 123-1 s., Code de l'expropriation.

[21] Décret du 9 fév. 2008, déclarant d'utilité publique les travaux nécessaires à la réalisation du projet d'aéroport pour le Grand Ouest - Notre-Dame-des-Landes et de sa desserte routière et emportant approbation des nouvelles dispositions des plans locaux d'urbanisme des communes de Fay-de-Bretagne, Grandchamp-des-Fontaines, Notre-Dame-des-Landes, Treillières, Vigneux-de-Bretagne dans le département de la Loire-Atlantique, *JORF*, n° 0035, 10 fév. 2008, p. 2503, texte n° 2.

véritable de crise de légitimité au sein du public[22], démontrant les limites des outils consultatifs de la phase administrative.

Dans un contexte politiquement tendu et marqué par les violences survenues sur le terrain, une forme de participation du public inédite a donc été créée, en réaction aux difficultés suscitées par le projet d'aéroport qui aura totalisé cinquante-deux contentieux à lui seul. Un nouveau dispositif de consultation locale sur les projets susceptibles d'avoir une incidence sur l'environnement a été intégré au code de l'expropriation dans un chapitre III bis et vient se superposer aux trois types d'enquête publique traditionnels[23]. Le projet de construction de l'aéroport du Grand Ouest a ainsi été soumis à deux consultations du public : la première via une enquête publique traditionnelle, au cours de la phase administrative de l'expropriation et préalablement à l'adoption de la DUP, afin de déterminer l'utilité publique du projet ; la seconde après la clôture de la phase administrative, alors même que la DUP et le transfert de propriété étaient déjà intervenus[24]. À l'occasion du recours pour excès de pouvoir engagé contre le décret relatif à la mise en application de cette seconde consultation populaire, le Conseil d'Etat a clairement précisé les objectifs de cette dernière, consistant à permettre à l'autorité administrative expropriante « *de confirmer son choix et de décider de mettre en œuvre son projet ou d'y renoncer* » postérieurement à l'adoption d'une DUP[25]. La création *ad hoc* de ce nouvel outil participatif et l'interprétation de son objectif donnée par la juridiction administrative suprême heurtent quelques peu la logique de la procédure originelle d'expropriation, selon laquelle l'utilité publique doit être avérée préalablement au transfert de propriété forcé, dont elle est la condition *sine qua non*. De plus, l'actualité démontre que, malgré l'organisation de cette consultation additionnelle *a posteriori*, par laquelle une majorité d'administrés s'est de nouveau prononcée en faveur de la réalisation du projet, la situation de blocage est demeurée intacte pour finalement conduire à l'abandon du projet, bien que les transferts de propriétés forcés aient déjà eu lieu. Il est donc permis de s'interroger sur l'efficacité de cette démultiplication des outils

---

[22] HOEPFFNER H., « Chronique de droit public », *Les Nouveaux Cahiers du Conseil constitutionnel,* 2014/2, n° 43, p. 175.

[23] PASTOR J.-M. « Consultations locales sur les projets d'aménagement », *AJDA*, 2016, p. 812 ; CE, n° 400364, 20 juin 2016, « Notre-Dame-des-Landes : consulter les électeurs est possible même après la déclaration d'utilité publique » *AJDA* 2016 p. 1262 ; DELAUNAY B., « Une procédure taillée sur mesure pour Notre-Dame-des-Landes ? », *AJDA*, 2016, p. 1515.

[24] Décret du 23 avril 2016, relatif à la consultation des électeurs des communes de la Loire-Atlantique sur le projet de transfert de l'aéroport de Nantes-Atlantique sur la commune de Notre-Dame-des-Landes, *JORF*, n° 0097, 24 avr. 2016, texte n° 12.

[25] CE, n° 400364, 20 juin 2016, « Notre-Dame-des-Landes : consulter les électeurs est possible même après la déclaration d'utilité publique », *op. cit.*

d'appréciation de l'utilité publique – en rupture avec la logique originelle de la procédure d'expropriation – pour l'efficacité de cette appréciation et, par conséquent, pour la garantie du droit de propriété.

En second lieu, les modalités de contrôle de l'utilité publique mises en œuvre par le juge administratif sont également complexes. En tant qu'acte administratif, la DUP adoptée dans le cadre de la phase administrative de l'expropriation peut faire l'objet d'un recours pour excès de pouvoir, afin de solliciter un contrôle de sa légalité par le juge administratif. La réalité de l'utilité publique constatée par la DUP est l'une des conditions de la légalité de cette dernière. Or, le contrôle de cette légalité est rendu malaisé par les évolutions de la théorie du bilan coûts/avantages. Dégagée par le Conseil d'Etat, dans son célèbre arrêt Ville Nouvelle Est du 28 mai 1971[26], la théorie du bilan fournit au juge administratif, saisi d'une contestation de la légalité d'une DUP, une méthode d'appréciation de l'utilité publique *in concreto*. Plus précisément, le juge ne se contente plus de vérifier que le projet poursuit un but d'intérêt général, suffisant, avant 1971, à admettre la réalité de l'utilité publique. Il se livre désormais à une analyse globale du projet et met en balance les avantages que sa réalisation présente pour l'intérêt général et les inconvénients qu'elle suscite. Or, l'évolution jurisprudentielle est révélatrice de la difficulté d'appréciation de l'utilité publique par l'application de la théorie du bilan. Celle-ci a conduit à une démultiplication des points de contrôle examinés par le juge administratif, dont l'intervention est de plus en plus approfondie. Si nous faisons la somme de cette évolution jurisprudentielle, le contrôle de l'utilité publique se déroule désormais selon plusieurs phases. Le juge commence par contrôler que le projet nécessitant l'expropriation a bien pour finalité l'intérêt général. Il poursuit en vérifiant la nécessité de l'expropriation, c'est-à-dire si l'intérêt général poursuivi n'aurait pas pu être satisfait de manière équivalente par des moyens autres que l'expropriation[27], notamment en utilisant d'autres biens[28] et, éventuellement, des biens se trouvant déjà dans le patrimoine de la personne publique bénéficiaire de l'expropriation[29]. Il examine ensuite la défaillance de l'initiative privée[30]. Enfin, il termine en vérifiant que les atteintes à la

[26] CE, n° 78825, 28 mai 1971, *Ville Nouvelle Est*, *Lebon.*

[27] CE, n° 343070, 19 oct. 2012, *Commune de Levallois-Perret*, note HOSTIOU R., *RDI*, 2012, p. 617.

[28] CE n° 371034, 6 juil. 2016, *Commune d'Achères*, *AJDA*, 2016, 1423 ; CAA Versailles, 6e ch., n° 16VE02272, 14 déc. 2017, *Époux D.* Inédit au Rec.

[29] CE n° 375161, 11 mai 2016, *Commune de Levallois-Perret*, *AJDA*, 2016, 1464 ; CAA Marseille, 5e ch., n° 15MA03615, 23 oct. 2017, *Époux D.,* Inédit au Rec.

[30] CAA Nantes, 5e ch., n° 15NT02119, 9 janv. 2017, *Mme H*, inédit au Rec.

propriété privée[31], le coût financier[32], les inconvénients d'ordre social[33] et les atteintes éventuellement portées à d'autres intérêts publics[34] que comporte l'opération ne sont pas excessifs eu égard aux avantages qu'elle présente pour l'intérêt général poursuivi. Si un bilan coûts/avantages aux points de contrôles étendus a été mis en œuvre à sept reprises par le Conseil d'Etat dans le cadre de l'affaire Notre Dame des Landes, les juges du Palais Royal se sont toujours refusés à aller jusqu'à examiner la nécessité de l'expropriation[35]. Quoi qu'il en soit, cette démultiplication des points de contrôle semble au premier regard poursuivre un objectif de protection du droit de propriété immobilier. Mais, il n'en demeure pas moins que l'intervention juridictionnelle en est passablement ralentie et quelques peu dispersée, l'évolution jurisprudentielle laissant ainsi une large place au pouvoir de libre appréciation du juge, potentiellement nuisible à la sécurité juridique et à la garantie du droit de propriété par le droit de l'expropriation[36].

B. Une garantie des droits des propriétaires contournable

La garantie du droit de propriété immobilier censée être organisée par la procédure d'expropriation pour cause d'utilité publique est d'autant plus relative que les modalités d'appréciation de l'utilité publique sont largement contournables. Si la phase administrative de l'expropriation, permettant d'apprécier la réalité de l'utilité publique du projet qu'elle concerne, se déroule en principe selon une procédure strictement organisée, cette étape pourtant clef peut être éludée. Le principe d'intangibilité de l'ouvrage public et la théorie de l'expropriation indirecte annihilent en effet la phase administrative et le travail d'appréciation de l'utilité publique. Combinée

---

[31] CE, n° 111536, 7 déc. 1979, *Consorts Lepelley, Rec. T.* ; CE, n° 15352, 11 mars 1981, *Mme Vincent, Rec. T.* ; CE, 25 nov. 1988, *Epoux Perez,* note AUBY J.-B., *AJDA,* 1989, p. 198.

[32] CE, n° 68324, 23 janv. 1970, *Epoux Nell, Lebon ;* CE, n° 83261, 26 oct. 1973, *Sieur Grassin, Lebon ;* CE, n° 170856 et 170857, 28 mars 1997, *Assoc. contre le projet de l'autoroute transchablaisienne et autres, Lebon.*

[33] CE, 18 mai 1977, *Comité central d'entreprise de la B.N.P., Lebon.*

[34] CE, n° 78829, 20 oct. 1972, *Société Civile Sainte-Marie de l'Assomption, Lebon ;* CE, n° 231953, 22 oct. 2003, *Association SOS-Rivières et environnement, Lebon ;* CE, n° 115073, 3 mars 1993, *Commune de Saint-Germain-en-Laye et autres, Lebon.*

[35] CE, n^{os}314955, 314956, 315022 et 315170, 31 juil. 2009, inédit au Rec. *;* CE, n^{os}319241 et 319244, 27 janv. 2010, inédit au Rec. ; CE, n° 358633, 17 oct. 2013, inédit au Rec.

[36] J. K., note sous CE 26 oct. 1973, *Grassin,* n° 83261, *AJDA* 1974 p. 34 ; HOSTIOU R., « La notion d'utilité publique à l'épreuve du contentieux de l'aéroport de Notre-Dame-des-Landes », *AJDA*, 2013, p. 2550 ; HOSTIOU R., « La théorie du bilan à la lumière de Notre-Dame-des-Landes », *AJDA*, 2018, p. 1.

à l'adage « *ouvrage public mal planté ne se détruit* »[37], la théorie jurisprudentielle de l'expropriation indirecte permet à une personne publique exerçant une emprise irrégulière sur un terrain de devenir propriétaire du bien empiété, sans qu'il soit nécessaire de passer par la phase administrative de la procédure d'expropriation, l'utilité publique de l'ouvrage mal implanté étant présumée du fait de sa qualification même d'ouvrage public[38]. Elle réduit ainsi la procédure d'expropriation à sa phase judiciaire, mise en œuvre pour régulariser l'empiètement postérieurement à la dépossession matérielle[39]. Ce contournement des principes posés par la DDHC a donné lieu à de vifs débats doctrinaux, ainsi qu'à de fréquents revirements de jurisprudence[40]. S'il ne fait plus aujourd'hui l'objet d'une application stricte, le traitement qui est réservé aux cas d'empiètement conduit à ce que le Professeur Christian Lavialle a pu justement appeler une « *tangibilité mesurée* »[41] de l'ouvrage public. La démolition de l'ouvrage public mal planté est, dans certains cas, ordonnée par le juge administratif. Mais, elle demeure une simple option, pouvant être retenue après que le juge ait fait application de la théorie du bilan et mis en balance les inconvénients que la

---

[37] CE, 7 juil. 1853, *Robin de la Grimaudière*, *S.*, 1854. 2. 213.

[38] TC, 6 fév. 1956, *Consorts Sauvy*, *Rec.*, p. 586 ; Pour une définition des caractères de l'ouvrages public voir CE, n° 204575, 26 sept. 2001, *Département du Bas-Rhin*, *Lebon ;* CE, n° 76289, 3 juil. 1970, *Commune de Dourgne*, *Lebon ;* CE, n^{os}95537 et 01493, 28 oct. 1977, *Commune de Merfy*, *Lebon ;* CE, n° 43684, 30 mai 1986, *M. Laugier*, *Lebon* ; CE, n° 361673, 27 mars 2015, *Société Titaua limited compagny*, concl. ESCAUT, note HANSEN, *JCPA*, n° 2101 ; TC n° 3718, 12 avr. 2010, *Société ERDF c/ M. et Mme Michel*, *Bull. TC*, 2010, n° 9 ; CE, avis cont., n° 323179, 29 avr. 2010, *M. et Mme Béligaud*, note MELLERAY F., *RFDA*, p. 557 ; MELLERAY F., « *Définition de la notion d'ouvrage public et précisions sur le service public de l'électricité* », *RFDA*, 2010, p. 572.

[39] TC, 26 mai 1894, *De Gasté*, *Rec.*, p. 371 ; Cass. 1ère civ., 17 fév. 1965, *Commune de Manosque*, *Bull. civ. I*, n° 137, p. 101, note WALINE M., *RDP*, 1965, p. 984.

[40] CHAPUS R., *Droit administratif général*, 15e éd., Montchrestien, Paris, 2001, pp. 560 ; BOUGRAB J., « La relecture du principe d'intangibilité de l'ouvrage public (A propos de l'arrêt du Conseil d'Etat du 29 janvier 2003) », *Petites affiches*, n° 101, 21/05/2003, p. 4 ; HOSTIOU R., « La suppression du principe de l'intangibilité de l'ouvrage public : mythe et réalités », *RDI*, 2009, p. 350.

CE, 10 mars 1905, *Berry et Chevallard*, *Rec.*, p. 255, note HAURIOU M., *S.* 1907. 3. 65 ; CE, 3 nov. 1963, *Veuve Briand*, *Rec.*, p. 266 ; CE, 19 avr. 1991, *Epoux Denard et Martin*, *Rec.*, p. 148, note TEBOUL G., *AJDA*, 1991, p. 563 ; CE, n° 245239, 29 janv. 2003 *Syndicat départemental de l'électricité et du gaz des Alpes-Maritimes et Commune de Clans*, *Lebon T.* ; Cass. Ass. plén., 6 janv. 1994, *Consorts Baudon de Mony c/ EDF*, note HOSTIOU R., *AJDA*, 1994, p. 339 ; TC, 6 mai 2002, *M. et Mme Binet c/ EDF*, note GENEVOIS B., CJEG 2002, n° 593, p. 646.

[41] LAVIALLE C., « Remarques d'un publiciste sur le processus de distribution des propriétés », *RFDA*, 2015, p. 1119.

présence de l'ouvrage public suscite pour les divers intérêts publics ou privés en présence et les conséquences de la démolition pour l'intérêt général, afin de démontrer que la démolition n'entraîne pas une atteinte excessive à l'intérêt général. Dans le cas contraire, l'intérêt général fait échec à la démolition, ainsi qu'à la restitution du bien empiété à son propriétaire, dont la garantie des droits se réduit alors à l'attribution *a posteriori* d'une indemnité par le juge judiciaire[42]. La théorie de l'expropriation indirecte, aussi attentatoire au caractère inviolable du droit de propriété et à la logique de protections consacrés par la DDHC, se voit ainsi nuancée sans être véritablement écartée, tandis que les débats à son propos ont été encore récemment ravivés par la redéfinition de la voie de fait et du champ de compétence du juge judiciaire en matière de protection de la propriété privée[43].

Par ailleurs, la question de l'évolution de l'utilité publique et des besoins immobiliers qu'elle requiert après le transfert de propriété forcé est également sujette à controverse. Le régime de l'expropriation prévoit des garanties telles que le droit de rétrocession pour les propriétaires. Ce droit leur permet de prétendre à retrouver la propriété de leurs biens si, dans un délai de cinq ans suivant l'expropriation, l'autorité administrative expropriante n'a pas utilisé le bien pour la réalisation de l'opération déclarée d'utilité publique, si le bien a été exploité à des fins autres que l'objectif ayant justifié son acquisition ou s'il est cédé[44]. Un droit de rétrocession est également prévu en l'absence de paiement de l'indemnité d'expropriation. Toutefois, la procédure de rétrocession est complexe et fait l'objet de contournements qui la rende globalement peu efficace dans la pratique et donc peu protectrice des droits des propriétaires face à la puissance publique[45]. Encore une fois, l'exemple du projet de construction de l'aéroport Grand Ouest à Notre Dame des Landes est au cœur de l'actualité juridique. Il évoque la question de l'évolution des besoins de l'utilité

---

[42] CE, n° 245239, 29 janv. 2003, *Syndicat départemental de l'électricité et du gaz des Alpes-Maritimes et commune de Clans, op. cit. ;* Cass. 3e civ., n° 12-28919, 4 déc. 2013, *Bull. civ. III*, n° 154.

[43] TC, n° 00822, 8 avr. 1935, *L'action française c/ M X., Lebon ;* TC, n° 3227, 23 oct. 2000, *M B. c/ Ministre des affaires étrangères, Lebon ;* TC, n° 1303911, 17 juin 2013, *M. Bergoend c/ Société ERDF Annecy Léman, Bull. TC*, 2013, n° 11.

[44] Art. L.421-1, Code de l'expropriation.

[45] GRAND R., « Expropriation : constitutionnalité de la neutralisation du droit à rétrocession », *Dalloz actualité*, 22 fév. 2013 ; REVERT M., « L'exercice du droit de rétrocession empêché par une nouvelle déclaration d'utilité publique », *AJDA*, 2016, p. 681 ; HOSTIOU R., « Conditions d'exercice du droit de rétrocession. Au sujet du délai dans lequel l'expropriant est tenu de conférer à l'immeuble exproprié la destination prévue aux termes de la DUP », *RDI*, 2018, p. 496.

publique et s'inscrit dans le cas de figure rarissime en pratique de l'abandon d'un projet après la finalisation complète de l'expropriation. Si les conditions de recevabilité d'une demande de rétrocession semblent ici réunies – tandis que l'Etat s'est engagé en janvier 2018 à restituer leurs terrains aux propriétaires expropriés – il n'en demeure pas moins que les conditions de la rétrocession risquent de s'avérer problématiques, d'un point de vue tant économique que sur le terrain, au vu de l'impact de l'occupation irrégulière par les « ZADistes »[46]. Ces difficultés posent la question de la nécessité d'outils permettant d'apprécier le maintien de l'utilité publique après l'achèvement de la procédure d'expropriation. Ceux-ci sont pour le moment inexistants, hormis la tentative de la consultation du public *a posteriori* évoquée plus haut. Il serait peut-être opportun de développer de tels instruments au sein de la procédure de rétrocession, dont l'objectif même est de garantir les droits des propriétaires expropriés tout tenant compte des évolutions des besoins de l'utilité publique post-expropriation. L'établissement de nouveaux outils d'appréciation et de traitement de ces évolutions permettrait d'appréhender de manière plus efficace l'évolution de l'utilité publique, en les combinant de manière équilibrée avec la nécessaire garantie des droits des propriétaires expropriés.

II. Des outils de protection contre les limitations du droit de propriété aux effets novateurs

Si, en 1789, l'article 17 de la DDHC semble exclusivement envisager les atteintes pouvant être portée au droit de propriété sous l'angle des privations de propriété, la pratique du fonctionnement administratif de l'Etat démontre que de simples limitations à l'exercice de ce droit sont parfois nécessaires à la poursuite de l'intérêt général. Cet intérêt général, justifiant que la puissance publique porte atteinte au droit de propriété immobilier, consiste parfois en la nécessité d'assurer la protection des droits des autres propriétaires et, plus généralement, de la communauté de citoyens – conformément à l'article 4 de la DDHC[47] – contre les dérives égoïstes dont l'individualisme du droit de propriété est inévitablement porteur. De manière plus ou moins directe, il peut également correspondre à l'obligation de protéger les propriétaires ainsi que leurs biens eux-mêmes contre des risques d'atteintes extérieures et non maîtrisées par la puissance publique. Le droit

---

[46] DEVES C., « Notre-Dame-des-Landes et après ? », *Juris tourisme*, 2018, n° 205, p. 3

[47] Art. 4, DDHC, « *La liberté consiste à pouvoir faire tout ce qui ne nuit pas à autrui : ainsi, l'exercice des droits naturels de chaque homme n'a de bornes que celles qui assurent aux autres membres de la société la jouissance de ces mêmes droits …* » ; XIFARAS M., *La propriété – Etude de philosophie du droit*, PUF, Paris, 2004, p. 117.

public intervient donc de nouveau pour garantir un équilibre entre, d'une part, les atteintes au droit de propriété requises par l'intérêt général et, d'autre part, la garantie des droits des propriétaires d'user, de jouir et de disposer de leurs biens selon leurs intérêts personnels. Egalement au cœur de l'actualité de l'année 2018, le droit du patrimoine (A) et le droit de l'environnement (B) introduisent une conception nouvelle de la garantie du droit de propriété immobilier qui, face à des enjeux dépassant l'individualisme inhérent à la DDHC de 1789 et à la protection du droit de propriété qu'elle engendre, se doit d'être modernisée.

A. Le droit du patrimoine, un outil de protection perfectible

Vendredi 14 septembre 2018, veille des Journées européennes du patrimoine, a eu lieu le tirage du premier loto du patrimoine. Organisé dans le cadre de la Mission Stéphane Bern, en association avec la Fondation du Patrimoine, le Ministère de la Culture et la Française des Jeux (FDJ), cette loterie d'un genre nouveau s'inscrit dans une démarche de mécénat participatif. Elle a pour objectif de récolter des fonds visant à supporter une partie des coûts d'entretien et de restauration des monuments constituant le patrimoine culturel français[48]. Egalement dénommée « Patrimoine en péril », la Mission conduite par le journaliste le plus emblématique et passionné du service public, effectue recensement des sites nécessitant une rénovation et sélectionne des projets prioritaires pour bénéficier des sommes reversées par la FDJ. Mais, ces opérations fournissent surtout l'occasion de pointer le doigt sur les difficultés suscitées par la protection des biens présentant un intérêt historique, artistique, archéologique, esthétique, scientifique ou technique, soit, plus globalement, un intérêt culturel. La protection de ces biens justifie une intervention de la puissance publique, au titre de l'intérêt général, potentiellement source d'atteinte aux droits de leurs propriétaires. Le droit du patrimoine a donc pour mission d'encadrer les atteintes au droit de propriété requises par des impératifs de protection et de mise en valeur des biens présentant un intérêt culturel. Il développe la notion de patrimoine culturel, au sens de patrimoine commun à la communauté de citoyen[49], qui heurte l'individualisme inhérent à la conception révolutionnaire du droit de propriété. Le droit du patrimoine transcende l'idée d'appropriation privative

[48] DREYFUS J.-D., « Loto du patrimoine : un nouveau mode de financement pour les monuments à restaurer », *AJCT*, 2018, p. 418.
[49] Art. 1, Code du patrimoine, « *Le patrimoine s'entend, au sens du présent code, de l'ensemble des biens, immobiliers ou mobiliers, relevant de la propriété publique ou privée, qui présentent un intérêt historique, artistique, archéologique, esthétique, scientifique ou technique …* » ; LE ROUX M., « Environnement : protection du patrimoine culturel immobilier », Folio n° 5420, *Encyclopédie des collectivités territoriales*, janv. 2018.

et individuelle issue de la DDHC. Il envisage des techniques de protection et de mise en valeur de biens immobiliers présentant un intérêt culturel car cet intérêt impose leur préservation et leur conservation, dans un but de transmission aux générations future, ainsi que leur mise en valeur, dans un objectif de diffusion de la culture. Or, ces techniques limitent les modalités d'exercice du droit de propriété portant sur ces biens. Ces derniers n'étant en aucun cas affranchis de toute appropriation privée, le droit du patrimoine combine, dans un objectif d'équilibre, les atteintes au droit de propriété, rendues nécessaires par l'intérêt culturel que certains immeubles peuvent présenter, et la garantie des droits de leurs propriétaires. Cette articulation est notablement mise en place par la législation relative aux monuments historiques, développée à compter de 1913[50].

Cette législation s'attache, dans un premier temps, à recenser les immeubles présentant un intérêt culturel, en les répertoriant sur la liste des biens classés ou inscrits au titre des monuments historiques. Dans un second temps, elle vient limiter les modalités d'exercice du droit de propriété portant sur ces biens, par l'institution de servitudes d'utilité publique. Elle impose, notamment, un encadrement et un contrôle à toutes les interventions réalisées sur les immeubles classés ou inscrits au titre des monuments historiques, venant restreindre l'*usus* de leurs propriétaires. Ces biens bénéficient ainsi d'un régime dérogatoire, garantissant leur conservation, puisque celle-ci présente un intérêt général du point de vue culturel[51]. De ce

---

[50] Loi du 31 déc. 1913 sur les monuments historiques, *JORF*, 4 janv. 1914, p. 129 ; Loi n° 92 du 25 fév. 1943 portant modification de la loi du 31 déc. 1913 sur les monuments historiques, *JOEF*, 4 mars 1943, p. 610 ; Loi n° 62-903, 4 août 1962 complétant la législation sur la protection du patrimoine historique et esthétique de la France et tendant à faciliter la restauration immobilière dite « Malraux », *JORF*, 7 août 1962, p. 7813 ; Loi n° 66-1042, 30 déc. 1966 modifiant la loi du 31 déc. 1913 sur les monuments historiques, *JORF*, 31 déc. 1966, p. 11752 ; Loi n° 83-8, 7 janv. 1983 relative à la répartition de compétences entre les communes, les départements, les départements, les régions et l'Etat, *JORF*, 9 janv. 1983, p. 215 ; Ordonnance n° 2005-1128, 8 sept. 2005 relative aux monuments historiques et aux espaces protégés, *JORF*, 9 sept. 2005, texte n° 22 ; Décret n° 2007-487, 30 mars 2007 relatif aux monuments historiques et aux zones de protection du patrimoine architectural, urbain et paysager, *JORF*, 31 mars 2017, texte n° 85.

[51] Sur l'évolution des critères d'appréciation du caractère d'intérêt général par le juge administratif voir NEGRI V. « *Critères de protection au titre des Monuments historiques. / Appréciation dans le temps de l'intérêt d'art et d'histoire. / Légalité de l'inscription sur l'Inventaire supplémentaire des Monuments historiques », Note sous* CE, n° 222907, 29 juil. 2002, *Caisse d'allocations familiales de Paris*, *Revue Juridique de l'Environnement*, n° 2, 2004. p. 157 ; CE, n° 02563, 14 oct. 1933, *Madame Van Egmont Florian*, *Rec.*, 1933, p. 413 ; CE, n° 110704, 7 févr. 1992, *Ministre de la culture c/ Claude Bresso*, RDI, n° 14(2), 1992, p. 189 ; CE, n° 118488, 7 fév. 1992, *Ministère de la culture c/ SCI du Vieux Château*, *Rec. Lebon*

fait, un propriétaire ne peut procéder à aucuns travaux de toute nature sur un immeuble classé ou inscrit au titre des monuments historiques sans l'autorisation préalable de l'autorité administrative compétente[52]. Celle-ci est représentée par l'Architecte des Bâtiments de France (ABF), rattaché au Service Départemental de l'Architecture et du Patrimoine (STAP) et placé sous l'autorité du Préfet de département. De plus, la réalisation des travaux autorisés se déroule obligatoirement sous le contrôle de cet ABF. Les droits du propriétaire sont ainsi limités, d'autant plus que, si le classement de son bien au titre des monuments historiques requiert en principe son consentement, il peut également lui être imposé d'office par la puissance publique en cas de refus[53] et sans aucune formalité préalable, dans l'hypothèse où la conservation de l'immeuble serait menacée[54]. En parallèle, l'inscription au titre des monuments historiques, quant à elle, ne requiert en aucun cas le consentement du propriétaire de l'immeuble concerné[55].

Le droit du patrimoine vient également limiter l'*abusus* du propriétaire. De fait, un propriétaire ne peut procéder au déplacement ou à la destruction d'un immeuble classé ou inscrit au titre des monuments historiques sans l'autorisation de l'autorité administrative compétente[56]. De même, toute aliénation doit être préalablement soumise à observations du Ministre chargé de la culture, prises après avis de la Commission nationale du patrimoine et de l'architecture[57].

Afin d'atténuer l'impact de ces contraintes limitant l'exercice du droit de propriété, le droit du patrimoine institue un système de compensations économiques, bénéficiant aux propriétaires d'immeubles classés ou inscrits au titre des monuments historiques. Ces compensations ont pour but de faciliter la conservation et la mise en valeur de ces immeubles, imposée au titre de leur intérêt culturel, mais dont la responsabilité incombe, par priorité et en majorité, à leurs propriétaires.
En premier lieu, des subventions permettent à la puissance publique de soutenir les propriétaires dans les dépenses consacrées au financement des travaux d'entretien et de réparations. Le droit du patrimoine autorise l'Etat et

---

T. ; CE, n° 340548, 30 déc. 2011, *Ministre de la culture et de la communication c/ SAS Chaîne thermale du soleil*, *AJDA*, 2012, p. 671.
[52] Art. L. 621-9, Code du patrimoine.
[53] Art. L. 621-6, Code du patrimoine.
[54] Art. L. 621-7, Code du patrimoine.
[55] Art. L. 621-25 et 27, Code du patrimoine.
[56] Art. L. 621-9, Code du patrimoine.
[57] Art. L. 621-29-9, Code du patrimoine.

les collectivités territoriales à subventionner, dans la limite de 40%, les dépenses ainsi engagées par le propriétaire[58].
Toutefois, l'efficacité de cette mesure est à nuancer. Sa mise en œuvre n'est en aucun cas automatique, tandis que ses modalités d'application manquent de prévisibilité. Tout d'abord, une subvention ne peut intervenir que sur demande expresse du propriétaire de l'immeuble. Ensuite, son attribution n'est pas obligatoire. Son opportunité est laissée à la libre appréciation de l'autorité administrative compétente. Enfin, le montant de cette subvention est librement modulé par l'autorité administrative, selon plusieurs critères, tels que la nature des travaux, l'urgence de l'opération, les moyens économiques et matériels du propriétaire, l'ouverture du monument au public et les recettes qu'elle suscite ou encore l'attribution éventuelle de subventions par d'autres personnes publiques[59].

En second lieu, le droit du patrimoine organise un système de défiscalisation, offrant aux propriétaires des réductions d'impôts en contrepartie du classement ou de l'inscription de leurs biens au titre des monuments historiques. Depuis 1965, ces propriétaires ont la possibilité de déduire intégralement de leurs revenus imposables les charges suscitées par l'entretien et la conservation de ces biens[60].
Cependant, l'efficacité de cette contrepartie aux limitations de leur droit de propriété est elle aussi réduite par la non-automaticité de l'avantage. La défiscalisation nécessite effectivement une démarche active du contribuable, qui doit solliciter la déduction lors de sa déclaration annuelle de revenus. De plus, les conditions imposées pour bénéficier de la déduction sont également restrictives. Au-delà des justificatifs de dépenses qu'ils doivent produire, les propriétaires sont contraints de démontrer que la réalisation des travaux était nécessaire à la conservation de l'immeuble ou de la partie d'immeuble concernée[61]. Pour finir, ils doivent également s'engager à conserver la propriété du monument historique pendant quinze ans à compter de la date d'acquisition, leur droit de disposition étant ainsi restreint. Par ailleurs, l'importance de la déduction est variable suivant les cas. Est intégralement déductible des revenus imposables du propriétaire le montant des travaux réalisés sur un monument historique si deux conditions cumulatives sont remplies. Il est en effet nécessaire que l'immeuble soit ouvert au public et

---

[58] Art. L. 621-29 Code du patrimoine.
[59] MAUBLANC J.-P., « Monuments historiques : les travaux subventionnés intégralement déductibles le restent, même si l'administration réduit la subvention », *AJDI*, 2006, p. 42 ; GOLIARD F., « Tour d'horizon de la réglementation du patrimoine historique », *Tourisme et Droit*, 2009, n° 110, p. 14.
[60] VERJAT A., « Monuments historiques : la réforme fiscale », *JA*, 2009, n° 393, p. 31.
[61] CE, n° 219126, 22 fév. 2002, *Lebon*, 2002.

que les travaux à l'origine de la défiscalisation aient fait l'objet d'une subvention étatique – indépendamment du montant de la subvention[62]. La déduction est limitée à 50 % du montant des travaux dans tous les autres cas[63].

L'inventaire dressé par la Mission Stéphane Bern recense un certain nombre d'immeubles classés ou inscrits au titre des monuments historiques nécessitant des travaux d'entretien ou de rénovation dont le coût ne peut pas être intégralement supporté par leurs propriétaires. Ceci démontre l'efficacité limitée des mécanismes de contreparties économiques mis en place par la législation relative aux monuments historiques et le poids des charges qu'elle fait peser sur les propriétaires en vue de la protection et de la mise en valeur de ces biens. Le juge constitutionnel a généralement fait une application stricte de l'article 17 de la DDHC, en considérant que la législation relative aux monuments historiques ne soumettait les propriétaires qu'à de simples limitations à l'exercice de leurs droits ne justifiant pas l'attribution d'une contrepartie juste et préalable – réservée aux cas de privation de propriété. Cependant, il admet désormais de contrôler ces limitations, plus précisément en ce qui concerne les contraintes liées à l'inscription au titre des monuments historiques – qui ne prend pas en compte la volonté du propriétaire – et aux travaux réalisés sur de tels biens, sur le fondement de l'article 2 de la DDHC[64]. Ce contrôle pourrait constituer une source potentielle de renforcement de l'effectivité de la protection du droit de propriété assurée par le droit patrimoine, dont l'efficacité demeure jusque-là aléatoire face à un intérêt général prééminent.

B. Le droit de l'environnement, un outil de protection en développement

Le mercredi 9 mai 2018, le Premier Ministre et le Garde des Sceaux ont déposé le projet de loi constitutionnelle pour une démocratie plus représentative, responsable et efficace. Ce projet, examiné en première lecture à l'Assemblée Nationale à partir du 10 juillet 2018, se fixe pour objectif ambitieux de réformer le fonctionnement des institutions françaises.

---

[62] CE, n° 248715, 18 mars 2005, *Rec. Lebon*, 2005 ; MAUBLANC J.-P., « Monuments historiques : les travaux subventionnés intégralement déductibles le restent, même si l'administration réduit la subvention », *AJDI*, 2006, p. 42.

[63] Loi n° 64-1279 de finances pour 1964, 24 déc. 1964, *JORF*, 24 déc. 1964, p. 11513.

[64] CC, n° 2011-207 QPC, 16 déc. 2011, *Société GRANDE BRASSERIE PATRIE SCHUTZENBERGER (Inscription au titre des monuments historiques)*, *JORF*, n° 0292, 17 déc. 2011, p. 21370, texte n° 114 ; GARNIER F., « Patrimoine culturel et QPC », *AJDA*, 2012, p. 1170.

Parmi les dispositions strictement dédiées au fonctionnement technique des organes de la République, l'article 2 du projet de loi propose une modification de l'article 34 de la Constitution du 4 octobre 1958, afin d'intégrer dans le domaine de la loi – et donc aux compétences du Parlement – la lutte contre les changements climatiques[65]. Par ailleurs, la Commission des lois constitutionnelles, de la législation et de l'administration générale de la République lui a ajouté un amendement visant à intégrer à l'article 1er de la Constitution, au sein des principes fondateurs de la République, l'action de l'Etat pour la préservation de l'environnement et de la diversité biologique et contre les changements climatiques[66]. Ces projets de réforme de la norme suprême française illustrent l'importance désormais notoirement avérée des enjeux suscités par la protection de l'environnement.

La nécessaire protection de l'environnement a progressivement était introduite en droit français par le biais de traités internationaux ratifiés par la France[67], puis au sein même du bloc de constitutionnalité, par l'intégration en 2005 de la Charte de l'environnement[68]. Mais, dans la pratique, c'est majoritairement à l'aide de normes législatives et règlementaires que la puissance publique intervient pour organiser des outils de protection environnementale effectifs. Ces normes ont conduit au développement d'une branche récente du droit public : le droit de l'environnement. Par le biais de ce droit nouveau, codifié en 2000[69] et en constant développement, la puissance publique fait peser sur les propriétaires de biens immobiliers des contraintes venant limiter l'exercice de leur droit de propriété. Ces contraintes influencent les modalités d'utilisation des immeubles, lors de la réalisation d'opérations de constructions, d'aménagements ou simplement de

[65] Projet de loi n° 976, 23 mai 2018, pour une démocratie plus représentative, responsable et efficace.

[66] Amendement n° 328, 4 juil. 2018, au projet de loi n° 976, 23 mai 2018, pour une démocratie plus représentative, responsable et efficace.

[67] Par exemple : Convention de Genève sur la pollution atmosphérique transfrontière à longue distance, 13 nov. 1979, *Rec. des Traités des Nations Unies,* vol. 1302, p. 217 ; Convention de Vienne pour la protection de la couche d'ozone, 22 mars 1985, *Rec. des Traités des Nations Unies,* vol. 1513, p. 293 ; Protocole de Kyoto à la convention-cadre des Nations Unies sur les changements climatiques, 11 déc. 1997, *Rec. des Traités des Nations Unies*, vol. 2303, p. 162 ; Convention d'Aarhus sur l'accès à l'information, la participation du public au processus décisionnel et l'accès à la justice en matière d'environnement, 25 juin 1998, *Rec. des Traités des Nations Unies*, vol. 2161, p. 447 ; PETIT Y., « Environnement », *Rép. de droit international*, mars 2018.

[68] Loi constitutionnelle n° 2005-205, 1er mars 2005, relative à la Charte de l'environnement, *JORF*, n° 0051, 2 mars 2005, p. 3697.

[69] Ordonnance n° 2000-914, 18 sept. 2000, relative à la partie législative du code de l'environnement, *JORF*, n° 0219, 21 sept. 2000, p. 14792, texte n° 39.

travaux, notamment. En cela, la frontière entre droit de l'environnement et droit de l'urbanisme est de plus en plus poreuse. Les nombreuses règles de gestion des risques naturels et technologiques directement intégrées aux règles applicables à l'aménagement du territoire viennent ainsi nuancer le principe d'indépendance des législations, traditionnel en droit public[70]. Le droit de l'environnement imprègne, par exemple, le droit de l'urbanisme, dans le même temps qu'il fournit des outils de limitation du droit de propriété, via les plans de prévention des risques naturels prévisibles ou technologiques (PPR).

Les PPR sont des documents de planification urbaine ayant valeur de servitudes d'utilité publique. Ils contiennent des dispositions visant à la fois à protéger les propriétaires et leurs biens contre la réalisation de risques environnementaux et à protéger l'environnement en évitant le développement ou l'aggravation de ces risques par les modalités de gestion des biens immobiliers les subissant[71]. Pour cela, les PPR contiennent, d'une part, des mesures de prévention, de protection et de sauvegarde au caractère non impératif et, d'autre part, des prescriptions s'imposant directement aux propriétaires[72]. Ces dernières portent ainsi atteinte au libre exercice du droit de propriété immobilier. La perméabilité vis-à-vis du droit de l'urbanisme est telle en la matière que le respect des contraintes imposées par les PPR fait l'objet d'un contrôle et d'une sanction par les autorités administratives compétentes en matière d'urbanisme. De même, le régime de la contrepartie potentiellement attribuable aux propriétaires, pour rendre les atteintes portées à leurs droits par les PPR tolérables – dans l'esprit de la protection qui leur est due au titre de la DDHC – est aligné sur celui des servitudes d'urbanisme. Ceci donne lieu à l'application du principe de non indemnisation des servitudes d'urbanisme aux servitudes d'utilité publiques établies par les PPR. Ce principe a été établi pour des raisons économiques évidentes. Il permet à la puissance publique d'imposer des règles orientant

---

[70] MESNARD A., « L'intégration des préoccupations d'environnement dans les projets de construction, d'aménagement et d'urbanisme, en France », *RGD*, 1997, n° 28(4), p. 449.
MOUSTARDIER A., « Un droit sans cesse en évolution pour un développement durable », *Gazette du Palais*, sept. 2011, n° 267, p. 3 ; MBOUP I., « La notion instrumentale d'indépendance des législations », *RDP*, 2013, n° 3, p. 589 ; Loi n° 76-629, 10 juil. 1976, relative à la protection de la nature, *JORF*, 13 juil. 1976, p. 4203.

[71] Loi n° 95-101, 2 fév. 1995, relative au renforcement de la protection de l'environnement, *JORF*, 3 fév. 1995, p. 1840 ; BON P., « Police municipale : protection municipale contre les risques naturels », *Encyclopédie des collectivités territoriales*, folio n° 2510, mai 2005.

[72] CE, n° 412650, 20 juin 2018, *Lebon*, 2018.

l'aménagement du territoire, sans craindre d'être dans l'obligation de verser une indemnité aux personnes dont l'exercice du droit de propriété est ainsi limité. Il a pour but d'éviter de paralyser les politiques locales d'aménagement. Toutefois, l'obligation constitutionnelle faite à la puissance publique de garantir les droits des propriétaires impose le caractère non absolu de ce principe et une série d'exceptions permettant aux propriétaires d'obtenir, sous certaines conditions, une contrepartie à la limitation de leurs droits[73]. Les propriétaires concernés peuvent solliciter une indemnisation au titre des exceptions légales, instituées par l'article L. 105-1 du Code de l'urbanisme, c'est-à-dire dans le cas où la servitude établie porte atteinte à des droits acquis ou suscite une modification à l'état antérieur des lieux et entraine un dommage direct, matériel et certain. En l'absence d'un tel régime dérogatoire d'indemnisation spécifiquement prévu par le droit de l'environnement en matière de PPR, les propriétaires subissant une atteinte à leur droit de propriété se sont longtemps vu refuser l'attribution d'une contrepartie, la jurisprudence administrative considérant qu'en pareil cas la volonté implicite du législateur d'exclure toute indemnisation doit être présumée en présence d'une loi restreignant des droits sans prévoir de régime indemnitaire dérogatoire[74]. Ce n'est qu'en 2004 que le Conseil d'Etat a admis qu'une indemnisation puisse être attribuée en cas de dommage causé par un PPR sur le fondement de l'article L. 105-1 du Code de l'urbanisme et dans les mêmes conditions dérogatoires. Il a également transposé aux PPR sa jurisprudence Bitouzet[75], ayant élargi les possibilités d'indemnisation en cas de servitude d'urbanisme faisant supporter à un propriétaire une charge spéciale et exorbitante, hors de proportion avec l'objectif d'intérêt général poursuivi par la servitude[76]. L'admission de ce régime d'indemnisation dérogatoire a fortement été impulsée par le droit européen et sa jurisprudence qui, dans le même temps qu'ils réaffirment la protection due au droit de propriété dans la lignée de la DDHC, étendent son champ d'application des privations de propriété aux limitations à l'exercice du droit de propriété[77]. Toutefois, si ces outils de protection des droits des

---

[73] CE, n° 334665, 16 juil. 2010, *SCI La Saulaie, Lebon.*

[74] CE, 29 avr. 1921, *Société Premier et Henry, Lebon ;* CE, 14 janv. 1938, *Société anonyme des produits laitiers « La Fleurette », Lebon.*

[75] CE, n° 158592, 3 juil. 1998, *Bitouzet, Lebon.*

[76] CE, n° 257804, 29 déc. 2004, *Société d'aménagement des coteaux de St Blaine, Lebon.*

[77] Art. 17, Charte des droits fondamentaux de l'Union Européenne « Toute personne a le droit de jouir de la propriété des biens qu'elle a acquis légalement, de les utiliser, d'en disposer et de les léguer. Nul ne peut être privé de sa propriété, si ce n'est pour cause d'utilité publique, dans des cas et conditions prévus par une loi et moyennant en temps utile une juste indemnité pour sa perte. L'usage des biens peut être règlementé par la loi dans la mesure nécessaire à l'intérêt général. » ; CJCE,

propriétaires ont le mérite d'exister, aucune indemnisation sur ces fondements n'a toutefois été attribuée en matière de PPR jusqu'à aujourd'hui[78]. La protection du droit de propriété garantie par le droit de l'environnement français est ainsi plus que relative.

Ceci tient principalement au fait que la protection de l'environnement constitue un enjeu majeur. A compter des années 70, une prise de conscience quant à l'état de dégradation alarmant de l'environnement est intervenue[79]. La nécessité d'adopter des mesures de protection ayant un effet contraignant, avec un degré de protection du droit de propriété quelques peu sacrifié au vu de cet enjeu capital, dépassant toute velléité individualiste, a donc été majoritairement admise[80]. Les outils développés par le droit de l'environnement poursuivent en effet un intérêt général indéniable. Plus que cela, leur objectif dépasse le simple cadre national de l'intérêt général, tel qu'envisagé par la DDHC en considération de la communauté de citoyens. Il renvoie à un intérêt général transnational, bénéficiant à la communauté mondiale. Le droit de l'environnement a ainsi vocation en transcender la conception individualiste du droit de propriété et de la protection qui doit lui être apportée, telle que véhiculée par la DDHC. Il tend à ouvrir la voie à une réflexion nouvelle au sujet du droit de propriété. Celui-ci ne peut plus être réduit à une menace antithétique aux considérations écologiques, ni à un droit sacrifié en leur nom. Il doit au contraire être désormais conçu comme un instrument de la protection de l'environnement. La fonction

---

aff. C-44/79, 13 déc. 1979, Hauer c/ Reinhard-Pfalz, Rec. des décisions de la CJCE, p. 3727 ; Art. 1er, al. 1er, Protocole additionnel n° 1 à la Convention Européenne de Sauvegarde des Droits de l'Homme et des Libertés Fondamentales, « *Toute personne physique ou morale a droit au respect de ses biens. Nul ne peut être privé de sa propriété que pour cause d'utilité publique et dans les conditions prévues par la loi et les principes généraux du droit international.* » ; CEDH, *nos 7151/75 et 7152/75,* 23 sept. 1982, *Sporrong et Lönrroth c/ Suède*, série A, n° 52.

[78] La seule application positive des conditions jurisprudentielles d'indemnisation a été effectuée en 2016 au sujet d'une servitude d'urbanisme (CE, n° 375020, 29 juin 2016, *Société d'aménagement du domaine de Château Barrault et la société Château Barrault, Lebon T*).

[79] MEADOWS D., MEADOWS D., RANDERS J., *Les limites de la croissance (dans un monde fini)*, éd. Rue de l'échiquier, Paris, 2012 ; DARTIGUEPEYROU C., « Où en sommes-nous de notre conscience écologique ? », *Vraiment durable*, vol. 4, n° 2, 2013, p. 15 ; MESNARD A., *op. cit.*

[80] COLLART-DUTILLEUL F., ROMI R., « Propriété privée et protection de l'environnement », *AJDA*, 1994, p. 571 ; OST F., *La nature hors la loi, L'écologie à l'épreuve du droit,* éd. La découverte, Paris, 2003, p. 47 ; GRIMONPREZ B., *Le droit des biens au service de la transition écologique*, Dalloz, Paris, juin 2018.

environnementale du droit de propriété[81] reste donc à construire, afin de combiner les nécessaires protections du droit de propriété et de l'environnement en se détachant, d'une part, du système de contrainte actuel et, d'autre part, de l'exclusivisme inhérent à la conception révolutionnaire de la propriété, peu compatible avec la communauté exacerbée des enjeux écologiques. Cette conception nouvelle de la propriété semble nécessairement liée à une conscientisation et à une responsabilisation des propriétaires dans les modalités d'usage, de jouissance et de mutation de leurs biens immobiliers, pouvant tendre non plus exclusivement à la satisfaction d'intérêts purement individuels mais s'orienter vers une finalité environnementaliste. Les outils du droit de l'environnement, actuellement en cours de développement, combinés à une conception modernisée du droit de propriété, pourraient ainsi offrir des pistes nouvelles pour une redéfinition de la garantie du droit de propriété induite par la DDHC, dans le contexte des nouveaux objectifs écologiques de l'intérêt général.

Les considérations ainsi développées sur la base de l'actualité juridique de l'année 2018, à l'occasion du soixantième anniversaire de la Constitution de la Vème République, démontrent que l'articulation par le droit public français des nécessités de l'intérêt général et de la garantie du droit de propriété immobilier, instiguée par la DDHC, constitue une mission délicate. La conciliation des divers enjeux suscités par l'appropriation et par l'intérêt général est d'autant plus ardue que ceux-ci sont en constante mutation, au gré des évolutions juridiques, institutionnelles et sociétales. Si la protection du droit de propriété contre d'éventuelles dérives des pouvoirs publics demeure au cœur des objectifs du droit public, les modalités de sa mise en œuvre et leur efficacité sont diverses et variables, relativisant l'effectivité des principes dégagés par les articles 2 et 17 de la DDHC, ces derniers tendant ainsi vers une nécessaire actualisation.

---

[81] GRIMONPREZ B., « *La fonction environnementale de la propriété* », *RTD civ.*, 2015, n° 3, p. 539.

Structures éditoriales du groupe L'Harmattan

L'Harmattan Italie
Via degli Artisti, 15
10124 Torino
harmattan.italia@gmail.com

L'Harmattan Hongrie
Kossuth l. u. 14-16.
1053 Budapest
harmattan@harmattan.hu

L'Harmattan Sénégal
10 VDN en face Mermoz
BP 45034 Dakar-Fann
senharmattan@gmail.com

L'Harmattan Cameroun
TSINGA/FECAFOOT
BP 11486 Yaoundé
inkoukam@gmail.com

L'Harmattan Burkina Faso
Achille Somé – tengnule@hotmail.fr

L'Harmattan Guinée
Almamya, rue KA 028 OKB Agency
BP 3470 Conakry
harmattanguinee@yahoo.fr

L'Harmattan RDC
185, avenue Nyangwe
Commune de Lingwala – Kinshasa
matangilamusadila@yahoo.fr

L'Harmattan Congo
67, boulevard Denis-Sassou-N'Guesso
BP 2874 Brazzaville
harmattan.congo@yahoo.fr

L'Harmattan Mali
Sirakoro-Meguetana V31
Bamako
syllaka@yahoo.fr

L'Harmattan Togo
Djidjole – Lomé
Maison Amela
face EPP BATOME
ddamela@aol.com

L'Harmattan Côte d'Ivoire
Résidence Karl – Cité des Arts
Abidjan-Cocody
03 BP 1588 Abidjan
espace_harmattan.ci@hotmail.fr

L'Harmattan Algérie
22, rue Moulay-Mohamed
31000 Oran
info2@harmattan-algerie.com

L'Harmattan Maroc
5, rue Ferrane-Kouicha, Talaâ-Elkbira
Chrableyine, Fès-Médine
30000 Fès
harmattan.maroc@gmail.com

Nos librairies en France

Librairie internationale
16, rue des Écoles – 75005 Paris
librairie.internationale@harmattan.fr
01 40 46 79 11
www.librairieharmattan.com

Lib. sciences humaines & histoire
21, rue des Écoles – 75005 Paris
librairie.sh@harmattan.fr
01 46 34 13 71
www.librairieharmattansh.com

Librairie l'Espace Harmattan
21 bis, rue des Écoles – 75005 Paris
librairie.espace@harmattan.fr
01 43 29 49 42

Lib. Méditerranée & Moyen-Orient
7, rue des Carmes – 75005 Paris
librairie.mediterranee@harmattan.fr
01 43 29 71 15

Librairie Le Lucernaire
53, rue Notre-Dame-des-Champs – 75006 Paris
librairie@lucernaire.fr
01 42 22 67 13

www.ingramcontent.com/pod-product-compliance
Lightning Source LLC
LaVergne TN
LVHW011020061026
849535LV00006B/1978